Ullstein Materialien

Ullstein Materialien
Ullstein Buch Nr. 35098
im Verlag Ullstein GmbH,
Frankfurt/M – Berlin – Wien
Amerikanischer Originaltitel:
Woman's Estate
Übersetzt von Dagmar Hahn

Ungekürzte Ausgabe

Umschlagentwurf:
Kurt Weidemann

Printed in Germany 1981
Gesamtherstellung:
Ebner Ulm
ISBN 3 548 35098 4

Mai 1981

CIP-Kurztitelaufnahme
der Deutschen Bibliothek

Mitchell, Juliet:
Frauenbewegung – Frauenbefreiung /
Juliet Mitchell. [Übers. von Dagmar
Hahn]. – Ungekürzte Ausg. –
Frankfurt/M; Berlin; Wien:
Ullstein, 1981.
(Ullstein-Buch; Nr. 35098: Ullstein-
Materialien)
Einheitssacht.: Woman's estate <dt.>
ISBN 3-548-35098-4
NE: GT

Juliet Mitchell

Frauenbewegung – Frauenbefreiung

Ullstein Materialien

Danksagung

Mein Dank gilt zuerst der Frauenbefreiungsbewegung, und zwar dafür, was die Bewegung in der Zukunft für die Frauen machen wird, und für das, was sie schon für so viele von uns getan hat.
Ich möchte auch »New Left Review« für die Erlaubnis danken, den Artikel, den ich 1966 (in etwas anderer Form) geschrieben habe, nämlich »Frauen – die längste Revolution«, nachdrucken zu dürfen, ferner »Modern Occasions« für einen Auszug aus meiner Kritik an Kate Millett, »Sexual Politics« (Die sexuelle Revolution, Modern Occasions, Winter 1970) und »Shrew« – Zeitung der Londoner Frauenbefreiungsgruppe – für die Benutzung des Artikels von Margaret Walter über Holland und auch für einen Auszug meines eigenen Artikels »Warum Freud?« (Shrew, Nov./Dez. 1970).
Außerdem möchte ich mich bei André Schiffrin für die Anregungen, Florence Hobson für das Tippen und bei Marjorie, Eric, Daphne, Margaret, Anna und Jim bedanken.

Inhalt

Vorwort

Im Jahre 1970 gab es in allen liberal-demokratischen Ländern der spätkapitalistischen Welt (bis auf drei Ausnahmen) eine aktive Frauenbewegung[1]. Die Ausnahmen sind Island – eine isolierte Enklave pseudoegalitären Kapitalismus – und Österreich und die Schweiz, die hinsichtlich sozialer Bedingungen wohl die traditionellsten und hierarchischsten Strukturen europäischer Gesellschaften aufweisen. Die Frauenbewegung[2] ist eine internationale Bewegung – nicht bezüglich ihrer Organisation, sondern im Hinblick auf ihre Identifikation und ihre gemeinsamen Ziele. Dies unterscheidet sie teilweise von ihren historischen Vorläufern: die Kämpfe um das Wahlrecht Ende des 19. und Anfang des 20. Jahrhunderts.[3] Dies unterscheidet sie auch von der gegenwärtigen Darstellung in den Massenmedien als einer angelsächsischen, vorwiegend amerikanischen Bewegung. In England dient diese isolierte Darstellung dazu, die Frauenbewegung in Verbindung zu setzen mit dem allgemein bekannten Konzept des frühen Feminismus und trägt dazu bei, ihre Bedeutung zu verwischen: Frauen sind früher schon rebellisch geworden, und jetzt sind sie's wieder. Es ist nur ein Schlag ins Wasser.

Die meisten der verschiedenen Frauengruppen bezeichnen sich selbst mehr oder weniger als revolutionär.[4] Warum werden sie dann so selten als revolutionär angesehen? Tagtäglich gibt es in der Presse oder im Fernsehen in den USA, und zunehmend auch in England, Kommentare über die Bewegung oder auch Erklärungen ihrer Sprecherinnen. Wenn Frauen den Anspruch formulieren, die gesamte Struktur der Gesellschaft verändern zu wollen, daß sie das System als unterdrückerisch empfinden, das daher auf allen Ebenen bekämpft werden muß, lächeln die Moderatoren gütig (oder spöttisch) und sehen dabei wohl ganz klar, daß eine Veränderung im System ein bißchen mehr als Geschirrabwasch oder Kinderbetreuung für den Mann bedeuten könnte. Es ist richtig, daß die Frauenbewegung gegenwärtig eine Modebewegung ist, daß das Gelächter darüber den Angriffen die Schärfe nimmt und daß, wenn verbale Aggression zu Gewalttätigkeit eskaliert, die repressive Staatsmacht ins Spiel kommen wird, wie es den Suffragetten widerfahren ist. Es wird behauptet, daß in Amerika bereits militante, in der Frauenbewegung engagierte Frauen ihren Arbeitsplatz verlieren oder erst gar keine

Stelle bekommen. Es gibt keinen Grund anzunehmen, warum Gewalt und Gegengewalt nicht auch das Ausmaß erreichen sollten, das sie in den ersten Jahrzehnten dieses Jahrhunderts in England hatten. Damals steckten die Suffragetten Häuser in Brand, schlugen Schaufensterscheiben ein, griffen Parlamentsmitglieder tätlich an, legten Bomben, zerstörten über hundert Gebäude im Laufe von wenigen Monaten, unterbrachen Telefonverbindungen und sprengten Briefkästen. Sie plakatierten ganze Landschaften in England mit ihrer Forderung nach dem Wahlrecht. Dafür wurden sie ins Gefängnis geworfen, zwangsernährt und geschlagen. Ein spezielles Gesetz – das Katz-und-Maus-Gesetz – machte es möglich, sie immer wieder ins Gefängnis zu sperren. Aber währenddessen blieben die Zentralen der radikalsten Gruppe – die Women's Social and Political Union (WSPU) –, die über 90000 Pfund verfügten (Gelder aus Kampagnen), 110 bezahlte Mitarbeiter hatten, die Mitgliedschaft von tausend eingeschriebenen Mitgliedern und eine Zeitungsauflage von 40000 vorwiesen, ungeschoren. Gegen einige der Anführerinnen wurden Anklagen wegen Verschwörung erhoben, und Christabel Pankhurst wurde ins Exil verbannt, aber weder diese noch irgendeine andere Organisation wurde jemals als solche beseitigt. Manchmal ist es eben notwendig, Frauen einzusperren, aber ihre politischen Organisationen brauchen nie allzu ernst genommen zu werden.

Heute scheint etwas Vergleichbares in Gang zu sein. In den Massenmedien wird die Frauenbewegung in farbenprächtige Reportagen verpackt, und das könnte symptomatisch sein für etwas mehr als die Begierde nach Sexualobjekten in jeglicher Form. Als Individuen reagieren viele Männer auf die Forderungen der Frauen mit Angst oder im anderen Falle mit belustigter, begütigender Toleranz. Aber es gibt noch kein Indiz dafür, daß die organisierte Bewegung mehr als nur ein Ärgernis für die Öffentlichkeit darstellt. Alle vorangegangenen revolutionären Bewegungen mußten zu einer bestimmten Zeit im verborgenen arbeiten und handeln. Die Massenmedien geben der Frauenbewegung nicht nur Publicity; hinsichtlich der Konzeption und Organisation ist die Frauenbewegung die öffentlichste revolutionäre Bewegung, die jemals existiert hat. Gleichzeitig auch in der Lage, die revolutionärsten Erklärungen in der Öffentlichkeit abzugeben, ohne daß auch nur irgend jemand davon berührt zu sein scheint. Dies wirft natürlich viele Fragen auf, nicht nur über die Gesellschaft, die die Frauen nie ernst nimmt, sondern vielmehr auch, etwas kritischer bezüglich der nahen Zukunft, über das Wesen der Bewegung selbst.

Wir müssen fragen, warum sie entstanden ist (die Bedingungen für den Zeitpunkt ihres Entstehens in den späten sechziger Jahren). Wie sieht die Frauenbewegung als politische Bewegung aus? Mit welchen Problemen ist sie konfrontiert bei der Analyse der Stellung der Frau. Und ... wohin gehen wir ...?

Wenn wir die Zeit, in der die Bewegung entstand, diskutieren, müssen wir die damaligen und gegenwärtigen radikalen und revolutionären Bewegungen in Betracht ziehen, mit denen sie in Verbindung steht oder von denen sie sich abspaltete: die Studentenbewegung, Black Power, Kriegsdienstverweigerung, bereits bestehende sektiererische Gruppen und reformistische Frauengruppen, Kämpfe in der Dritten Welt. Wir müssen die besondere Lage der Frauen während dieses Jahrzehnts mit einbeziehen, die ihre Revolte hervorbrachte. Eine Beschreibung der Charakteristika der Frauenbewegung schließt mit ein ihre Größe, die Klassenzugehörigkeit und die Aktivitäten der zugehörigen Frauen, ihre Organisation, die Kampagnen, die sie führt, und die Konzeptionen, die sie entwirft im Laufe ihrer Entwicklung zu einer politischen Bewegung: Selbsterfahrung, männlicher Chauvinismus, Sexismus, Feminismus, Befreiungskampf und ihre führerlose Struktur und Organisation. Ebenso die revolutionäre oder radikale Tradition, die sie fortsetzt: die Politik/Phänomenologie der Erfahrung[5], die spontaneistischen Methoden des Anarcho-Syndikalismus und die Situationisten, der Separatismus der Black-Power-Bewegung, sozialistische Theorien über den Kampf der unterdrückten Völker, ihre eigene Konzeption als »Grass-roots«-Bewegung (Basisbewegung), als potentielle Massenbewegung. Ebenso eine Beschreibung der Analysen, die bisher nur zögernd ausgearbeitet wurden, und die ganz grob umrissen etwa so aussehen: Frauen sind schon immer unterdrückt worden; wir können etwas über diese Unterdrückung erfahren, wenn wir die Phänomenologie der Erfahrung verwenden, wir können diese Unterdrückung bekämpfen, wenn wir die Unterdrücker und die Institutionen der Macht (Männer und/oder männerbeherrschte Gesellschaft) angreifen, um dann entweder Gleichheit herzustellen oder das befreite Selbst: »whole people« (ganze, nicht entfremdete Menschen)[6].

Wir müssen auch die spezifischen Faktoren der Situation der Frau diskutieren, die ganz eindeutig ihre Unterdrückung manifestieren. Wie analysieren wir nun die Stellung der Frau? Wie sieht die konkrete

Situation der Frauen in der gegenwärtigen kapitalistischen Gesellschaft aus? Auf welchen allgemeinen Ebenen kann man die Unterdrückung festmachen? Die Familie und die Psychologie der Weiblichkeit sind hier ganz entscheidend. Ganz abgesehen von ihrer ungleichen Stellung im Beruf (wo die Frauen nirgends gleichberechtigt sind), erleben die Frauen in der Entwicklung ihrer weiblichen Psyche und ihrer ideologischen und sozioökonomischen Rolle als Mutter und Hausfrau Unterdrückungsformen, die nur sie allein betreffen. Da dies die Frau definiert, muß jede Bewegung für ihre Befreiung diese ihre Stellung analysieren und verändern.

Wohin gehen wir? Geht die Bewegung, die für sich in Anspruch nimmt, revolutionär zu sein, in Richtung auf die Bildung einer revolutionären Organisation? Was würde dies bedeuten im Hinblick auf ihre internen Strukturen und externen Bündnisse? Sollen wir die feministische Konzeption der Frauen als die am grundsätzlichsten unterdrückten Menschen und von daher potentiell die revolutionärsten der marxistischen Position (die Arbeiterklasse ist *die* revolutionäre Klasse im Kapitalismus) entgegensetzen? Welche Konsequenzen hätte das? Wie sieht das Verhältnis zwischen Klassenkampf und dem Kampf der Unterdrückten aus? Wie sieht die Politik der Unterdrückung aus?

Teil I: Die Frauenbewegung

Kapitel I: Der Hintergrund der sechziger Jahre

Frauenbewegung und vorangegangene feministische Kämpfe

Wo sind die Ursprünge der Frauenbewegung zu suchen? Warum entstand sie in der zweiten Hälfte der sechziger Jahre?

Die Bewegung wird verglichen mit den früheren feministischen Kämpfen im neunzehnten und frühen zwanzigsten Jahrhundert, und dies nicht nur, wie ich bereits erwähnt habe, von Außenstehenden, sondern auch innerhalb der Frauenbewegung. Dies verschleiert ihre aktuelle Entstehungsgeschichte. Sicherlich kann man Ähnlichkeiten feststellen zwischen den frühen und späteren feministischen Protestbewegungen – aber es ist wichtig, daß diese Ähnlichkeiten in den charakteristischen Merkmalen und nicht in den Ursprüngen liegen. Ebenso wie die Abolitionistenbewegung (Abschaffung der Sklaverei) in den USA im neunzehnten Jahrhundert sich unterschied von der Bürgerrechtsbewegung und der Black-Power-Bewegung, sind die feministischen Kämpfe, die teilweise aus ihnen hervorgingen, unterschiedlich. Diese Unterscheidung bringt nicht nur einfach eine Verschärfung der Auseinandersetzung; es entstanden qualitativ verschiedene Beziehungen zwischen Frauen, Schwarzen und Farbigen (Mitgliedern der Befreiungsbewegungen). Dies ist sogar auf einer rein symptomatischen Ebene richtig; die Feministinnen des 19. Jahrhunderts entdeckten die Vorurteile (und mehr) ihrer eigenen dominanten Männer und ihrer Regierung; als Stokely Carmichael in seiner berühmten Stellungnahme den Frauen eine horizontale Stellung in der revolutionären Bewegung zuwies, mußten Frauen in den sechziger Jahren feststellen, daß die Haltung der Unterdrücker in den Köpfen der Unterdrückten herumspukte. Dies hat, zusammen mit anderen Faktoren, zu folgender Analyse der radikalen Feministinnen geführt: der Sturz der männerbeherrschten Gesellschaft (Sexismus) und die Befreiung der Frauen ist die primäre Revolution. Der Rassismus ist nur ein Ableger des Sexismus.[7]

In Schweden wurde die Entstehung einer radikalen Bewegung meiner Meinung nach gebremst durch die Tatsache, daß frühere feministische Kämpfe gleichgesetzt wurden mit einer kontinuierlichen, von der Regierung gebilligten Emanzipationsbewegung. Die ersten und die gegenwärtigen Phasen des Befreiungskampfes müssen ganz klar unterschiedlicher Natur sein.

In England wiederum gibt es vergleichbare Bedingungen für die erste und die zweite feministische Phase: Der Niedergang des liberalen England im ersten Jahrzehnt dieses Jahrhunderts hat Parallelen zu dem Todesröcheln von Labours Schwanengesang in den sechziger Jahren. Beide Epochen waren geprägt von einer gefährlichen Rebellion der Rechten (z. B. Enoch Powell), und von den heftigen Revolten in der nächstgelegenen Kolonie Irland und von einer starken Frauenbewegung. Aber die militanten Suffragetten und die gemäßigteren »Suffragists«[8] fanden ein gemeinsames Ziel, das die Entstehung der damaligen Bewegung möglich machte – nämlich das Wahlrecht; dies führte sie aber gleichzeitig aus der Möglichkeit jeglichen revolutionären Handelns heraus. Die Parolen der Feministinnen heute erscheinen vielleicht nicht viel radikaler als die der Suffragetten in der Vergangenheit, aber die Bedeutung wird durch den Kontext verändert. Eben diesen Kontext müssen wir genauer betrachten, und zwar den spezifischen politischen Hintergrund der sechziger Jahre.

Radikalismus in den sechziger Jahren

Allgemein gesprochen waren die sechziger Jahre in der spätkapitalistischen Welt gekennzeichnet von den Kämpfen dreier in Verbindung stehender, aber unterschiedlicher Gruppen: Schwarze, Studenten (Universität und High School) und Jugendliche (die Hippies, die amerikanische Youth International Party – die »Yippies« – und die Kriegsdienstverweigerer). Natürlich gab es nicht in jedem Land alle diese Gruppen und Bewegungen. Diese landesinternen und landesbezogenen Kämpfe sind entstanden, als man sich mit dem Frieden in der Welt und Kämpfen in der Dritten Welt – Algerien, Kuba, Vietnam – auseinandersetzte; sie haben allerdings nie ihre Tendenz zum Internationalismus verloren, der in ihrer ursprünglichen Zielsetzung vorgesehen war. Dieser Internationalismus entwickelte sich in zwei Richtungen: die allgemeine und abstrakte Eigenschaft des »Weg-mit-der-Bombe« hat sich zurückgezogen in die zeitlose Leere des Seelenfriedens – Meditation vereint die Menschheit. Dieser Seelenfriede ist verkapselt in der vereinfachten Sicht der Welt als einem globalen Dorf, er hallt wider von den Schritten der Hippies, die nach Kaschmir wandern – und wieder zurück. Die Revolutionen und die Guerillakämpfe in der Dritten Welt machten neue Analysen der Unterdrükkung und neue Kampfmethoden notwendig; die Schwarzen sind die Vietnamesen innerhalb Amerikas. Die Frauenbewegung ist in gewissem Sinne eine Summierung von so vielen Tendenzen, die bis heute diese etwas früher entstandenen politischen Gruppierungen kennzeichnen.

Das Bedürfnis, sich auf die spezifische Unterdrückung zu konzentrieren, die man im eigenen Lande erfährt, und sie gleichzeitig in Verbindung zu bringen mit der allgemeinen politischen Situation (eine Reaktion auf das Ausmaß des Imperialismus?), trifft auch genau die Lage der Frauen. Die Ausbeutung der Frauen in den fortschrittlichen Ländern läßt sich leicht dokumentieren; die Verbindung zu ihrer Unterdrückung, die überall und zu jeder Zeit stattfindet, ist offensichtlich. Frauen sind die internationalste sämtlicher politischer Gruppen; zudem erfahren Frauen ihre Unterdrückung in der kleinsten spezifischen Sphäre, nämlich zu Hause. Hier kommen das Persönliche und das Politische zusammen. Obwohl einige Frauen gut versorgt sind oder werden, hat die große Mehrheit der Frauen mit den Schwarzen (und der Arbeiterklasse) soziale und ökonomische Armut gemeinsam; mit den Studenten verbindet sie die Erfahrung ideologischer Manipulation und mit den Hippies der Protest gegen Unterdrückung und Ausbeutung der Sexualität in der Gesellschaft, gegen die Verweigerung der Freiheit; und die Suche nach Freiheit und die Verwirklichung des Individuums. Aber das ganze Ausmaß der Unterdrückung der Frauen ist sehr schwierig darzustellen. Wie die Schwarzen sind die meisten Frauen arm, jedoch kommen die Frauen, die in der Frauenbewegung sind, wie die Studenten und Jugendlichen zum größten Teil aus der Mittelschicht. Die Implikationen genau dieser Verbindung müssen wir erkennen, wenn wir die Ursprünge der Frauenbewegung zurückverfolgen. Die Frauenbewegung bekam revolutionäre Anstöße aus zwei Quellen: die ökonomische Armut der Frauen innerhalb des reichsten Landes der Welt (wie bei den Schwarzen) und ihre psychische und emotionale Entwürdigung und Erniedrigung in eben diesem

Land (wie bei den Studenten und Jugendlichen). Ein wachsendes Bewußtsein ermöglichte ein Erkennen dieser Zusammenhänge.

Denn Armut allein kann nicht für sich selbst protestieren. Niemals hat eine extreme Entbehrung allein das Revolutionäre produziert. William Hinton beschreibt in »Fanshen« die Lebensbedingungen in der vorrevolutionären Provinz Shansi in China, ein fast unglaublicher Bericht über die dort herrschende Brutalität.

»Im zweiten Viertel des 20. Jahrhunderts war das südliche Shansi durch diese (sozialen) Beziehungen und (natürlichen) Bedingungen an einem Tiefpunkt angelangt, wo Habgierde, Raub, Verfall der Gesellschaft, Gewalt, Hungersnot, Chaos die Lage kennzeichneten, und das hat kaum Parallelen in der Geschichte.«[9]

Nun aber können Revolutionen nicht aus einem Tiefpunkt heraus entstehen; sondern dann, wenn es eine Aussicht gibt, nicht auf einen Gipfel (Utopismus), sondern zumindest auf einen Hügel, der erstiegen werden kann. Amerikanische Frauen und Studenten waren sehr weit entfernt von den Shansi-Bauern »auf dem Grund des Brunnens« (ihre Formulierung und die von W. Hinton), aber die Kluft zwischen den Entbehrungen, die sie erlitten, und dem Triumph, den sie empfinden sollten, war ausreichend für sie, beides in Frage zu stellen. Aus dieser Position heraus entstanden alle revolutionären Bewegungen der sechziger Jahre in den spätkapitalistischen Ländern.

Von dieser Perspektive her gesehen ist die mittelständische Zusammensetzung der Frauenbewegung weder ein negativer Faktor, noch sollte sie Anlaß geben zu Befürchtungen und endlosen »mea culpas«, sondern sie ist eigentlicher Teil feministischen Bewußtseins. Die ökonomisch und sozial unterprivilegierte Frau ist viel stärker an ihre Lage gebunden, durch einen Konsensus, der diese Lage als natürlich gegeben hinstellt. Eine Mutter aus den Appalachen mit ihren fünfzehn Kindern erfährt ihre Situation als natürlich und infolgedessen als unveränderbar; ein Mädchen, das auf dem College war und beispielsweise Hauswirtschaft studiert mit dem Ziel, einen akademischen Abschluß zu machen, ist zumindest in der Lage, nach dem Warum zu fragen.

Unterdrückung ist mehr als ökonomische Ausbeutung, was am Beispiel der Black-Power-Bewegung aufgezeigt werden kann, die von den frühen radikalen Bewegungen ökonomisch am schlechtesten dastand.

Die Black-Power-Bewegung

Bereits in den Anfängen der Black-Power-Bewegung richteten sich die Angriffe vor allem gegen kulturelle Werte. »Black is beautiful!« und die neue kulturelle Identität der Schwarzen haben eine enorme politische Bedeutung, der man nicht gerecht wurde, wenn man sagte, das alles sei nur im psychologischen Sinne von Bedeutung. Vielleicht können wir die Relevanz der Black-Power-Bewegung am besten einschätzen, wenn wir sehen, daß es in der aktuellen Arbeiterbewegung nichts Vergleichbares gibt, wohl aber in den Befreiungskriegen der Dritten Welt. Trotz Lenins scharfer Kritik sind die Kämpfe der Arbeiterklasse in der westlichen Welt zu stark innerhalb der Grenzen ihrer eigenen ökonomischen Ausbeutung geblieben und waren entweder an Gewerkschaftspolitik oder an reformistische kommunistische Parteien gebunden. Eine ausgebeutete Klasse oder unterdrückte Gruppe entwickelt nicht einfach aus sich heraus ein volles politisches Bewußtsein, sondern dieses Bewußtsein entsteht durch Erfahrungen und ein Wissen um die Interdependenz (und die Herrschaftsstrukturen) aller Klassen einer Gesellschaft. Die Schwarzen haben nicht notwendigerweise einen größeren Überblick als die Arbeiterklasse, aber weil ihre Unterdrückung sichtbar kulturell und ökonomisch ist, besteht viel mehr die Notwendigkeit, die verschiedenen Aspekte ihrer Unterdrückung innerhalb des gesamten Systems zu sehen. Dies bedeutet nicht ein unmittelbares Verständnis der Art und Weise, wie andere Gruppen und Klassen ausgebeutet oder unterdrückt werden, aber es kann sehr wohl das bedeuten, was man als einen totalen Angriff auf den Kapitalismus bezeichnen könnte, der dazu führen könnte, das Bedürfnis nach Solidarität mit allen anderen unterdrückten Gruppen zu realisieren.

Die Ursprünge dieses Totalismus sind ziemlich eindeutig. Ebenso seine Notwendigkeit. Die Kämpfe der Länder der Dritten Welt gegen imperialistische Unterdrückung waren der Anlaß; ein totaler Kampf um das Überleben einer Nation und einer Kultur. Die Schwarzen sehen ihre Lage als die einer Enklave der Dritten Welt innerhalb der Heimat des Imperialismus. Die ersten Phasen des Kampfes bestanden dementsprechend in der Geltendmachung eines neuen Nationalgefühls – ein Land der Schwarzen innerhalb Amerikas. Aber dies ist nur eine Analogie. Die Schwarzen sind in der Geschichte zu spät, geographisch zu zerstreut und zahlenmäßig zu wenige, um diesen Kampf auszufechten. Sie sind nicht die einzigen Opfer totaler imperialistischer Aggression wie die Vietnamesen. Sie sind die am meisten ausgebeutete und unterdrückte Minorität innerhalb eines kapitalistischen Systems. Die totalistische Position ist eine Vorbedingung für diese Erkenntnis, aber sie muß im Bewußtsein differenziert werden, sonst gerät sie in den Schlamm eines schwarzen Chauvinismus, was das rassische und kulturelle Gegenstück zum Ökonomismus der Arbeiterklasse wäre, wo man nicht weiter als über seinen eigenen Bauchnabel hinausschaut. Was für die Arbeiter gilt, gilt auch für die Schwarzen:

»Das Bewußtsein der Arbeiterklasse kann kein wahrhaft politisches sein, wenn die Arbeiter nicht gelernt haben, auf *alle* und *jegliche* Fälle von Willkür und Unterdrückung, von Gewalt und Mißbrauch zu reagieren, *welche Klassen* diese Fälle auch betreffen mögen ...«[10]

Imperialismus-Kapitalismus, der Koloß mit den Lehmfüßen, der Papiertiger, ist immer noch ein Tiger, ist immer noch ein Koloß, und keine unterdrückte Gruppe oder Minorität kann allein dagegen angehen.

Totalismus ist also der Ausdruck des Protests gegen alle repressiven, unterdrückerischen Bedingungen, mit der Forderung nach vollständiger Befreiung, die gleichzeitig den Umsturz der gesamten kapitalistischen Gesellschaft impliziert. Der Begriff Totalismus steht für die Unterdrückung einer Gruppe und für die Unterdrückung aller. In dieser undifferenzierten Allgemeinheit gibt es nur Taktik, keine allumfassende Strategie. Es ist jedoch eine wichtige Phase zu Beginn der Organisierung gegen eine Unterdrückung, die ebenso manifest ist in der gesellschaftlichen und kulturellen Repression wie in der Ausbeutung. Totalismus bezieht sich auf die feministischen Kämpfe ebenso wie auf die der Schwarzen.

Der Kampf der Schwarzen bezog sich zum ersten Mal auf alle Ebenen der Unterdrückung. Aber nur wenige Mitglieder der Schwarzen Bewegung waren ursprünglich aus der Mittelschicht. Mit ihrem Protest und ihrem Widerstand waren die Frauen der Studentenbewegung näher, in der auch viele von ihnen engagiert waren.

Studenten

Für Lenin waren die armen Studenten des autokratischen Rußland eine von vielen unterdrückten Gruppen. Die gegenwärtige Studentenbewegung, zumindest der marxistische Teil davon, versuchte verzweifelt, diese Selbstdefinition wieder zurückzuholen. Sie behaupteten, die Studenten seien nicht die privilegierte Enklave, die von einer selbstgefälligen Gesellschaft großzügigerweise zur Verfügung gestellt wurde, sondern sie seien die neuen Armen, ein neuer Teil der Arbeiterklasse. Ich möchte mich an dieser Stelle nicht damit befassen, ob diese These aufrechterhalten werden kann, sondern eher damit, wie sie zustande kam und mit welchen Implikationen. Lenins Studenten waren arm und daher radikal; die Studenten der sechziger Jahre waren radikal und sahen demnach ganz klar ihre eigene Armut. Ob sie von staatlicher Unterstützung, Krediten, ihrer eigenen Ferienarbeit oder von ihren Eltern lebten, war es jedoch klar, daß die überwiegende Mehrheit der Studenten aus der (weißen) Mittelschicht kam, und meistens kehrten sie auch dahin zurück. Mit finanziellen Schwierigkeiten hatten sie nur vorübergehend zu kämpfen. Ihr Protest resultierte also nicht aus ökonomischer Ausbeutung oder Unterdrükkung. Der Protest kam aufgrund einer neuen Definition der Unterdrückung. Es ist interessant, daß sowohl den Studenten als auch den Frauen aus der Mittelschicht, die in der Frauenbewegung sind, viele Ausbildungs- und Verdienstmöglichkeiten offen stehen. Aber genau diese haben sie als arm zurückgewiesen. Aber das ist zunächst einmal eine sehr weitgehende Behauptung.

Tatsache ist, daß die Studenten der Geisteswissenschaften bis zum Zweiten Weltkrieg eine intellektuelle Elite waren, die um des Studierens willen studierte, und der Status eines Universitätsabsolventen war wichtiger als die Inhalte, die mit dem Universitätsexamen verbunden waren. Der spätere Beruf der Studenten der Naturwissenschaften und der Technik stand schon immer stärker in Verbindung mit dem Studium. Andere akademische Berufe hatten ihre eigene Ausbildung – getrennt von den Universitäten –, Rechtsanwälte, Ärzte, Buchhalter, Journalisten und so weiter. Die Studenten der geisteswissenschaftlichen Fächer sind aber dann allmählich während des Krieges und dann besonders stark in den sechziger Jahren aus ihrer Elfenbeinturmposition in eine Situation geraten, analog zu der Situation der Naturwissenschaftler und Techniker. Studenten der geisteswissenschaftlichen Fächer wurden zu berufsmäßigen Media-Männern oder arbeiteten als Texter in Verlagen oder in anderen rasch expandierenden Medien. Die Universität ist zu einer Ausbildungsstätte für Träger der Konsumgesellschaft geworden. Die Studenten sind nicht mehr Studenten im klassischen Sinne des Wortes. Universitäten halten vergebens an einer Tradition fest, deren konservative Inhalte den Studenten Anlaß zu Protesten geben, während andererseits Studiengänge, die bereits auf die späteren Berufe abgestimmt sind, eine Banalität aufweisen, die sowohl das Studium als auch den späteren Beruf abwertet. Gerade die Studenten der geisteswissenschaftlichen Fächer sind die Spitze und die Hauptstütze der Studentenbewegung. Wenn sie nicht die neuen Arbeiter sind, so doch sicherlich die neuen Lehrlinge für eine andere Art von Arbeit.

Diese Situation der Studenten steht in zweifacher Hinsicht im Zusammenhang mit der Frauenbewegung. Viele Frauen, die schon früh in der Frauenbewegung waren, waren oder sind Studentinnen der geisteswissenschaftlichen Fakultäten. Interessant und wichtig, allerdings schwer zu definieren, ist der wechselnde sozioökonomische Hintergrund, der für die eben beschriebenen Faktoren verantwortlich ist. Auf diesem Hintergrund war eine Veränderung im Bewußtsein der Studenten möglich und beeinflußte auch die Situation und das Bewußtsein der Frauen aus der Mittelschicht, die dadurch, wie auch die Studenten, zumindest partiell ihre Klassenlage transformieren konnten. Aufgrund eines gewissen Reichtums waren sowohl Frauen als auch Studenten in der Lage, die Abschaffung dieses Reichtums zu fordern. Wenn Studenten sich als Arbeiter bezeichnen, so beziehen sie sich dabei nicht einfach nur auf ihre Armut, sondern auf die Armut des Überflusses, auf den Zwangscharakter der vielgerühmten »Chancen«. Und die Frauen aus der Mittelschicht sind in einer ähnlichen Lage: ihnen wird gesagt, sie seien gleichberechtigt, die Emanzipation habe ihnen alles gegeben, als Hausfrauen könnten sie »frei über ihre Zeit verfügen«, ach wie schön es sei, Frau zu sein, keine Arbeit, keinen Ärger und keine Verantwortung zu haben ... aber ... Die Situation der Studenten und Hausfrauen erscheint denen, die weder das eine noch das andere sind, recht ähnlich: sie arbeiten nicht und haben keine Verantwortung.

Die Frauenbewegung und die Studentenbewegung sind allerdings nicht einfach nur das Ergebnis einer Desillusionierung: »Ihr gebt uns Bildung, ihr gebt uns Freizeit, seht mal, was das bedeutet.« Es besteht vielmehr ein grundlegender Widerspruch zwischen der tatsächlich geleisteten Arbeit und einer Ideologie, die diese leugnet.

Die Studenten wehren sich gegen ihre geistige und intellektuelle Manipulation in einem Kontext – der Universität –, der eigentlich ihre Freiheit garantieren sollte.

Die Hippies und die Politik der Jugendbewegung

Die Hippies protestieren gegen die gesellschaftliche Manipulation und Repression der Gefühle. In einer automatisierten und entfremdeten Welt sei das, was man fühlt, wichtig und gültig. In der Hippieszene wurden anfangs Freiheit, Emotionalität und die Rechte eines jeden Individuums betont und auch ernst genommen. Trotz der Tatsache, daß die Hippies vor- und zurückschauen – nämlich in vergangene und zukünftige goldene Zeitalter –, um ihre Werte zu verherrlichen, sind diese Werte aber in Wirklichkeit ein verzerrtes Spiegelbild der spätkapitalistischen Ideologie. Die Hippie-Kommunen können heute oft wieder als religiöse Enklave in die Gesellschaft integriert werden, weil sie nie ihre eigene Religiosität und die der bestehenden Gesellschaft gesprengt haben. Diese Art von Weltanschauung, die die Dimensionen der bestehenden Werte einfach nur erweitert, wird sehr leicht dem vorhandenen Wertsystem einverleibt werden. Sogar die offensichtlich delinquente Drogenszene gebrauchte eine radikale Sprache, die eine traurige Ironisierung der vorhandenen Kulturwerte war – Drogen erweitern das Bewußtsein; was will eine Konsumgesellschaft eigentlich anderes erreichen, als das Bewußtsein zu erweitern und neue Bedürfnisse zu schaffen für den Absatz der ständig wachsenden Anzahl von Produkten? Die Gefahr bei einem solchen vage formulierten theoretischen Radikalismus ist, daß er theoretisch bleibt. Die meisten Hippiegruppen transzendieren die kapitalistische sozioökonomische Gesellschaftsordnung, indem sie sich in zeitlose Sphären zurückziehen und letztlich dem größten Schwindel, nämlich der Religion, erliegen. Opium ist ihre Religion ... Zugegeben, wenn man alles und jedes zum logischen Schluß führt, so kann das radikale Auswirkungen haben. Ursprünglich gestanden nur wenige bürgerliche Ideologen ihre Hippie-Nachkommenschaft ein. Und umgekehrt kamen viele Gruppen nach einem Trip in die befreite Zone des Bewußtseins mit Einsichten und Möglichkeiten revolutionärer Veränderung zurück.

Die Gegenkulturparodie der Yippies hat weitaus größere Möglichkeiten radikaler Veränderung. Sie gingen dazu über, die Medien, insbesondere das Fernsehen, bloßzustellen und auszuwerten, und damit konzentrierten sie sich auf eine symptomatische Erscheinung des ideologischen Bereiches, in dem die Schlacht ausgetragen werden muß. Bis jetzt ist dieser Bereich noch nicht gründlich genug erforscht, und der Protest könnte auch überschäumen in ziellose Ausgelassenheit. Man kann nur schwer die Grenze ziehen zwischen einer Parodie der Fernsehshow und einer wohl notwendigen Anreicherung des Fernsehprogramms mit munteren Spielen und Scherzen.

Die Politik dieser Bewegungen hat nichts oder nur sehr wenig mit Organisation und Führungsstrukturen zu tun, und daher sind Effizienz und Erfolg abhängig von dem politischen Engagement der Individuen ... schlimmstenfalls sind sie ein mehr oder weniger erfreuliches Symptom einer im Zerfall begriffenen Gesellschaftsordnung; und bestenfalls sind sie die Agenten oder Anstifter einer neuen Ordnung.

Der gemeinsame Hintergrund

Erziehungs- und Bildungswesen

Wesentlich und bestimmend für den gemeinsamen Kontext dieser Bewegungen scheint mir die riesige Expansion des höheren Bildungswesens in der ersten Hälfte der sechziger Jahre zu sein. Dies war teilweise eine Reaktion auf demographische Veränderungen – die Kinder des Nachkriegsgeburtenbooms gingen 1964 auf die Colleges und die Universitäten. Es war aber auch ein Ergebnis der veränderten ökonomischen Erfordernisse. In Amerika gab es in zunehmendem Maße Schulen und Hochschulen, auch für die schwarze Bevölkerung. In England gab man vielen technischen, pädagogischen und philosophischen Colleges den Status einer Universität, weil der zahlenmäßig so starken Jugend der Nation großzügigerweise adäquate Bildungsstätten beschert werden sollten. Die politischen Gruppen und Organisationen der sechziger Jahre setzen sich zumeist aus jungen und gebildeten Menschen zusammen – auch wenn sie, wie die Schwarzen in Amerika, unterprivilegiert sind. Das Problem der Klassenzugehörigkeit der neuen Revolutionäre kann eben genau mit der Bildungspolitik und ihren Implikationen erklärt werden. Angesichts der ständig wachsenden Zahl von Intellektuellen aus der Mittelschicht bildet sich dort möglicherweise ein Potential für revolutionäre Anstöße und Veränderungen. Das heißt mit anderen Worten, daß diese nicht als isolierte Enklave irgendwo innerhalb des Kampfes der Arbeiterklasse agieren (die sogenannte revolutionäre Rolle der Intellektuellen), sondern sie selbst nehmen an diesem Kampf aktiv teil. Das wäre die Gegenposition zum ideologischen Standpunkt der Verbürgerlichung der Arbeiterklasse. Man könnte vielmehr sagen, daß einige Gruppen innerhalb der traditionellen Arbeiterklasse, beispielsweise die Facharbeiter, sich in bezug auf ihre Klassenposition an die traditionelle Mittelschicht annähern. Das hat nichts mit einem persönlichen Auf- oder Abstieg in der gesellschaftlichen Position zu tun, es ist ein Symptom für den Fortschritt des kapitalistischen Systems selbst.

Allein die Zahl der Studenten an Colleges und Universitäten in einem Land wie Amerika ist ein wichtiges Symptom der spätkapitalistischen Gesellschaft. In den frühkapitalistischen Gesellschaften finden wir ein ganz anderes Phänomen. Im Laufe des 19. Jahrhunderts wurden immer kompliziertere Maschinen entwickelt, und als Folge davon mußten immer mehr Arbeiter lesen und schreiben können, was dann, etwas verspätet, die Einführung der allgemeinen Schulpflicht nach sich zog. Die Expansion des Bildungswesens vom Beginn der frühen sechziger Jahre bis heute ist jedoch nicht nur eine geradlinige Fortsetzung dieser Entwicklung. Es ist etwas sowohl qualitativ als auch quantitativ Verschiedenes. Die Menschen werden nicht einfach nur in den Fähigkeiten ausgebildet, die erforderlich sind für die immer kompliziertere Technik (wie immer behauptet wird), sondern auch für die Expansion des geistigen Bereiches selbst, der in einer Konsumgesellschaft ungeheuer viel breiter sein muß als in einer Gesellschaft, die auf primäre Produktion ausgerichtet ist.[11]

Das oberste Prinzip im Konsumkapitalismus lautet: es muß verkauft werden. Daher gibt es für jedes neue Produkt eine neue Werbung, einen neuen Text, ein neues Layout usw., und natürlich ein neues Bedürfnis, das im Verbraucher geweckt werden muß. Sicherlich ist das materielle »Ding« immer noch ausschlaggebend, doch das Ganze hat einen eindeutigen Hintergrund. Das ist an sich schon ein Zeichen für Überfluß. Je weiter die Entwicklung des Kapitals ist, desto höher muß die Reproduktionsrate sein, die für dessen Erhaltung notwendig ist. College- und Universitätsabsolventen werden in verstärktem Maße für diese Arbeit herangezogen und immer weniger für die traditionelle intellektuelle Arbeit in den akademischen Berufen gebraucht. Sie sind die Agenten eines Konsumkapitalismus, und sie selbst ein Symptom für die Entwicklung, die wegführt von der primären Reproduktion und als Teil desselben Prozesses zu Konsum.

Der wirkliche Reichtum manifestiert sich vielmehr – und dies enthüllt die große Industrie – im ungeheuren Mißverhältnis der angewandten Arbeitszeit und ihrem Produkt, wie ebenso im qualitativen Mißverhältnis zwischen der auf eine reine Abstraktion reduzierten Arbeit und der Gewalt des Produktionsprozesses, den sie bewacht. Die Arbeit erscheint nicht mehr so sehr als in den Produktionsprozeß eingeschlossen, als sich der Mensch vielmehr als Wächter und Regulator zum Produktionsprozeß selbst verhält. (Was von der Maschinerie gilt und ebenso von der Kombination der menschlichen Tätigkeiten und der Entwicklung des menschlichen Verkehrs.)[12]

Der Computer ist bis jetzt das perfekteste Beispiel dafür, daß eine Maschine menschliche Arbeit ausführen kann. Der Mensch selbst überwacht nur noch die Maschinen. Dabei geschieht allerdings etwas mit diesem Menschen. Seine Arbeit ist nicht mehr nur wie im Frühkapitalismus insofern entfremdet, als das Kapital das von ihm geschaffene Produkt an sich nimmt, sondern er selbst ist kein Arbeiter mehr: er produziert nichts, er überwacht nur noch das, was die Maschine produziert. Immer stärker regulieren wissenschaftliche Prozesse die Reproduktion und das Wachstum des Vermögens in Richtung auf noch größeres Wachstum und Überfluß, die Arbeit des Individuums verkümmert und verliert gegenüber den Maschinen an Macht: nur die erweiterte kollektive Arbeit der Menschen hält diesen Prozeß aufrecht. Und dann tritt das ausgebildete Personal auf den Plan: die Techniker der Produktindustrie, der Konsumindustrie und der Massenmedien. Die Expansion der Universitäten in England und Amerika soll diesen neuen Bedarf an »Überwachern« des Produktionsprozesses sichern, sie sind gleichzeitig Wächter über die Reproduktion dieser Produktion.

Darin liegt natürlich ein impliziter Widerspruch. Die spätkapitalistische Gesellschaft, die diese Bildungsexpansion braucht, um Agenten zu bekommen, die das Bewußtsein steuern und damit den Markt, geht damit auch zu weit und übertreibt. Es werden nicht nur zu viele Studenten (oder drop-outs) für die zur Verfügung stehenden Arbeitsstellen produziert; auch die Werte, die durch Bildung und Ausbildung vermittelt werden, wirken als Bumerang.

Die Widersprüche im Verbraucherbewußtsein

Die physischen Kräfte eines Menschen können sichtbar genutzt und ausgebeutet werden. Es ist ein größeres Risiko, geistige Kräfte zu kaufen. Eben diese Ideologie von der Freiheit der Gedanken und der Freiheit der Wahl (man kann zwischen einem und tausend anderen Produkten wählen) soll das Individuum schützen. Durch eine ironische Verdrehung können die geistigen Werte, die wir stimulieren, zum Totengeläut für die eigene Ausbeutung werden. Wenn das Bewußtsein vieler Individuen erweitert wird (zum Zwecke der Expansion des Konsums), so heißt das tatsächlich, daß das Bewußtsein erweitert wird und ist. Und die Produkte dieses erweiterten Bewußtseins sind schwerer faßbar als die, die an einem Fabrikfließband entstehen. Die Ideologien, die entwickelt werden, um die absolute Kontrolle über den Markt zu gewinnen (die freie Wahl jedes einzelnen, welche Automarke seinen individuellen Wünschen angemessen ist), sind eigentlich Ideologien, die für sich selbst rebellieren können. Der Individualismuskult, den das System für seine Zwecke gebraucht und funktionalisiert, könnte diese Funktionalisierung transzendieren und dann zu einer radikalen Revolte der Selbstverwirklichung werden. Der Kult des »nach den eigenen Gefühlen leben« wird gefährlich, wenn diese Gefühle andere sind als die, die die Gesellschaft den einzelnen vorschreibt. Die Welt nach eigenen Gefühlen und Maßstäben zu erleben, kann ganz schönes Herzklopfen verursachen. Die Medien, die uns die Gefühle der Welt übermitteln können, bringen uns den Vietcong-Guerilla ins Wohnzimmer, zusammen mit der weißesten Wäsche, die es je gab. Die Leute, die eigentlich dieses erweiterte Bewußtsein manipulieren sollen, sind in Wirklichkeit nur dessen Agenten, und von daher könnten sie innerhalb dieses Bewußtseins rebellieren.

Die Erweiterung des Bewußtseins im Spätkapitalismus (was ganz einfach zu belegen ist an dem Anwachsen der Medien) stellt den wesentlichen Kontext für die Form der radikalen Politik in den sechziger Jahren dar. Diese Form spiegelt den Inhalt wider. Die ideologische Revolution hat von Anfang an, und voraussehbar, eine

Form angenommen, die die Existenz der Werte geltend macht und verteidigt, die die alte Gesellschaft zu fördern vorgibt: Individualismus, Subjektivität, persönliche Freiheit.

Widersprüche innerhalb der ideologischen Institutionen

Ohne ein weitverzweigtes ideologisches Gebäude könnte eine Konsumgesellschaft nicht existieren. Und wenn die Bildungseinrichtungen einer Gesellschaft eine Ideologie produzieren, die beladen ist mit Widersprüchen, dann ist da sicherlich Widersprüchliches in den Institutionen selbst. Ideologie hängt von den Institutionen ab, die diese hervorbringen, wie z. B. Bildungs- und Erziehungsinstitutionen: die Schulen, Universitäten und die Familie. Zu Hause und in der Schule werden die Kinder dazu erzogen, an die Welt zu *glauben*. Dieser Glaube ist kein religiöser Glaube, sondern umfaßt alle Ideen und Erwartungen (oder das Fehlen dieser beiden), die wir von der Welt haben, die Ideen und Erwartungen selbst mit eingeschlossen. Seit dem Ende des Ersten Weltkrieges und noch stärker seit dem Abklingen des kalten Krieges wurde die Rolle der Familie und der Schule als Produktionsstätten von Ideologie hervorgehoben. Während eines Krieges, auch während eines kalten Krieges, sind Gewalt und Repression viel offener: das Entstehen eines Konsensus beinhaltet ein Mehr an Schulung und die Internalisierung von Gehorsam; wenn Toleranz gepredigt wird, müssen wir instinktiv konform gehen. Im ganzen gesehen bewähren sich Familie und Schule auf diesem Gebiet ganz gut.

Sobald diese Konformität jedoch auf sich selbst zurückfällt, müssen die Institutionen, die sie hervorgebracht haben, in Frage gestellt werden. Frauen, Hippies, Jugendliche, Studenten und Schüler stellen alle die Institutionen in Frage, von denen sie geprägt worden sind, und versuchen, Alternativen zu entwickeln, wie beispielsweise Kollektive und Kommunen als Alternativen zur bürgerlichen Kleinfamilie. Freie, offene Kommunikation, Gegenmedien, Gegenuniversitäten, das sind alles Angriffe auf diese Gesellschaft, und zwar spezifische, lokalisierte und relevante Angriffe. Sie fördern die Widersprüche zutage. Dies gibt der Bewegung, trotz häufiger Fehlschläge und Mißerfolge, Kontinuität und Macht. Wenn beispielsweise die Studenten die Institutionen, die diesen Konsensus propagieren, oft auch gewaltsam herausfordern und angreifen, so provozieren sie damit die im Hintergrund als Stütze fungierende Staatsgewalt. Eben dieses Verhältnis zwischen der Friedlichkeit des Konsensus und der brutalen Gewalt (Menschen werden getötet, zusammengeschlagen oder ins Gefängnis gesteckt) hat die Intelligenz schockiert. Und die Liberalen taten sich zusammen, um die Universität in ihrer Elfenbeinturmposition zu erhalten als isolierte, gegen ihre eigenen gesellschaftlichen Funktionen geschützte Enklave. Der Konflikt in der Universität besteht zwischen der Ideologie von der Abgeschiedenheit, in der sich ein Pluralismus von Meinungen frei entfalten könne, und der zunehmend offensichtlich werdenden gesellschaftlichen Funktion, nämlich nicht nur adäquate Arbeiter für die Wirtschaft zu stellen, sondern auch das Personal auszubilden, das für die Aufrechterhaltung der ideologischen Struktur selbst notwendig ist; einer ideologischen Struktur, die die Studenten zurückweisen.

Klasse und Kultur

Der Protest und die Gegenkultur der sechziger Jahre und deren explizite Vertreter innerhalb der Jugend – Hippies, Yippies, Studenten und Schüler – nehmen im gesamten Spektrum der neuen Revolutionäre unterschiedliche Positionen ein. Der unpolitischste Teil dieser Revolte unterstützt eigentlich bloß die Qualitäten, die die gegenwärtigen kapitalistischen Regimes zu fördern vorgeben, in Wirklichkeit aber mißbrauchen – nämlich Selbstverwirklichung und Freiheit des Individuums. Wenn also hier behauptet wird, es gäbe eine Möglichkeit, die Verlockungen zu realisieren, die eine kapitalistische Gesellschaft als Köder auswirft, so ist das retrospektiver Utopismus, der eine Reaktion geradezu provoziert. Auf der anderen Seite startet der politische Teil der Bewegung heftige Angriffe auf Theorie und Praxis des Systems, beispielsweise auf die Kleinfamilie, das Erziehungs- und Bildungswesen und auf die Massenmedien. Zwangsläufig wird diese auf den ideologischen Überbau bezogene Revolution von Leuten aus der Mittelschicht initiiert werden. Im großen und ganzen machen ja nur Mittelschichtkinder eine akademische Ausbildung (oder besuchen das Gymnasium bis zum Abitur); oder alle diejenigen, die eine solche Ausbildung anstreben, werden auf diese Weise immer mehr zu Mittelschichtkindern. In bezug auf Arbeitsbedingungen, Gehälter und Berufserwartungen ist die Arbeit in den Medien auch eher den Berufen der Mittelschicht zuzuordnen. Nur Kinder aus bürgerlichen Familien können es sich leisten, »auszuflippen« und mit alternativen Lebensweisen herumzuexperimentieren. Mütter aus der Mittelschicht können über die Implikationen der Kleinfamilie nachdenken. Aber dies ist nur die äußere Erscheinung: wichtiger ist die Tatsache, daß die herrschende Ideologie in der kapitalistischen Welt eine bürgerliche Ideologie ist.

Die Klassenunterschiede in der ökonomischen Basis treffen auch auf den Überbau zu, aber nicht einfach nur als deren Widerspiegelung. Jede Klasse hat irgendwo eine eigene, bis zu einem gewissen Grad autonome Kultur. Diese Tatsache wird durch Begriffe wie »Arbeiterkultur«, »Ghettokultur«, »Einwandererkultur« usw. deutlich, und auch dadurch, daß es so etwas wie eine »Mittelschichtskultur« nicht gibt. Wir sprechen von bürgerlichen Sitten: Umgangsformen und Gebräuchen, niemals aber von einer gesamten Kultur. Die bürgerliche Kultur ist nicht etwas Gesondertes, Vereinzeltes – sie *ist* einfach die herrschende Kultur, in die diese anderen vereinzelten Kulturen eingefügt werden. Nun entspricht aber diese kulturelle Vorherrschaft des bürgerlichen Gedankenguts nicht ganz der Herrschaft der Kapitalistenklasse auf dem ökonomischen Sektor. Es gibt keine Richtung, nach der eine Kultur streben kann und dabei diejenige stürzt, von der sie beherrscht wird. Die Art und Weise ideologischer Herrschaft besteht eben gerade darin, daß diese Herrschaft nicht sichtbar ist (ihre Rolle ist natürlich auch, die ökonomische Herrschaft ihrer eigenen Klasse zu verschleiern). Ihr Ziel – und ihre Leistung – besteht genau darin, die sonst in Opposition stehenden Gruppen zu vereinen und den Klassenantagonismus zu begraben unter einem Wirrwarr divergierender, absolut irrelevanter Alternativen (wenn es sich um eine liberale Demokratie handelt, die freie Gedanken toleriert, löschen tausend religiöse oder politische Sekten *eine* Klasse aus), oder zu begraben unter einer gleichmacherischen Zweckeinheit (z. B. der Nationalismus und Rassismus im Faschismus usw.). Es gibt an dieser Stelle dann keinen kulturellen Konflikt, weil die gesellschaftlichen Gruppen ziemlich isoliert voneinander bestehen bleiben. Es ist sogar so, daß es allen Subkulturen gelingt, eine ganze Reihe von Kommunikationsbarrieren aufzubauen. Es geht nicht darum, daß eine Klasse das Räderwerk einer anderen Klasse in Betrieb setzt, sondern daß einer Klasse eine Atempause zugestanden wird für ihre eigene

Kultur innerhalb der gesamten Umgebung einer anderen Klasse.

Unter anderem gibt es für die Arbeiterklasse aus diesem Grunde keine Chance, sich zu erheben und ihre kulturellen Werte denen der Mittelschicht einfach nur entgegenzusetzen. Die ideologischen Dimensionen der Revolution werden höchstwahrscheinlich *zu Anfang aus der ideologisch herrschenden Klasse selbst kommen*. Es wird aber auch nichts erreicht werden, wenn man sich nur auf diesen Bereich beschränkt. Nichts kann verändert werden, auch nicht im ideologischen Bereich, ohne eine Transformation der ökonomischen Basis. Bisher sind nur in Ländern mit frühkapitalistischem oder feudalkapitalistischem Gesellschaftssystem Revolutionen aufgetreten und alle klassischen marxistischen Analysen entwickelt worden. Obwohl Ideologie als konstantes Faktum in allen Gesellschaftsformen existiert, so variiert doch das Gleichgewicht zwischen Ökonomie und Ideologie. Wenn wirtschaftliche Knappheit, Gewalt und Repression die Lebensbedingungen in einer Gesellschaft kennzeichnen, werden nicht die ideologischen Waffen der Unterdrückung reduziert, sondern die Ausbeutung der Basis wird stärker sichtbar. In einer Konsumgesellschaft spielt Ideologie eine ganz wichtige Rolle; im ideologischen Bereich manifestiert sich am deutlichsten die Unterdrückung des gesamten Systems. Hier hat auch der bürgerliche Radikalismus seinen Platz.

Es wäre allerdings falsch zu glauben, daß ein Angriff auf die Institutionen und Agenten des Überbaus die Sache der bürgerlichen Mittelschicht sei und daß sich beispielsweise die Studenten nur mit den Arbeitern zu verbünden hätten, die ja dann von selbst den Kampf an der ökonomischen Basis mit einbringen würden. Das wäre ja eine Parodie der Arbeitsteilung, wie sie im Kapitalismus besteht. Die Struktur des spätkapitalistischen Systems (sowohl im Privatbereich, zu Hause, wie auch in den imperialistischen Aktionen in vorkapitalistischen Ländern) deutet darauf hin, daß die Rolle der Unterdrückten, d. h. der Menschen, die ihre Unterdrückung sowohl im kulturellen als auch im ökonomischen Bereich erfahren, in zunehmendem Maße bedeutsam wird.

Die Hälfte der Bevölkerung – Frauen – wird unterdrückt.

Hintergründe der Frauenbewegung

Die gegenwärtige Frauenbewegung war unter anderem ein Ergebnis verschiedener Reaktionen – Weiße waren innerhalb der Bürgerrechtsbewegung in den USA isoliert und gingen daraufhin in die Studentenbewegung oder zu den Kriegsdienstverweigerern. Frauen, die in diesen Gruppen wiederum isoliert wurden, gingen in die Frauenbewegung. Jeder Rückzug hat aber dann die verbleibende Gruppe auch gestärkt und jedenfalls nicht zu deren Auflösung geführt, wie es im neunzehnten Jahrhundert der Fall war, als die Sklavenbefreiung oder das Wahlrecht durchgesetzt worden waren. Dadurch haben sich die jeweiligen radikalen Bewegungen gegenseitig beeinflußt und sind auch Bündnisse miteinander eingegangen. Als Folge davon sind die revolutionären Implikationen größer geworden. Ein gemeinsamer Angriff auf ein System ist politisch gesehen sicherlich stärker und wirkungsvoller als eine gegebene Situation, in der eine politische Bewegung sich aus den Trümmern einer anderen herausbildet.

Obwohl sich eine chronologische Entwicklung feststellen läßt von den Schwarzen, den Studenten und den Hippies bis zu den Frauen, glaube ich, daß der oben beschriebene gemeinsame Hintergrund alle hervorgebracht hat und es daher auch möglich ist, daß eine Bewegung unabhängig von der anderen in einem Land aufgebaut werden kann. Dieser gemeinsame Hintergrund ist entscheidend gewesen für die Entstehung der Frauenbewegung. Dieser Kontext hat einen Bruch mit dem frühen Feminismus herbeigeführt und den Kampf gegen Unterdrückung als einen revolutionären Kampf definiert, in dem schließlich alle Unterdrückten vereint sein werden.

Wenn alle Suffragetten in England ihren Kampf zwar getrennt von, aber doch vergleichbar mit dem des unterdrückten irischen Volkes gesehen hätten, das zur selben Zeit gegen Kolonialismus rebellierte, hätten sie niemals die weiße Feder austeilen oder ihre Zeitschrift »Britannia« nennen können. Die führenden Suffragetten haben zu keinem Zeitpunkt ihre Klasseninteressen in ihren eigenen feministischen Kampf mit eingebracht. Heute sind die Bedingungen dafür vorhanden.

Die früheren feministischen Kämpfe waren nun tatsächlich begrenzt dadurch, daß vor allem bürgerliche Frauen in den Organisationen der Suffragetten waren. Unter anderem führte dies dazu, daß hauptsächlich bourgeoise Fragen und Probleme auf der Tagesordnung standen, obwohl sich einige Frauen bewußt waren über Probleme der Arbeiterklasse und/oder der Farbigen. So konnte Christabel Pankhurst behaupten, daß ihre Ziele erreicht worden wären, hätte man rothaarigen Frauen mit einer bestimmten Größe das Wahlrecht zugestanden. Als nun 1918 in England nur die Frauen wählen durften, die über dreißig waren und Vermögen besaßen, war der stärkste Flügel der Bewegung zufrieden, was eine Schwächung der Kampfkraft der gesamten Bewegung zur Folge hatte. Die Probleme heute sind nicht so eindeutig und können auch nicht untergeordnet werden unter eine einzelne symbolische Geste auf der gesetzlichen Ebene. Dies hängt zum Teil damit zusammen, daß sich diese Art von bürgerlicher Bewegung auch verändert hat.

Frauen und Erziehung und Bildung

Es wäre zu grob und nicht ganz zutreffend, würde man behaupten, die Frauenbewegung sei ganz in der Mittelschicht verankert. Dieser Vorwurf ist überall zu hören. Die meisten Frauen kommen sicherlich aus der »gebildeten« Mittelschicht. Die Frauenbewegung entstand auch in einem Land (den USA), in dem Bildung als höchstes Ziel angestrebt wird, und wo es ungeheuer viel mehr Bildungseinrichtungen gibt als früher, und wo über 42 Prozent der Studierenden Frauen sind, was in keinem anderen Land der Fall ist. Die veränderten Bedingungen des gesamten Erziehungswesens und die entsprechende Anpassung an die neuen Berufe haben entscheidenden Einfluß auf die Frauen gehabt. Unter den traditionellen Intellektuellen, wie beispielsweise Verwaltungsbeamte, Parlamentsmitglieder, Rechtsanwälte, Geistliche usw., waren Frauen nie zu finden (außer in den Lehrberufen). Jetzt haben viele Frauen eine Ausbildung, müssen keine großen Familien mehr versorgen und strömen an die Arbeitsplätze der Industrie einer Konsumgesellschaft. Möglicherweise hat die Expansion der gesamten Industrie und Wirtschaft in Amerika die Expansion der Studienplätze an Universitäten für Frauen erst ermöglicht: Frauen sind besonders geeignet für die zauberhaften unteren Ränge der Medienindustrie, und gleichermaßen scheinen sie auch geeignet zu sein für Arbeiten mit Computern und Berufe in vergleichbaren, weniger wissenschaftlichen Bereichen.[13]

Die ideologische Manipulation und Entfremdung im Bildungswesen betreffen Frauen wie alle anderen Gruppen, die wir besprochen haben. Dasselbe gilt auch für die Werbeindustrie und die Massenmedien, die für die Erweiterung des Konsumbewußtseins verantwortlich sind. Auch hier sind die Frauen noch zusätzlich einem Widerspruch ausgeliefert, der die Männer nicht betrifft. In den Berufen, in denen sie dann dort arbeiten, werden sie als deren Mittel zur Reproduktion verwendet. Die Frau, die in den Medien arbeitet, überwacht die Aktivität dieser Medien, die ihrerseits das Produkt wieder mit Mitteln reproduzieren, die sehr häufig die Frauen selbst sind. Das grenzt schon an einen Frankenstein-Alptraum. Die Maschine hat die Produktion des Menschen übernommen und stellt ihre eigene Reproduktion sicher: unter anderem geschieht dies dadurch, daß ein beständiger Markt (ein Konsummarkt) produziert wird, der dann dadurch zustande kommt, daß ein Produkt verkauft wird, und das Produkt wird mit Hilfe von sexy Frauen verkauft. In diesem verzerrten Entfremdungsprozeß wird der Überwacher tatsächlich auch noch zum »Objekt« gemacht. Von daher gesehen war es notwendig und wichtig, daß die ersten Proteste der Frauenbewegung sich gegen den Gebrauch von Frauen als Sexualobjekte gerade in diesem Bereich gerichtet haben.

Frauenbewegung und die Phänomenologie der Erfahrung

Die Diskussion um Ideologie und Revolution hatte unter anderem auch zum Ergebnis, daß Gefühle als etwas Politisches angesehen wurden (die Politik der Erfahrung, die vor allem von den Hippies verbreitet wurde), und das hatte sicherlich ganz wichtige emanzipatorische Folgen: andere oder neue Gruppen hatten dadurch die Möglichkeit, politisch zu sein oder zu werden. Dieses Konzept war entscheidend für die Entstehung der Frauenbewegung gewesen, hatte aber andererseits auch nachteilige und gefährliche Folgen. In der Ideologie der kapitalistischen Gesellschaft waren die Frauen schon immer die großen Hüterinnen der Gefühle gewesen. So profitierten sie als erste von der radikalen Eroberung der Emotionalität für politische Widerstandsbewegungen. Wenn diese Qualität nun einen Wertzuwachs erhält, leugnet man auf der anderen Seite die unterdrükkerische Funktion dieser Qualität in unserer Gesellschaft. Gefühle sind nicht als solche »frei« und »echt«: sie sind abhängig von einer sozialen Basis, die sie beschränkt und bestimmt. Die Befreiung der Emotionalität, unabhängig von anderen Faktoren (nur im Überbau), ist nicht möglich. Wenn man an eine solche Transformation glaubt, so grenzt das an Selbstironie. Die spätkapitalistische Ideologie drängt uns doch förmlich dazu, einen freien Glauben zu haben und persönlich und individuell zu sein, was die Gefühle angeht, und gleichzeitig sollen wir glauben, das alles wäre möglich ohne eine sozioökonomische Transformation; die Hippie-Ideologie hat diese Möglichkeit lediglich entdeckt.

Die Frauen haben hier, wie auch in allen anderen radikalen Bewegungen, in denen sie zu Anfang engagiert waren, Inspiration, aber auch Desillusionierung erfahren. Der Kampf für die Rechte der Schwarzen schien zu Anfang sexuelle Diskriminierung überwinden zu können; die Studenten waren sowohl Männer wie auch Frauen; die Hippie-Kommunen gestanden den Frauen zuallererst die neu entdeckte Emotionalität und Kreativität zu... Diskriminierung geht aber viel tiefer, und die Unterdrückung ist viel umfassender als die Gesamtsumme dieser radikalen Konzeptionen. Durch die ökonomischen Veränderungen kam der neuen gebildeten jungen Mittelschicht eine revolutionäre Rolle zu, wurden auch radikale Angriffe auf die ideologischen Institutionen provoziert, und es entstand die Frauenbewegung. Wie ihr Vorläufer, die Black-Power-Bewegung, war die Frauenbewegung dann mit dem Problem konfrontiert, daß Aufgaben und Zielsetzungen viel umfassender und bedeutungsvoller sein würden, als man anfangs angenommen hatte: die Unterdrückung der Frau manifestiert sich in ökonomischer und kultureller Entbehrung; in sämtlichen gesellschaftlichen Klassen, ausgebeuteten Minderheiten und politischen Bewegungen werden Frauen unterdrückt. Und wenn über die Stellung der Frauen diskutiert wird, werden Freunde zu Feinden. Die Theorie und Praxis der Frauenbewegung muß sich mit diesen Erkenntnissen auseinandersetzen.

Kapitel II: Die Frauenbewegung

Diskriminierung von Frauen: Voraussetzungen für den Beginn der Frauenbewegung

Vergleichbare Bedingungen und Lebensverhältnisse der Frauen und vergleichbare Diskriminierung von Frauen sind in allen Ländern zu finden, in denen Befreiungsbewegungen entstanden sind. Die Stellung der Frauen in diesen Ländern ist ziemlich ähnlich und könnte daher relevant sein für die Entstehung der jeweiligen Frauenbewegung: es könnte sogar eine Vorbedingung für ihre Existenz sein. Dies sind alles Industrieländer. Es gibt noch kaum Frauengruppen in ländlichen Gebieten. In Italien z. B. sind die meisten Frauengruppen in Großstädten zu finden.

Außerhalb der sozialistischen Länder haben die wichtigsten Nationen der Welt, nämlich die liberaldemokratischen Länder, den Gleichheitsgrundsatz auf ihre Fahnen geschrieben. Innerhalb der Chancengleichheitsideologie ist die offene Diskriminierung von Frauen schokkierend.[14] Die egalitäre Ideologie verschleiert eben doch nicht die Kluft zwischen der »Realität« und der »Illusion« – sondern, im Gegenteil, gerade durch diese Ideologie können sowohl die Diskriminierung als auch der Widerstand dagegen erfahren werden. Erst durch den Glauben an die Richtigkeit und die Möglichkeit der Gleichberechtigung konnten die Frauen sich »betrogen« fühlen, und infolgedessen wurde dieser Glaube zu einer Voraussetzung für ihren beginnenden Protest. Die allgemeine Geringschätzung der Frauen ist eine unvermeidliche Konsequenz des sozioökonomischen Systems des Kapitalismus. Mißachtung und Herabwürdigung der Frauen gehören wesentlich zu dessen Funktionieren. Obwohl einerseits eine verschleiernde Emanzipation und eine Ideologie der Gleichheit im Raum stehen, ist das Gefühl, daß etwas nicht stimmt, doch viel stärker als da, wo Frauen offenen Machtstrukturen feudaler, halbfeudaler oder frühkapitalistischer Gesellschaft ausgeliefert sind.

In allen Ländern, in denen es Frauengruppen gibt, können dieselben Bereiche und normalerweise derselbe Grad an Diskriminierung angegeben werden. In allen diesen Ländern sind etwas mehr als ein Drittel der arbeitenden Bevölkerung Frauen (in Amerika ist der Prozentsatz von 42 der höchste). Die Löhne bewegen sich etwa zwischen der Hälfte bis fast zwei Drittel der entsprechenden Löhne der Männer. Überall jedoch sind die meisten Frauen in den ungelernten Berufen zu finden. Mit der Unterschrift unter den Vertrag von Rom, der Unterzeichnung der Satzung der Internationalen Arbeitsorganisation (ILO) oder mit der Einführung eigener Gesetze zur Verwirklichung des Grundsatzes »Gleicher Lohn für gleichwertige Arbeit« haben sich alle Länder (mit nur geringfügigen Abweichungen) dazu verpflichtet, allen Arbeitern gleichen Lohn für gleiche Arbeit zu geben. In England stand diese Forderung bereits 1888 im Programm der Gewerkschaften.

Unter den Universitätsstudenten sind weniger als ein Viertel bis etwas mehr als ein Drittel Frauen. Die Situation in den USA ist hier die Ausnahme. In keinem anderen Land beträgt der Prozentsatz weiblicher Studierender mehr als 26 Prozent. In fast allen Fällen sind die Chancen der Mädchen (obwohl sie die Schule fast genauso qualifiziert verlassen) für eine akademische Ausbildung oder eine andere Berufsausbildung weniger als halb so gut wie die der Jungen. In den meisten dieser Länder wurde eine Politik der gleichen Bildungschancen für alle schon seit über hundert Jahren proklamiert.

Bei der Gesetzgebung verbirgt sich unter dem Deckmantel von Schutzvorschriften rechtliche Diskriminierung. In allen Ländern gibt es gesetzliche Vorschriften bezüglich der Art der Arbeit, der Arbeitszeit und des Arbeitsortes für Frauen und Minderjährige. Die Interessen der verheirateten Frauen werden angeblich geschützt durch die Notwendigkeit ihres Unterhalts während und nach der Ehe. Normalerweise wird das Einkommen der Frau als Teil des Einkommens ihres Ehegatten betrachtet, und der Mann als Ernährer der Familie hat auch die elterliche Gewalt über die Kinder. Alle diese Gesetze sind die Konsequenz aus der Annahme, daß die Frau vom Mann abhängig ist – natürlich verursachen diese Gesetze gerade diese Abhängigkeit und perpetuieren sie. Und dies geschieht in Ländern, in denen Frauen zu Arbeiten herangezogen werden, die als besonders ermüdend und erschöpfend gelten; Länder, in denen die Mutterschaft nicht nur verherrlicht wird, sondern in denen zusätzlich in boshafter Art und Weise die tiefgreifenden Implikationen von Mutterliebe und Kindererziehung betont werden: die Frau hat Pflichten und Aufgaben, der Mann Rechte.

Die Möglichkeiten, Verhütungsmittel oder Abtreibungen zu bekommen, sind von Land zu Land verschieden; Sicherheit ist dabei selten gewährleistet. Und nirgends wird dies als selbstverständliches Recht der Frau anerkannt. Überall werden die Reichen privilegiert und die Armen mißbraucht (beispielsweise Puertoricanerinnen als Versuchskaninchen bei der Erprobung von Verhütungsmitteln). Sogar die liberalsten Abtreibungsgesetze wie in Skandinavien, England oder New York zwingen die Frauen, Gründe anzuführen, die einer Selbsterniedrigung gleichkommen (physische oder finanzielle Schwierigkeiten werden seltener als Gründe akzeptiert als das Bekenntnis psychologischer und psychischer Unfähigkeit). Und das geschieht in Industrieländern, die auf Geburtenkontrolle drängen (für den Rest der Welt?); Länder, die den Individualismus in den Himmel rühmen und das Gegenstück dazu – ein hohes Maß an persönlicher Zuwendung und Aufmerksamkeit für das Kleinkind. In allen diesen Ländern gibt es ein wesentliches Ungleichgewicht von Produktion und Konsum. Frauen, insbesondere Hausfrauen, werden als die wichtigsten Verbraucher betrachtet. Der Ethik der Konsumption (Geld ausgeben) wird die Produktion (Schaffung von Vermögen) – der Wirkungsbereich des Mannes – entgegengesetzt. Da Frauen als Verbraucher angesprochen werden, sind sie dementsprechend auch hauptsächlich die Träger dieses Appells: sie werden ästhetisch und sexuell gebraucht und verkaufen sich auf diese Weise an sich selbst. Da sie für die Werbung verwendet werden, führen sie Männer auch in die Versuchung, »Luxusausgaben« zu machen. Der eigentliche Beruf der Frau, nämlich für Essen, Gesundheit und das Wohlergehen der Familie zu sorgen, erscheint dann als Extravaganz, und so geht auch die Frau damit um. Ihre Verantwortung für die grundlegendsten Bedürfnisse von Menschen wird umgewandelt in eine Freizeitbeschäftigung, und sie selbst wird zum Spielzeug (wenn sie jung genug ist) bei einer solchen Arbeit. Sowohl die Frau als auch die Arbeit werden dementsprechend eingeschätzt und bewertet. Trotz ihrer Arbeit repräsentiert die Frau Freizeit und Sexualität. Und dies alles in Industriegesellschaften, in denen (zumindest in den germanischen, angelsächsischen und skandinavischen Ländern) eine Ethik von Puritanismus und harter Arbeit herrscht.

Die Organisation der Frauenbewegung

Frauen in den verschiedenen Ländern erleben vergleichbare Unterdrückung, und die verschiedenen Frauenbewegungen haben vergleichbare Ziele, jedoch können sie organisatorisch und daher auch bis zu einem Grad theoretisch recht unterschiedlich sein. Dies ist vor allem auf die unterschiedlichen Ursprünge zurückzuführen. In England ist die Länge und Stärke gewerkschaftlich organisierten Arbeiterkampfes entscheidend dafür gewesen, in Italien sind es die marxistischen Studenten und in Amerika der Kampf der Black-Power-Bewegung. Ich habe im folgenden fünf Länder ausgewählt, in denen es jeweils verschiedene Probleme und Organisationsformen gibt. Ich hoffe, daß ich damit die Verschiedenartigkeit illustrieren kann, die möglich ist bei einem gemeinsamen Ziel, nämlich der Befreiung der Frauen.

England

Die ersten zaghaften Ansätze einer Frauenbewegung in England kamen Ende 1967; im darauffolgenden Jahr hatte die Bewegung einen Namen und eine Organisation. Die ersten Ansätze stammten aus drei verschiedenen Quellen: die radikale Politik in Amerika, gesellschaftspolitisch engagierte Gruppen mit psychologischem Ansatz und 1968 die Arbeiterbewegung. Genauer gesagt, waren dies im einzelnen die amerikanischen Frauen in London, die gegen den Vietnamkrieg und für amerikanische Deserteure (z. B. das »Stoppit-Komitee«) arbeiteten, die Basisgruppenpolitik (»grass-roots«) von Agitprop und die Psychopolitik des »Dialectics of Liberation Congress« und die »Anti-University« und dann der Streik der Arbeiterinnen bei Ford für gleichen Lohn. Später kamen zu diesen Gruppen Frauen hinzu, die mit ihrer Rolle in der RSSF (Revolutionärer Sozialistischer Studentenbund) unzufrieden waren; es wurden erste Fraktionen und anschließend autonome Gruppen innerhalb der traditionellen Linken gebildet. Viele bereits bestehende Bürgerrechtsorganisationen identifizierten sich rasch oder boten gleichzeitige Mitgliedschaft an, z. B. die »Open Door International« und »Mothers in Action«. Ende 1969 gab es in den meisten größeren Städten Frauengruppen; und in den Großstädten, insbesondere in London, waren bereits mehrere verschiedene Organisationen aktiv. Das grundlegende Organisationsprinzip ist die kleine Gruppe (siehe auch S. 55). Im März 1970 fand die erste nationale Konferenz statt. Ursprünglich war ein kleinerer Arbeitskreis geplant worden von einer Gruppe von Geschichtswissenschaftlerinnen, aber dann wurde dieser Workshop in eine Wochenendkonferenz mit über 600 Teilnehmern umgewandelt, und zwar auf Drängen der völlig unterschiedlichen Gruppen und von einzelnen Frauen. Die gegenwärtige Organisation der Frauenbewegung in England resultiert aus den Resolutionen, die auf dieser Konferenz verabschiedet wurden.

Im Anschluß an die Konferenz wurde das NCC (National Coordinating Commitee) gegründet, das aus zwei Vertreterinnen jeder Gruppe bestand. (Diese Zusammensetzung ist nun tatsächlich recht informell, abgesehen von den Abstimmungen über kontroverse Inhalte.) Das NCC ist eine Dachorganisation, hat also keine Vertretungsbefugnis und hat auch kein Programm verabschiedet. Jede Gruppe kann andere Gruppen um Unterstützung bitten für jeweilige Aktionen und Kampagnen; nur wenn alle angeschlossenen Gruppen ihre Zustimmung geben, ist das NCC verantwortlich für das jeweilige Projekt; z. B. war dies der Fall bei der landesweiten Demonstration zum Internationalen Frauentag (6. bis 8. März 1971). Das NCC hat die Aufgabe, nationale Konferenzen einzuberufen und zu organisieren, die drei- oder viermal im Jahr in verschiedenen Regionen stattfinden sollen (bisher in Oxford, Sheffield, Liverpool)[15]. Wenn nun in einer neuen Bewegung neue Theorien ausgearbeitet werden, so ergibt dies ein breites politisches Spektrum – von liberalradikal bis hin zu revolutionär-sozialistisch und anarchistisch, mit allen verschiedenen Tendenzen und Richtungen innerhalb jeder Gruppe. Natürlich gibt es Konflikte und Spaltungen, sehr zur Freude der feindselig gestimmten Medien. Als die Massenmedien es zum erstenmal spitzgekriegt hatten, daß es eine Frauenbewegung gab, bestand ihre spalterische Taktik darin, Frauenbewegungsfrauen gegen Frauen argumentieren zu lassen, die der Frauenbewegung ablehnend gegenüberstanden. Jetzt, wo kommerzielle Interessen das Jahr 1971 zum Jahr der Frau, zum Jahr der Feministinnen auserkoren haben, ist die Taktik schmeichlerisch geworden; verschiedene Gruppen der Frauenbewegung sollen miteinander in Streit geraten oder wenigstens sagen, in welchen Punkten sie sich unterscheiden. Als Konsequenz einer solchen schlechten Erfahrung beschloß das NCC verbindlich, jede Gruppe könne ihre eigene Politik der Presse usw. gegenüber vertreten, nicht aber die der anderen Gruppen. Mit dieser Regelung wollte man Kontroversen und Konflikte, die zu ergiebigen Diskussionen führen können, *innerhalb* der Bewegung belassen, um so sektiererische Schlachten zu verhindern, die so viele vorangegangene revolutionäre Bewegungen gespalten haben. Es gibt ja schließlich einen himmelweiten Unterschied zwischen unterschiedlichen autonomen Gruppen einerseits und Splittergruppen andererseits.

Weil die Gruppen autonom sind, läßt sich ein gemeinsames politisches Ziel nicht beschreiben; jedoch ergeben sich bereits aus der Tatsache, daß eine landesweite Organisation existiert, einige gemeinsame Voraussetzungen. Die Frauenbewegung in England hat eine breite Basis, und von daher hat sie zunächst vor allem mit Frauen zu tun, und zwar mit allen Frauen, gleich, welche Erfahrungen oder politischen Ansichten diese mitbringen. Für einige ist die Basisgruppenkonzeption »grass-roots« an sich die richtige Konzeption, für andere steht eine orthodoxere marxistische Konzeption einer kleinen Gruppe revolutionärer Kader im Vordergrund – verständlicherweise wird, da es keine marxistische Analyse der Unterdrückung der Frauen gibt, der Zeitpunkt der Bildung dieser revolutionärer Kader hinausgeschoben. Die meisten, jedoch nicht alle Frauengruppen in England sind nur für Frauen.

Holland[16]

Holland läßt sich in mancher Hinsicht mit England vergleichen. Auf den ersten Blick gibt es anscheinend viel demokratisches Verständnis und Toleranz für Protest und Nonkonformität. Einer der wichtigen Faktoren in den sechziger Jahren, der so bedeutsam war für die Entstehung der Frauenbewegung in England, hat sich in Holland noch entschiedener ausgewirkt – nämlich die anarchokulturelle Frauenbewegung. Die Provos, die mit ihren Demonstrationen die Staatsgewalt provozierten, die sich hinter der auf geheiligtem Einvernehmen beruhenden Demokratie verbirgt, bahnten in den späten sechziger Jahren anderen Gruppen den Weg, die die Institutionen, die sie zerstören wollten, verspotteten und lächerlich machten. In dieser Tradition stehen die beiden großen Frauengruppen in Holland – eine davon sind die Dolle Minas. Ihre Aktionen sind spielerisch und offensiv, und damit illustrieren sie die hinter der »normalen« Behandlung der Frauen liegende Beleidigung und Erniedrigung: sie pfeifen auf der Straße, zwicken Männer in den Hintern, binden rosa Bändchen um Urinbecken und verwirren so den seriösen holländischen

Bürger. Viele Frauen kamen in die Frauenbewegung, weil sie mit ihrer weiblichen Rolle in Studentenorganisationen und anderen radikalen Gruppen nicht mehr einverstanden waren. Interessant dabei ist, daß, obwohl es viele Marxistinnen unter den Dolle Minas gibt, ihre Zielsetzung (die ihr oben erwähntes Erbe reflektiert) vor allem kultureller Art ist. Sie prangern sexuelle Diskriminierung der Frauen an. Die andere Gruppe, MVM, (Männer und Frauen in der Gesellschaft) ist um einiges größer, älter und »ernsthaft«. Sie beschäftigt sich mit den allgemeinen Lebensbedingungen der Frauen innerhalb des bereits bestehenden gesellschaftlichen Rahmens, d. h. mit Rechtsreformen, mit Möglichkeiten der Kinderbetreuung und mit sozialer und ökonomischer Diskriminierung. Der Charakter und die Ziele der Gruppe sind vergleichbar mit denen der amerikanischen NOW (National Organization of Women).

Die beiden Gruppen erscheinen zunächst sehr verschieden; aber trotz dieser Tatsache und trotz ihrer unterschiedlichen Herkunft sind sie, von einem negativen Standpunkt aus gesehen, doch sehr ähnlich. Beide haben sie nämlich nicht besonders politische Ambitionen. Die erste Gruppe ist kulturalistisch, die letztere reformistisch-ökonomistisch; und, obwohl kulturelle und ökonomische Fragen entscheidend sind für den politischen Kampf, scheint sich keine der beiden Gruppen darum zu bemühen, die notwendigen Verbindungen herzustellen. Symptomatisch dafür ist vielleicht die Tatsache, daß beide Gruppen Frauen *und* Männern offenstehen, und Männer sind häufiger in der Mehrzahl.

Schweden

Während der letzten Jahrzehnte waren die Erfahrungen der Frauen in Schweden zum großen Teil anders als die der Frauen in anderen kapitalistischen Ländern. Schweden hatte schon immer sexuelle Gleichberechtigung ganz oben auf der Liste der politischen Zielsetzungen stehen. Schweden repräsentiert sich selbst als das demokratischste, ja sogar als das sozialistischste aller kapitalistischen Länder, und dabei war die Emanzipation der Frau schon immer eine gute Reklame für die humanitäre Gerechtigkeit dieser Gesellschaft. Schweden ist niemals so tief gesunken wie beispielsweise England, wo Frauen schamlos ausgenutzt wurden für die Wirtschaft, wo sie zum einen die Munitionsfabriken »bemannten« und zum anderen als die ans Haus gebundene Puppe und Mutter in den Himmel gerühmt wurden. In den dreißiger Jahren untersuchte eine Kommission in Schweden unter dem Vorsitz von Alva Myrdal die sinkende Geburtenrate und gab die Empfehlung aus, daß Frauen nicht nach Hause geschickt werden sollten, um schwanger zu werden und Kinder aufzuziehen, sondern daß der Staat Kindertagesstätten und andere Einrichtungen, gleitende Arbeitszeit und soziale Einrichtungen, Restaurants für die Familie, Wäschereien usw. bereitstellen sollte. Schwedische Frauen verdienen durchschnittlich etwas mehr als 70 Prozent der Löhne der Männer; offiziell stehen alle Berufe allen offen, und im Erziehungs- und Bildungswesen gibt es keine Unterschiede zwischen den Geschlechtern. Jungen lernen Hauswirtschaft und Kinderpflege. Verhütungsmittel, Abtreibung und Scheidung sind relativ einfach zu bekommen, die ledige Mutter wird nicht diskriminiert. Länder, die nicht mit einem solchen egalitären Anspruch fertig werden, haben die übliche Umkehrung von Toleranz in Neurosen bewerkstelligt, was für Schweden eine unglaubliche Selbstmordrate und totale Promiskuität bedeutete.

Diese unverminderte Sorge um die Lage der Frauen hat jedoch auch ihre Stärken und Schwächen. Feministinnen haben zu Recht darauf hingewiesen, daß Diskussionen um die Stellung der Frau besonders in den Jahren in der Öffentlichkeit auftauchen, in denen wichtige wirtschaftliche Kurskorrekturen gemacht werden müssen: wenn beispielsweise Arbeitskräfte[17] knapp sind oder wenn mehr Wissenschaftler und Techniker usw. benötigt werden – wie beispielsweise heutzutage. In anderen Ländern wird die tatsächliche Stellung der Frau natürlich ebenfalls entscheidend beeinflußt von den verschiedenen Erfordernissen der Wirtschaft; in England wurden z. B. in den frühen sechziger Jahren mehr Lehrer benötigt – infolgedessen entdeckte man plötzlich, daß verheiratete Frauen zwei Leben hätten und in diesen Berufen arbeiten könnten, wenn die Kinder groß geworden sind. Heutzutage werden mehr Techniker und Ingenieure gebraucht, also werden Frauen plötzlich als für diese Berufe geeignet erklärt. In Schweden jedoch taucht gleichzeitig mit dieser Veränderung eine explizite Diskussion (angeblich völlig unabhängig davon) über die Rolle der Frau auf. Diese offene Debatte kann nun tatsächlich das Problem verschleiern: die ökonomische Zweckmäßigkeit und Funktion wird verdeckt von der gesellschaftlichen Anteilnahme. Dieses Problem läßt sich natürlich auch verallgemeinern. Die Tatsache, daß die schwedische Gesellschaft die sexuelle Gleichberechtigung so betont, macht es so schwer, die Unterdrückung der Frauen zu erkennen. Bis vor kurzem hatte dies wohl notwendigerweise das Entstehen einer Frauenbewegung verzögert. Jede von den Feministinnen aufgestellte Forderung wurde bereitwilligst aufgenommen: Kommunen werden finanziell unterstützt (privat oder von der Regierung), ein Vorschlag für eine Arbeitswoche von 30 Stunden für Männer und Frauen wurde begrüßt (ob dies jemals auf nationaler Ebene durchgesetzt werden könnte, ist eine andere Sache), und zwar von mächtigen Industriellen, die damals sehr besorgt waren, die Zahl der Arbeitskräfte zu verringern, ohne sichtbare Arbeitslosigkeit zu schaffen; der Vorschlag, einen Hausfrauenlohn einzuführen, wurde von den Konservativen unterstützt (im Grunde ist das nämlich wirklich eine Möglichkeit, Frauen ans Haus zu binden). In allen Ländern, in denen Frauenbewegungen entstehen, gibt es welche, die betonen, daß ihre Bewegung für die Befreiung von Männern und Frauen eintritt (mit dem Ziel, sogenannte »whole people« zu werden), nur in Schweden wurde dieser Begriff institutionalisiert; Mitte der sechziger Jahre wurde die »Frauenfrage« umbenannt in die »Geschlechterrollendiskussion«. Die Ideologie von der Chancengleichheit war sogar in eine Bewegung eingedrungen, die entstanden war, um das Nichtvorhandensein dieser Gleichheit zu demonstrieren. Männer waren genauso aktiv wie Frauen, denn das Problem war nicht die Unterdrückung dieser einen Gruppe, sondern die Beziehungen (individuelle und allgemeine) zwischen den Geschlechtern.

Gegen Ende der sechziger Jahre wurde jedoch die problemlose Einbeziehung des Problems selbst als problematisch angesehen, und in Lund und Stockholm entstanden Gruppen, die speziell für die Befreiung der Frau eintraten. Diese tendieren zu explizit marxistischen Gruppen und scheinen einem marxistischen Organisationsmodell zu folgen. Sie sind bisher jedenfalls noch nicht daran interessiert, eine starke Bewegung zu bilden (hier ist natürlich der an der Stärke der Mitgliederzahl gemessene Erfolg problematisch), sondern sind statt dessen der Meinung, daß politische und theoretische Arbeit Schritt halten muß mit numerischer Expansion. Die Ausarbeitung einer Politik und Strategie, die die Führung einer Bewegung übernehmen könnte, wird auf zweierlei Weise verkündet: über marxistische Arbeitskreise und Seminare und über Organisationsarbeit mit Frauen, die in Fabriken mit Leichtlohngruppen arbeiten. Die Entwicklung ging also von der breiteren Diskussion um »Geschlechterrollen« zu straffer organisierten marxistischen Gruppen mit dem Ziel, die Situation der Frauen zu analysieren und Organisationsformen zu finden.

Frankreich

In Frankreich finden wir ein fast umgekehrtes Phänomen. Die Frauenbewegung begann mit einer kleinen Gruppe marxistischer Frauen in Paris gegen Ende des Jahres 1968. Einige waren Amerikanerinnen, andere vorwiegend Studentinnen, die in der Mairevolte aktiv gewesen waren. Über ein Jahr konzentrierten sie ihre Arbeit auf marxistische Theorie und waren zunächst überhaupt nicht daran interessiert, ihre Mitgliederzahl zu vergrößern. Dann starteten sie die erste Aktion – eine Demonstration in der Universität Vincennes, dem »roten Ghetto«. Die vulgäre Reaktion ihrer Kommilitonen und Genossen auf politischem und sexuellem Gebiet war einigermaßen extrem (vgl. S. 81). Gerade kurz zuvor hatten Vertreterinnen der Gruppe an der ersten Nationalen Konferenz in England (Oxford, März 1970) teilgenommen. Diese beiden Ereignisse – das Verhalten der Genossen und die breite Basis der englischen Frauenbewegung – brachte die Pariser Frauengruppe dazu, sich zu öffnen. Jetzt gibt es eine beträchtliche Anzahl Stadtteilgruppen in Paris und in anderen großen Städten und überall vereinzelte Frauengruppen. Die Aktionen dieser Gruppen sind sehr militant, und ihre Politik ist explizit antikapitalistisch; sie greifen die Kleinfamilie an und alle Gesetze, die diese aufrechterhalten (zum Beispiel das Abtreibungsverbot), sie arbeiten an alternativen Projekten über Kindererziehung, sie greifen die Vermarktung der Frau in den Medien an, und sie beschäftigen sich besonders mit der Unterdrückung und Ausbeutung der Arbeiterfrauen. Es gab schon immer enge Kontakte zwischen französischen und englischen Frauengruppen, und jetzt, trotz der unterschiedlichen Anfänge und Ansätze und des unterschiedlichen kulturellen und ökonomischen Hintergrunds in den beiden Ländern, zeigen die Frauengruppen in beiden Ländern immer größere Ähnlichkeit. Die Gruppen in Frankreich waren schon immer stärker explizit sozialistisch, vornehmlich marxistisch ausgerichtet, aber sie sind von ihrem marxistischen Begriff der Kaderbildung immer mehr in Richtung auf eine breitere Basisbewegung gewandert. In England wird die Basisbewegung meiner Meinung nach in zunehmendem Maße sozialistisch definiert (sicherlich revolutionärer), da ihre Analysen ständig gegen die Grundfesten der Unterdrückung in einer kapitalistischen Gesellschaft angingen. Jedoch provoziert diese starke Tendenz nach links gleichzeitig innerhalb der Bewegung etliche Kritik.

USA

Für mich ist es ziemlich schwierig, über die Frauenbewegung in Amerika zu schreiben. Eine kohärente Analyse der Frauenbewegung (wie auch des Landes selbst) scheint nicht möglich zu sein. Man hat das Gefühl, daß die Bewegung überall ist – nur kann man sie nirgends ganz eindeutig festmachen. Es gibt dort so viele Gruppen und so viele politische Richtungen, daß es kaum zweckmäßig ist, sie alle an dieser Stelle aufzuzählen. Ich halte es für sinnvoller, an anderer Stelle einige grundsätzliche gemeinsame Konzeptionen aufzugreifen.

Es gibt noch eine weitere Schwierigkeit. In den anderen kurzen Berichten habe ich mich auf meine eigene Erfahrung in den betreffenden Ländern und in den Frauengruppen dort gestützt und auch Analysen von Frauen aus der Frauenbewegung herangezogen. Das kann ich auf die amerikanische Frauenbewegung nicht anwenden. Als Individuum und noch dazu als Ausländerin fühlte ich mich klein in diesem riesigen Land mit einer so starken Frauenbewegung. Ich war an der Ostküste und im Mittelwesten, aber nicht im Süden und nicht an der Westküste. Ich habe mit vielen Gruppen und einzelnen Frauen Gespräche geführt – aber einen Überblick konnte ich daraus nicht gewinnen. In Amerika spricht man mit Leuten, um herauszufinden, welche Perspektiven sie für ihre Gruppe haben, woran sie arbeiten und wo sie sich von anderen Gruppen unterscheiden. In England z. B. gibt es viel größere Differenzen in bezug auf politische Analysen, die bereits vor der Frauenbewegung bestanden. Diese Differenzen gehören gerade wesentlich zur Entstehung der Frauenbewegung selbst. Die Frauenbewegung und die Analysen der Unterdrückung der Frauen entstehen in Amerika gerade über die Bildung von verschiedenen Gruppen mit unterschiedlichen politischen Analysen. Dies trifft auf kein anderes Land zu – noch nicht einmal auf das benachbarte Kanada. Interessanterweise trifft es auch nicht zu auf die Studentenbewegung oder die Friedensbewegung (Frieden für Vietnam). Unter gewissen Gesichtspunkten trifft es zu auf die Black-Power-Bewegung.

Die radikale Negerbewegung war vermutlich einzig entscheidend für das Entstehen der neuen Frauenbewegung. Sie begann mit den relativ bescheidenen Anfängen der Bürgerrechtsbewegung in den frühen sechziger Jahren und wurde nach jeder Konfrontation mit der feindseligen rassistischen Gesellschaft zunehmend radikaler. Die Black-Power-Bewegung hat sich von einer breiten offenen Widerstandsbewegung zu einer straff organisierten Kaderorganisation entwickelt. Im Zuge des Aufbaus einer revolutionären Organisation bildete sich eine Anzahl radikaler Gruppen, von denen die Black Panther Party die bekannteste ist. Etwas Vergleichbares geschah in der Frauenbewegung; sie entwickelte sich von einer breiten Widerstandsbewegung (die jetzt als reformistisch angesehen wird, wie etwa Martin Luther King innerhalb der Schwarzen Bewegung) zu einer Anzahl von Gruppen, die organisatorisch straffer und hinsichtlich analytischer und praktischer Arbeit revolutionärer sind – bis hin zu der politischen Position des radikalen Feminismus:

> Für die radikalen Feministinnen ist die Unterdrückung der Frau grundsätzlich politische Unterdrückung. Frauen werden aufgrund ihres Geschlechts als minderwertige und unterlegene Klasse eingestuft. Wir setzen uns als Ziel, uns politisch zu organisieren, um dieses System der Geschlechterklassen zu zerstören. Als radikale Feministinnen haben wir erkannt, daß wir einen Machtkampf mit Männern führen müssen, und daß der Mann der Unterdrücker ist insofern nämlich, als er sich mit der männlichen Rolle und dem überlegenen Status der Männer identifiziert und seine Privilegien ausnutzt. Es ist uns bewußt, daß die Befreiung der Frauen letztendlich auch die Befreiung der Männer aus ihrer destruktiven Rolle des Unterdrückers zur Folge haben wird, aber wir geben uns auch nicht der Illusion hin, daß Männer diese Befreiung kampflos hinnehmen werden. Unsere Position, der radikale Feminismus, ist politisch, weil wir erkannt haben, daß eine Gruppe von Individuen (Männer) überall in der Gesellschaft Institutionen errichtet hat, um diese ihre Machtposition zu erhalten.[18]

Ähnlich wie sich die Befreiungsbewegung der Schwarzen von der Bürgerrechtsbewegung über die Black Muslims bis hin zu den Black Panthers entwickelt hat, ging die Entwicklung der Frauenbewegung, grob gesprochen, von reformistischen Gruppen (NOW) über liberale und sozialistische Feministinnen bis hin zu den Radikalen Feministinnen. Jede Entwicklungsstufe in der Bewegung ist in gewissem Sinne einer Weiterentwicklung früherer Positionen; jedoch bestehen in der Frauenbewegung alle diese Ansätze in verschiedenen Gruppen nebeneinander her. Die größte reformistische Gruppe – die NOW

(National Organization of Women) –, die die Frauenbewegung 1967 initiierte, ist sehr aktiv und immer noch die größte einzelne Gruppe mit umfassender Organisation. Die Unterscheidung zwischen Liberationisten (etwa sozialistische Feministinnen, d. Übers.) und radikalen Feministinnen gibt es in dem Sinne weder in Europa noch in weiten Teilen Amerikas; diese Unterscheidung wird an anderer Stelle diskutiert (S. 87ff.). Ich habe in diesem Buch beide Begriffe »liberationistisch« und »feministisch« meist abwechselnd verwendet und spreche von der gesamten Bewegung als der Frauenbewegung (»Women's Liberation Movement«). Kurz gesagt, ist die Unterdrückung der Frau für die sozialistischen Feministinnen zwar sehr entscheidend, aber nicht nur die Frauen, sondern auch viele andere Menschen in vorsozialistischen Gesellschaften erfahren Unterdrückung auch auf anderen Gebieten. Die radikalen Feministinnen behaupten, die Unterdrükkung der Frau sei die primäre und entscheidende Unterdrückung in allen Gesellschaften.

Diese Unterscheidung zwischen radikalen und sozialistischen Feministinnen kam zunächst zum Ausdruck als Unterscheidung zwischen Feministinnen und den sogenannten »politicos«. Letztere waren jene Frauen, die immer noch mit anderen revolutionären Organisationen zusammenarbeiteten – Kampf gegen den Vietnamkrieg, Unterstützung von Kriegsdienstgegnern usw. – und die Position vertraten, daß die Frauenbewegung ein entscheidender Teil des revolutionären Kampfes gegen den Kapitalismus sei. Für die radikalen Feministinnen, die die Unterdrückung der Frau als die ursprüngliche Unterdrükkung in allen Gesellschaftsformen sehen, ungeachtet deren Produktionsweise, hat die Revolution an diesem Punkt die Priorität – alles andere würde daraus folgen. Jedoch erscheint diese Unterscheidung heute weniger wichtig. Vielleicht aufgrund der Tatsache, daß andere lautstarke radikale Organisationen in den Vereinigten Staaten an Bedeutung verlieren (die Black Panthers werden immer weniger, und die »Weathermen« ziehen sich zurück; die Yippies werden älter und die Bewegung für den Frieden in Vietnam immer unsicherer), während die Frauenbewegung an der Spitze revolutionärer Prozesse in zunehmendem Maße an Bedeutung gewinnt.

An dieser Stelle möchte ich ein Buch zitieren, das den Anstoß gab für die Frauenbewegung in den USA, und zwar Betty Friedans »The Feminine Mystique« (1963 veröffentlicht)[19], und die darauf folgende Gründung der NOW im Jahre 1966. Es scheint mir allerdings interessanter zu sein, den größeren politischen Zusammenhang der Frauenbewegung zu untersuchen. Drei Richtungen waren von entscheidender Bedeutung. Die Unzufriedenheit der oft bereits älteren, aus der Mittelschicht kommenden Frauen, denen zwar gesagt wurde, sie lebten in einer matriarchalischen Gesellschaft (sie beherrschten ihre Kinder mit dem »momism«, ihnen gehöre der größte Teil des Familienbesitzes, sie scheuchten ihre Ehemänner in die Küche an die Spüle und zum Windelwaschen), die sich jedoch selbst nicht in der Lage sahen, akademische Berufe auszuüben oder sonstwo auf der Erfolgsleiter hochzuklettern. Eine zweite Quelle war die Unzufriedenheit engagierter weißer Frauen darüber, wie sie in der Bürgerrechtsbewegung behandelt wurden und in der Organisation SDS (Students for a Democratic Society); in beiden Organisationen waren sie Tippse, kochten Kaffee und dienten als Sexualobjekte. Eine dritte Quelle war die Gegenkultur, die »Politik der Erfahrung« und eine neue Sensibilität und ein neues politisches Bewußtsein, die so viele verschiedene Gruppen Mitte der sechziger Jahre hervorbrachten.

Die Frauenbewegung in Amerika unterscheidet sich im Vergleich zu den späteren Frauenbewegungen in anderen Ländern dadurch, daß es weder eine Arbeiterbewegung gab, die das Entstehen einer Frauenbewegung beeinflußt hätte, noch daß am Anfang die Arbeiterklasse als die revolutionäre Klasse von den Sozialisten hervorgehoben worden wäre. Die sozialistischen Frauen in der Bewegung waren meist Studentinnen, und zwar in einem Land, das eher in ethnische Gruppen als in soziale Klassen aufgespalten ist. In der Frauenbewegung waren, wie in anderen Ländern auch, hauptsächlich weiße Frauen aus der sogenannten Mittelschicht, und dies gab in zweifacher Hinsicht Anlaß zu Besorgnis; demgegenüber gibt es in europäischen Ländern diesbezüglich nur die eine Sorge. 1968 war es die Tatsache, daß keine farbigen Frauen, und ein Jahr später, daß keine Frauen aus der Arbeiterklasse in der Frauenbewegung zu finden waren.

Die Tatsache, daß keine farbigen Frauen in der Bewegung waren, trug zu einem veränderten Bewußtsein bei. Ursprünglich war die Bedeutung des Black-Power-Konzeptes so wesentlich für die Analyse der Situation der Frauen gewesen, daß das Engagement und die Unterstützung von seiten der schwarzen Frauen ständig gesucht und gebraucht wurden. Als die Schwarzen sich selbst als ein unterdrücktes Volk in der Heimat des Imperialismus und des Kapitalismus definierten, kam es zu einer vergleichbaren Einschätzung der Frauen. Die

Kämpfe sowohl der Schwarzen als auch der Frauen richten sich gegen Unterdrückung und Repression in der »Ersten Welt«. Jedoch entstand eine weitergehende Definition aus einem wesentlichen Unterschied heraus. Die meisten schwarzen Amerikaner werden ökonomisch ausgebeutet, und von daher können sie es sich leisten, über ihre winzige schwarze Bourgeoisie hinwegzusehen, wenn es um den revolutionären Kampf geht, während die Unterdrückung der Frauen nicht einfach mit den ökonomisch am stärksten benachteiligten Gruppen koinzidiert: alle Frauen, aus welcher Schicht sie auch kommen, werden *als Frauen* unterdrückt. Bedenklich war es deshalb, wenn schwarze Frauen nicht in der Frauenbewegung engagiert waren; dies erschien dann eher als Konkurrenz denn als Allianz zwischen Unterdrückten. Analysen über die Lohnstruktur in der amerikanischen Gesellschaft ergaben folgende Rangordnung: weiße Männer, farbige Männer, weiße Frauen, farbige Frauen. Die Arbeitslage ist für farbige Männer marginal besser als für weiße Frauen. Schwarze Frauen werden innerhalb der Gesamtgesellschaft am meisten unterdrückt und ausgebeutet, und oft werden sie zusätzlich noch innerhalb ihrer eigenen Black-Power-Bewegung unterdrückt: schwarze Männer sollen mächtig und stark, schwarze Frauen schwanger sein. Die meisten revolutionären Frauen innerhalb beider Bewegungen (Frauenbewegung und Black Power) versuchen jedoch jetzt, die Analysen der Unterdrückung der Frauen miteinander zu verbinden, und dies scheint die früheren Spaltungen zu überwinden. Farbige Frauen gründen eigene Frauengruppen oder kommen in bereits bestehende Frauengruppen, ebenso immer mehr Arbeiterfrauen, da die Bewegung sich auch auf die Fabriken ausdehnt.

Manche Frauengruppen haben fest umrissene Organisationsstrukturen (beispielsweise Aufnahmebedingungen), regelmäßige Theorie- und Literaturarbeitskreise, geplante Kampagnen, Aktionen und theoretische Arbeit; andere sind oft nur informelle »Selbsterfahrungs«-Gruppen (siehe S. 56ff.). In vielen Städten haben sich Gruppen zusammengeschlossen, um ein Zentrum aufzubauen, wo sich Frauen über die Gruppen und die Frauenbewegung als ganze informieren können, wo Beratung über Verhütungsmittel, Abtreibung und Kinderbetreuung usw. angeboten wird, wo Literatur von Frauen über Frauen ausliegt und wo politische Diskussionen und Arbeitskreise stattfinden.

So gibt es also in den USA und in anderen Ländern eine heterogene

Bewegung, die schon zahlreiche Erfolge aufzuweisen hat; die Literatur von/über Frauen und die Frauenbewegung wächst ins Uferlose, die Einstellung und Verhaltensweisen vieler Leute Frauen gegenüber haben sich bereits sichtbar geändert; und der größte Triumph und Erfolg sind die Größe und die Stärke der Frauenbewegung. Frauen schließen sich zusammen.

Kampagnen, Organisationsformen und Konzeptionen der Frauenbewegung – bis heute

Hinter und neben der Frauenbewegung finden wir die gesamte Jugendbewegung und die politischen Gruppierungen der sechziger Jahre – Hippies, Yippies und andere. Da sind zum Beispiel die Bürgerrechtsbewegung oder die Black-Power-Bewegung, die organisierte Studentenbewegung, Anarchismus, Anarchoterrorismus und linker Terrorismus, sektiererische Gruppen und reformistische Gruppen (die für die Gleichberechtigung eintreten), die Psychopolitik der Erfahrung, die Neugruppierungen innerhalb der neuen Linken und, zumindest in England, eine stärkere Gewerkschaftsbewegung; sie alle haben die Frauenbewegung beeinflußt und sind von ihr beeinflußt worden.

Ähnlich wie die meisten der oben genannten politischen Bewegungen begann die Frauenbewegung mit einer Reihe von Klagen – Klagen über die Gesellschaft und über die radikalen Gruppen, die eigentlich diese Gesellschaft bekämpfen wollten. Von Anfang an setzte sich die Frauenbewegung zum Ziel, diese Klagen zu transformieren in a) eine politische Herausforderung an die gesellschaftlichen Institutionen und b) eine Organisation zu entwickeln, die in Form und Inhalt die entscheidenden Fehler vorangegangener radikaler Gruppen ausrotten würde.

Aktionen und ihre Implikationen

In allen Ländern, in denen eine Frauenbewegung existiert, werden Aktionen und Kampagnen durchgeführt, die vor allem gegen ökonomische, rechtliche und sexuelle Unterdrückung der Frauen gerichtet sind; gegen ihre Rolle in der Reproduktion und der Sozialisation der

Kinder. In England reflektieren die landesweiten Kampagnen ganz direkt diesen Kampf an allen Fronten. Es gibt eine landesweite Kampagne für gleichen Lohn, gleiche Arbeit und Chancengleichheit im Beruf; für kostenlose Verhütungsmittel und Abtreibung auf Wunsch; für eine Infragestellung der gesamten Bildungseinrichtungen und für Kinderzentren im Anschluß an die Schule; für die Bereitstellung von kostenlosen und jedem zugänglichen Vorschulkindergärten und Kinderkrippen. Etliche Frauengruppen arbeiten über die ideologische Ausbeutung der Frauen als Sexualobjekt, die durch die Massenmedien und die Industrie gefördert wird (der Playboy Club und Mecca's Miss World zum Beispiel). Die nationalen Kampagnen haben viele Aspekte und Konsequenzen. Wenn die Geburtenkontrolle weiter ausgebaut wird, muß demnach das Verhältnis zwischen Ärzten und Frauen untersucht werden, ebenso die launenhafte, profitorientierte Beherrschung und Einflußnahme auf die Geburtenkontrolle durch die chemische Industrie, die Widersprüche bei der Forschung und das Hyperinteresse der Presse, das zudem noch einseitig gefärbt ist. Wenn Kindergärten und Vorschulen eingerichtet werden, muß eine Diskussion und Analyse der Mutter-Kind-Beziehung vom psychologischen Standpunkt und von der betreffenden Mutter aus erfolgen. Die sexuelle Ausbeutung der Frauen und ihre erzwungene Unterwerfung innerhalb der Gesellschaft, die, wenn es erforderlich wird, nach Lust und Laune die »Natürlichkeit« der reproduktiven Rolle der Frauen betont, hat in der Frauenbewegung zu dem Slogan »Kontrolle über den eigenen Körper haben« geführt (dto. »Mein Bauch gehört mir«). Die Bedeutung dieses Slogans liegt irgendwo zwischen »Kontrolle haben über seine eigenen Gedanken« (Gewissensfreiheit) und »Arbeiterkontrolle« (Arbeiterselbstverwaltung). Die Frauen verkaufen buchstäblich ihren Körper – wenn nicht als Prostituierte, dann als Modelle usw. an die Werbeindustrie, ebenso wie Frauen und Männer ihre Arbeitskraft verkaufen. Der Arbeiter ist seinem Produkt entfremdet, und genauso sind, grob gesagt, die Frauen ihrem eigenen kommerzialisierten Körper entfremdet. Der Körper einer Frau mag in der Werbung nun nicht konkret ihr eigener Körper sein, aber zumindest wird er dort repräsentiert. Die meisten Arbeiter erfahren ihre Entfremdung als Individuen, aber Frauen erfahren Entfremdung viel allgemeiner. Der Slogan ist also als Protest dagegen gedacht und auch gegen die andere Dimension – ihre Unterwerfung unter die Widersprüchlichkeiten der Empfängnisverhütung.

Dies sind nur einige Aspekte und Implikationen der vier großen erklärten Ziele der Frauenbewegung beispielsweise in England. Sie zeigen zumindest, wie weitgehend »Reformen« sein können, wenn es um die Unterdrückung der Frauen geht. In Amerika sind die Kampagnen viel umfassender: Untersuchung der Rolle der Frau in der Geschichte, Abschaffung sexistischer Gesetze, Abschaffung sexistischer Inhalte in der Presse und in Schulbüchern (letzteres wird auch in Europa angegangen, initiiert wurde es in Schweden). In allen Ländern gründen Frauen ihr eigenes feministisches Theater, ihre eigenen Musikgruppen und Filmtheater.

Organisationsformen

1. Warum nur Frauen

Innerhalb und außerhalb der Frauenbewegung wird oft argumentiert, die Befreiung der Frauen habe die Befreiung der Männer zur Folge. Viele behaupten, die Bewegung würde zu nichts führen, wenn nicht die Männer überzeugt werden könnten von der Bedeutung und Tragweite der Frauenbewegung oder wenn es ihnen nicht mindestens erklärt würde. Wie kann ein Geschlecht frei sein, ohne daß das andere nicht auch frei ist? Beide Geschlechter werden durch die jeweiligen Geschlechterrollen unterdrückt... glaubst du nicht auch, daß die Männer viel lieber und öfters mit ihren Kindern zu Hause sein wollten? Glaubst du nicht auch, es würde ihnen gefallen, nicht in die Kohlenschächte steigen zu müssen und die Brotverdiener zu sein?... Feministische Frauen gedenken eurer weiblichen Herzen und bemitleiden das Weh und Ach, das Leid des Unterdrückers... die Sozialistinnen erinnern sich daran, daß im Kapitalismus alle außer der Bourgeoisie unter den Pfeilen und Bogen schändlichen Vermögens zu leiden haben... Frauen aller Welt, vereinigt euch, nicht mehr hinter euren Männern, sondern vor ihnen, seid unsere Vorkämpfer, nehmt die Schläge auf euch, bereitet uns den Weg, gebt uns unsere Revolution...

Viele Männer, die die Frauenbewegung unterstützen und alles das wiedergutmachen wollen, was der Frauenbewegung an Hohn und Spott zugetragen worden ist, nehmen jetzt verschiedene Haltungen der Frauenbewegung gegenüber ein. Sie rangieren von der halb auf den Knien bittenden Position, »bitte, laßt uns rein«, bis hin zum anderen Extrem: »geht voran, zeigt uns den Weg, ihr seid die neue revolutionäre Hoffnung ... wir werden euch unterstützen«.

Mir kommt es an dieser Stelle etwas merkwürdig vor, rechtfertigen zu müssen, warum in der Frauenbewegung nur Frauen sind. Aber vielleicht sollte ich es trotzdem versuchen, denn diese Tatsache scheint ja viele Leute zu verwirren; außerdem gibt es tatsächlich einige Frauengruppen, die auch Männer aufnehmen. Mir fällt es schwer, mich an die Gründe zu erinnern, die wir damals anführten, die Ängste und die Verlegenheit, die wir dabei empfanden. Damals war ich allerdings doch sehr erstaunt darüber, daß es offensichtlich ganz »in Ordnung« war, nur mit Frauen zu sprechen. Viele von uns kamen aus vorwiegend männlichen politischen Organisationen, die Freundinnen gehörten der Kindheit an, und die Kaffeekränzchen der Frauen waren nichts für uns ... der Ernst des Lebens waren die Männer. Ich kann mich an einen Genossen erinnern, der mich fragte, mit wem ich essen gehen würde, und als ich den Namen meiner Freundin nannte, sagte er: »Ich hasse Frauen, die Freundinnen haben.« Ich kann mich auch an die Männer erinnern, mit denen ich in meinem Beruf oder politisch zusammenarbeitete, die sehr selbstgefällig von mir behaupteten: »Ach, der gefällt es, die einzige Frau zu sein ...« Ich nehme an, meine ständig geäußerten Wünsche nach mehr Frauen waren reiner Bluff ... War meine Position nicht auch schmeichelhaft für mich? Ich denke schon. Was hätte ich auch dort sonst gehabt? Hätten wir es uns als Frauen leisten können, uns zu mögen, ohne unsere Beziehung oder uns selbst zu trivialisieren? Zumindest in England, wo die Frauenbewegung von Anfang an nur Frauen offenstand, sagten wir folgendes: »Es ist eben so, daß Frauen schüchtern und gehemmt sind, wenn sie mit Männern zusammen sind. Es reden immer nur die Männer, und sie übernehmen auch die führenden Rollen: daher müssen Frauen lernen, aktiv zu werden, Selbstvertrauen zu bekommen ..., erst dann könnten wir möglicherweise auch Männer zulassen.« Heute wird eine solche defensive Haltung nur taktisch eingesetzt – und zwar sollen diejenigen, die noch nie etwas von der Frauenbewegung gehört haben oder die ihr nicht sonderlich nahestehen, diesen Aspekt mit (gönnerhafter) Sympathie betrachten, um sie (also hauptsächlich Frauen) dann zu öffnen für andere Dimensionen. Das heißt natürlich nicht, daß es nicht mehr zutrifft, daß wir immer noch sehr oft den Männern (intellektuell und/oder flirtend) nachgeben, uns auf sie beziehen. Es bedeutet lediglich, daß der Grund für die Absonderung so offensichtlich geworden ist, daß wir die Ausreden und Entschuldigungen vergessen haben. Wir sind einfach (in diesem Falle) die Unterdrückten, und aufgrund dieser Tatsache organisieren wir uns dementsprechend.

Die Frauenbewegung in Amerika hatte von Anfang an Parallelen zum Separatismus der Black-Power-Bewegung; die Frauen dort mußten noch nie ganz so höflich sein wie wir. Die amerikanischen Frauen haben nicht so sehr unter der grundlegenden Diskriminierung und den double-binds der Höflichkeit der Alten Welt zu leiden wie die europäischen Frauen.

Die separatistische Politik der Frauenbewegung ist möglicherweise aus dem mangelnden Selbstvertrauen der Frauen heraus entstanden, das ja eindeutig aus ihrer Unterdrückung resultiert. Aber das ist nur ein Gesichtspunkt, der uns gleich hinführt auf die zentrale Theorie – nämlich daß Frauen als Frauen unterdrückt werden, und daß, obgleich alle unterdrückten Gruppen und Völker solidarisch zusammenarbeiten sollten, das Verständnis ihrer eigenen Situtation jedoch aus ihrer eigenen Analyse kommen muß. Als radikale Frauenorganisation bekämpft die Frauenbewegung die Verhaltensweisen von Frauen in dieser Gesellschaft, die aus der Unterdrückung herrühren (Frauen sind ja nicht von vorneherein unterwürfig, gebrechlich, abhängig usw.), und stellt gleichzeitig eine politische Basis für die Analyse dieser Unterdrückung bereit. Eine solche separatistische Bewegung schließt keineswegs das Bewußtsein über andere Unterdrückte im Kapitalismus aus, noch gibt sie vor, daß Männer in dieser Gesellschaft nicht auch zu leiden haben. Die Frauenbewegung ist in diesem Sinne weitgehend antikapitalistisch und setzt erst einmal als gegeben voraus, daß unser Leben und unsere Entwicklungsmöglichkeiten in dieser Gesellschaft verdreht und entstellt sind. Aber solche allgemeinen Bemerkungen sind moralisch, nicht politisch, und, obwohl doch jeder für die Befreiung aller Menschen eintritt (Männer wie Frauen), wird dieser Wunsch nur utopisch bleiben, wenn wir uns in der jetzigen Phase nicht organisieren, um bestimmte Unterdrückungsformen zu bekämpfen.

2. Herrschaft kontra Kollektivität

Die Frauenbewegung lehnt in ihren theoretischen Auseinandersetzungen jegliche Form von Herrschaft ab, denn die Frauen haben ja unter den Auswirkungen dieser Herrschaft in vorangegangenen politischen Gruppen lange gelitten. Deswegen wird in der Frauenbewegung verstärkt versucht, Kollektivarbeit zu entwickeln und dominierende Führerstrukturen (Führer auf dem Egotrip) zu verhindern. Außenseiter, die versuchen, eine Frauengruppe auf eine bestimmte Politik festzunageln, beklagen sich darüber, daß es keine Mitte, kein Zentrum in der Gruppe gibt. Sie sind so an »Sprecher« gewöhnt, daß deren Nichtvorhandensein zu Verwirrung führt.

Da Frauen zu Passivität und bescheidener Zurückhaltung erzogen worden sind, reagieren sie ganz besonders empfindlich auf jedes Angebot, sich wieder einmal auf die hinteren Bänke zurückzuziehen. In vielen Gruppen wird ein rotierendes System praktiziert hinsichtlich Organisation, Interviews mit Presse, Rundfunk und Fernsehen, mit Vorträgen usw., so daß keine Frau eine zu mächtige Position entwikkeln kann und keine Frau ihre eigenen Hemmungen zementiert. Einige Gruppen wollen eine Orientierungslosigkeit verhindern, die zum Teil aus der führerlosen Struktur resultieren kann, und strukturieren ihre Gruppe daher über eine formale demokratische Basis: es soll sogar institutionalisiert werden, daß niemand dominiert, noch sich nicht beteiligt in der Zeit, die für Diskussionen anberaumt wurde. Andere Gruppen haben sich zum Ziel gesetzt, Aufsätze oder Bücher kollektiv zu schreiben und auch in der Öffentlichkeit nur als Gruppe gemeinsam aufzutreten. Diese Betonung der Kollektivarbeit verhindert die hierarchischen Strukturen der repressiven Gesellschaft und die Isolation und/oder die Unterwürfigkeit, zu denen Frauen zu Hause und in ihren persönlichen Beziehungen gezwungen sind.

Frauen, die von Kindheit an auf die Ehe abgerichtet werden, die in einer »Männerwelt« leben, beziehen sich in erster Linie auf Männer und da eben hauptsächlich in Konkurrenz zu anderen Frauen – Konkurrenz in bezug auf den Mann oder die weißere Wäsche der Nachbarin. Wenn Frauen mit anderen Frauen gemeinsam arbeiten und kämpfen, können sie diese Isolation und die Konkurrenz überwinden – kollektive Arbeitsweise ist Teil dieses Prozesses. Ablehnung des Führerprinzips in einer Gruppe oder Organisation ist die Ablehnung der Beziehung zwischen Mann und Frau und der Konkurrenz zwischen Frauen, wie wir sie in der Gesellschaft finden, die wir angreifen.

3. Die kleine Gruppe

Die grundlegende Organisationseinheit in der Frauenbewegung ist die kleine Gruppe, die aus ungefähr sechs bis zu zwei Dutzend Frauen besteht. Die Gruppe wird sich sicherlich im Laufe ihres Bestehens verändern. Zunächst einmal können die Frauen in der kleinen Gruppe persönliche, solidarische Beziehungen und Freundschaften aufbauen. In späteren Phasen begreifen sich viele kleine Gruppen als revolutionäre Kollektive, die sich zur Aufgabe gesetzt haben, die Unterdrükkung der Frau im einzelnen zu analysieren und dann eine Strategie auszuarbeiten. Dieser Übergang kennzeichnet die Veränderung im Bewußtsein darüber, daß die Probleme der Frauen nicht privat und persönlich sind, und daher auch die Lösung der Probleme keine »Privatangelegenheit« ist, oder, um das noch anders auszudrücken, reflektiert dies die Entwicklung von dem eigenen Bewußtsein über sich selbst (im psychotherapeutischen Sinne) bis zum Gruppenbewußtsein (dem Äquivalent des »Klassenbewußtseins«) des unterdrückten Menschen. In der kleinen Gruppe ist der Übergang möglich vom Persönlichen zum Politischen und eine gleichzeitige Wechselbeziehung zwischen beidem. Denn die Frauen werden zu zwei einander entgegengesetzten Verhaltensweisen erzogen: entweder können sie, weil sie Frauen sind, endlos über sich und ihr Leben reden, oder, weil sie von Männern beherrscht sind, imitieren sie, wenn sie sich in einer politischen Organisation engagieren, den Stil der Männer und können das Persönliche nicht mehr bereden, sondern nur noch die sogenannte objektive Situation diskutieren, was normalerweise heißt, sich mit den Problemen irgendwelcher anderen Leuten zu beschäftigen.

> Frauen, die mit den besonderen Formen der Unterdrückung in ihrem privaten Bereich nicht umgehen können, sind erst einmal sehr argwöhnisch, wenn über Unterdrückung gesprochen wird, die andere Frauen belastet und quält. Form und Grad an Unterdrükkung variieren entsprechend der Klasse und Rasse, und Frauen, die verschiedenen Klassen und Rassen angehören, müssen sich zuerst mit der Unterdrückung auseinandersetzen, die sie selbst erleben. Wenn wir uns nicht mit unseren eigenen Problemen konfrontieren, so haben wir kein Recht zu behaupten, wir hätten für die Probleme anderer Leute irgendwelche Lösungsmöglichkeiten.[20]

In der kleinen Gruppe können die Frauen sich sicher fühlen und ihre Erfahrungen der persönlichen Unterdrückung einbringen (die nicht bewertet oder gewertet, sondern solidarisch besprochen werden); und auf dieser Basis können sie andere verstehen und erfahren, wie andere Frauen ihre Unterdrückung erleben.

Konzeptionen der Frauenbewegung

Die politische Organisation der Frauenbewegung als reiner Frauenbewegung mit einem Maximum an kollektiver Arbeit und einem Minimum an Herrschaft durch Führer hat verschiedene Konzeptionen und Theorien hervorgebracht. Dies sind einerseits anfängliche Beiträge einer neuen Politik und andererseits Ausdruck des Verständnisses um die Unterdrückung der Frauen. In der ersten Kategorie wären »Selbsterfahrung«, »keine Führer« und »keine Elite« zu nennen, in der zweiten Kategorie »Sexismus«, »männlicher Chauvinismus« und »Feminismus«. Diese Konzeptionen oder Theorien wurden entweder übernommen oder von der Frauenbewegung selbst entwickelt; und damit hat die Frauenbewegung den ersten Schritt getan, die ersten Anfänge zu transzendieren (die ersten Klagen, die die Frauen äußerten) und sich als politische Bewegung zu organisieren.

1. Selbsterfahrung (Consciousness-Raising)[21]

Viele Frauen sehen das Selbsterfahrungskonzept als einen der wichtigsten Beiträge der Frauenbewegung zu einer neuen Politik. Die Frauenbewegung beschäftigt sich vorrangig mit den politischen Phänomenen, die als persönliche Probleme wahrgenommen werden. Frauen kommen teilweise in die Frauengruppen aufgrund der unspezifischen Frustration ihres Privatlebens und sehen dann, daß das, was sie als individuelles Dilemma empfanden, eigentlich ein gesellschaftliches Dilemma ist und daher ein politisches Problem. Selbsterfahrung heißt demnach: die versteckten, individuellen Ängste der Frauen umwandeln in ein gemeinsames Bewußtsein über deren Bedeutung als gesellschaftliches Problem, Wut und Angst äußern, alles das aussprechen, worunter Frauen leiden, und umwandeln ins Politische – das alles ist Selbsterfahrung. Ein Beispiel dafür wäre, wenn eine Frau in einer kleinen Gruppe ihre Gefühle und ihre Erfahrungen mit einer Abtreibung beschreibt; und anschließend erzählen andere von ähnlichen Erlebnissen. Wenn sie selbst noch keine Abtreibung hatten, dann können sie über ihre Ängste davor, ihre Einstellung zu Abtreibung überhaupt, sprechen. Dadurch wird eine persönliche Geschichte, die normalerweise ausschließlich in den Privatbereich verwiesen wird, als ein Ausdruck der repressiven Bedingungen, die Frauen erfahren, gewertet: Das Persönliche wird als ein wesentlicher Aspekt des Politischen begriffen.

Lästermäuler verspotten die Selbsterfahrungsgruppen als Gruppentherapie. Der Vorwurf ist bedeutungsvoller, als er wohl gemeint ist. Er ist unzutreffend und enthüllt gleichzeitig Vorurteile. Man müßte eigentlich fragen, warum in einem Land wie den Vereinigten Staaten, mit einer mittelständischen Stadtbevölkerung, die buchstäblich berauscht ist von dem Bedürfnis nach Psychotherapie und Psychiatrie, erstens etwas mit den Leuten nicht stimmt, die Gruppentherapie imitieren, und zweitens, warum sie nicht wissen, was Gruppentherapie ist. In einer Gruppensitzung einer kleinen Frauengruppe gibt es eben keinen neutralen Therapeuten: alle sind beteiligt und miteinbezogen. Aber selbst wenn es der Fall wäre, warum wäre es dann ein Vorwurf? Sicherlich ist die offenkundige Geringschätzung der Therapie in Wirklichkeit nur eine versteckte Überheblichkeit den Frauen gegenüber: ach, da jammern sie wieder, tratschen und nörgeln herum... sie brauchen doch bloß einen guten Therapeuten (einen strafenden Elternstellvertreter).

Eigentlich ist das Konzept der »Bewußtwerdung« oder »Selbsterfahrung« eine neue Auslegung einer revolutionären Praxis aus China: »Bitterkeit aussprechen«; eine neue Auslegung, die anstelle von chinesischen Bauern von Frauen aus der Mittelschicht praktiziert wird, in einem Land, in dem es von psychotherapeutischen Praktiken nur so wimmelt. Die chinesischen Bauern, die durch unsägliche Gewalt unterjocht wurden und in äußerster Armut leben mußten, fingen an, ihr Schicksal nicht mehr als naturgegeben hinzunehmen, indem sie dieses Schicksal artikulierten. Das erste Anzeichen von Unterdrückung ist die Unterdrückung von Worten, von Gesprochenem; das Leiden wird als gegeben vorausgesetzt und ist so total, daß seine Existenz nicht mehr bewußt ist. »Bitterkeit aussprechen« heißt dann, die praktisch unbewußte Unterdrückung ins Bewußtsein rükken; und wenn jemand in seinem Bewußtsein Ungerechtigkeit realisiert, dann werden auch andere Ungerechtigkeiten, die die gesamte Gruppe erleiden muß, bewußt werden. Es soll hier nicht behauptet werden, diese revolutionäre Praxis, die aus den Lebensbedingungen der Bauern im vorrevolutionären China entstanden ist, könne so, wie sie ist, auf die Frauengruppen in den spätkapitalistischen Ländern übertragen werden. Einen Aspekt können wir aber übernehmen, ohne die chinesischen Bauern damit zu beleidigen. Frauen sind schon so lange in ihre eigene Sphäre verwiesen worden, in ihre andere Welt, daß ihnen ihre Unterdrückung gar nicht bewußt werden konnte (dieses Dilemma drückt sich aus in dem Satz: »Die Frauen wollen doch gar keine Emanzipation«). Dieses Sichabfinden mit einer naturgegebenen Situation, oder mit einem Leid, das persönlich ist, muß zuerst einmal überwunden werden. Selbsterfahrung/Consciousness-Raising heißt, das Unaussprechliche oder Unausgesprochene aussprechen: also das Gegenteil von »zusammen jammern und wehklagen«.

Das Unausgesprochene aussprechen ist natürlich auch das Ziel ernsthafter psychoanalytischer Arbeit. Leider ist das nicht das wichtigste Ziel. Die Theorie und Praxis der Selbsterfahrung wurde dadurch entwertet, daß sie in einem Land aufkam, in dem entwertete Psychotherapie betrieben wird. Die Verbreitung der Esselin-Methoden und der »Encountertherapie« wirkte sich auf viele Bereiche radikaler Politik aus. Wenn offensichtlich das Unaussprechliche hervorgerufen (oder eher das Unaussprechliche im engen Sinne) und das Unheilige provoziert wird (Tabus, sinnliche, seelische und sexuelle Berührungen zwischen unberührbaren Fremden), so hat uns diese Therapie zwar das Ausmaß unserer Hemmungen gezeigt, aber eigentlich nur um derer selbst willen. Wir wachsen in einer Gesellschaft auf, die uns in unserer Selbstverwirklichung verhindert, und gehen dann als verklemmte Individuen zu einer Encounter-Gruppentherapiesitzung, um dort andere verklemmte Individuen zu treffen. Wir brechen unsere Schranken und Hemmungen auf, schließen Kontakte und ... werden dann unverklemmte Individuen? Möglicherweise schon, aber was weiter? Bekommen wir so inneren Frieden, Stärke, Zusammengehörigkeitsgefühl? Wofür? Vom verklemmten Individuum durch die Gruppe zum unverklemmten Individuum. Psychische Kreise. Revolutionäre Politik ist linear – sie muß ausgehen vom Individuum, zur kleinen Gruppe kommen, und dann zur gesamten Gesellschaft.

Etliche Selbsterfahrungsgruppen in der Frauenbewegung sind in diesen Strudel geraten. Individuum – kleine Gruppe – Individuum. Einsame Frauen sind von zu Hause weggegangen und wieder dorthin zurückgekehrt. Sie sind nie aus dem kleinen Kreis herausgekommen, und so wurde die Leidenschaft der chinesischen Bauern zu einer Mode unter den bürgerlichen Frauen in Amerika. In der Frauenbewegung sind wir uns dieses Problems bewußt, denn wir wissen, daß die

Fähigkeit, sich zu artikulieren, ein Privileg ist, das leicht mißbraucht werden kann:

> Einige Frauen in der Gruppe waren auch der Ansicht, daß Selbsterfahrung nicht nur als Selbstzweck betrieben werden sollte, sondern ein Weg sein müßte, eine politische Strategie zu entwickeln. Einige Frauen meinten auch, das Konzept der Selbsterfahrung und der Bewußtwerdung sei besonders geeignet für Frauen mit verbalen Fähigkeiten (also meist Frauen aus der Mittel- und Oberschicht), und daß diese Frauen den anderen in der Gruppe von vornherein überlegen wären, da das Reden und Diskutieren im Zentrum der Gruppenaktivität steht.[22]

2. Männlicher Chauvinismus und männliche Überlegenheit

Männlicher Chauvinismus heißt, ein bißchen zuviel Mann sein. Entweder hat der männliche Chauvinist die Vorherrschaft der Männer in unserer Gesellschaft internalisiert und bringt diese »Überlegenheit« in seinen individuellen Handlungen und Verhaltensweisen zum Ausdruck, oder diese Haltung existierte, wie die radikalen Feministinnen glauben, bereits vor jeglicher gesellschaftlicher Formation:

> ... Wir glauben, daß Sinn und Zweck des männlichen Chauvinismus vor allem darin bestehen, psychologische Selbstbefriedigung zu erlangen; erst in zweiter Linie manifestiert sich dieser Chauvinismus in den ökonomischen Verhältnissen ... Aus diesem Grunde glauben wir nicht, daß der Kapitalismus oder irgendein anderes wirtschaftliches System die Ursache weiblicher Unterdrückung ist; auch glauben wir nicht, daß die Unterdrückung der Frauen aufgrund einer Revolution auf rein ökonomischer Basis verschwinden wird. Die politische Unterdrückung der Frauen hat ihre eigene Klassendynamik. Und diese Dynamik muß erfaßt werden mit Begriffen, die früher als »unpolitisch« bezeichnet wurden. Der Mann herrscht über die Frau und zerstört sie nicht aus eigenem Wunsch heraus, der Frau weh zu tun, sondern aus einem Bedürfnis nach Macht zerstört er ihr Selbst und ordnet es dem seinen unter, macht es ihm gefügig ...[23]

Für die radikalen Feministinnen ist der psychologische Faktor entscheidend für den männlichen Chauvinismus. Die Sozialisten glauben, daß die jeweilige Gesellschaftsform individuelles Verhalten und psychische Verfassung bestimmt. Abgesehen von den jeweiligen Analysen ist der Begriff männlicher Chauvinismus nur deskriptiv und nicht analytisch und hat in beiden Fällen dieselben Implikationen: er bezeichnet einen Mann, der entweder bewußt oder instinktiv eine egoistische Herrscherposition über und gegen Frauen einnimmt, und zwar nur aufgrund seines Status als Mann.

3. Sexismus und Patriarchat

Sexismus ist als Begriff bereits geläufig geworden und hat den Begriff »männlicher Chauvinismus« schon fast abgelöst. Sexismus ist eine eindeutige Analogie zu Rassismus und bezeichnet die (theoretische und praktische) Geringschätzung eines Geschlechts durch das andere, also auch eine Gesellschaft, die aufgrund der beiden Geschlechter gespalten ist. Männlicher Chauvinismus bezieht sich meist auf Individuen, während Sexismus die gesamte Gesellschaft und Kultur mit einschließt. Die ausführlichste Analyse hat Kate Millett geliefert, und zwar die Theorie der Sexualpolitik oder ihre Notizen zu einer Patriarchatstheorie in ihrem Buch »Sexual Politics«.[24] Der Begriff Patriarchat wird verwendet, nicht um die Herrschaft des Vaters zu bezeichnen, sondern die Herrschaft der Männer überhaupt. Kate Millett legt dar, daß das Patriarchat (in geographischer und historischer Hinsicht) eine universale Form von Machtstrukturen und Herrschaft ist. Sie weist nach, daß im Patriarchat das allgegenwärtige System männlicher Herrschaft und weiblicher Unterwerfung zustande kommt durch den Sozialisationsprozeß, fortgeführt durch Ideologien und aufrechterhalten wird durch Institutionen. Männer dominieren aus Gewohnheit (Auswirkungen der Psychologie, Sozialisation und Ideologie) und wenn nötig durch Gewalt (sie kontrollieren die Wirtschaft, den Staat und seine Agenten, z. B. die Armee, und sie haben ein Monopol auf sexuelle Gewalttätigkeit). Entsprechend dieser Theorie ist das Patriarchat als Institution eine soziale Konstante, die sich durch Klassen, verschiedene Gesellschaftsformen und historische Epochen zieht. Die Hauptinstitution des Patriarchats ist die Familie: da das Patriarchat biologisch nicht fundiert ist, muß es sich statt dessen auf vererbte Kultur und die Erziehung stützen. Es bleibt als ein Machtsystem bestehen, weil es so gut eingewurzelt ist, daß es kaum zu sehen sein muß. Es beruft sich auf das Natürliche, das als solches unwiderruflich feststeht. Verschiedene Gesellschaftsformen haben nie reale Alternativen geboten: »Vielleicht besteht die stärkste psychologische Waffe des Patriarchats ganz einfach in seinem universellen und langlebigen Charakter. Es gibt kaum ein anderes System, mit dem das

Patriarchat verglichen oder durch das es widerlegt werden könnte.«[25] Das Patriarchat bleibt bestehen, weil es bestehen bleibt.

Patriarchat ist demnach dann die Sexualpolitik, auf die die Männer ihre Macht gründen und die Kontrolle darüber aufrechterhalten. Alle Gesellschaftsformen und alle sozialen Gruppen sind innerhalb des Systems sexistisch – nicht in dem Sinne, daß behauptet werden könnte, »alle Gesellschaftformen sind rassistisch«, sondern viel grundsätzlicher, daß die gesamte Organisation auf allen Ebenen auf der Herrschaft des einen Geschlechts über das andere basiert. Spezifische Variationen sind weniger bedeutsam als die allgemeine Wahrheit.

4. Feminismus

Feminismus wurde bereits verschiedentlich definiert und wird gegenwärtig verwendet zur Bezeichnung einer Person, die das Recht der Frauen – auf Emanzipation, Befreiung oder Gleichberechtigung – unterstützt. Eine engere Definition schrieb Simone de Beauvoir in ihrer Autobiographie »La Force des Choses« (dto. Der Lauf der Dinge):

> Ich habe mich nie der Illusion hingegeben, die Lage der Frau ändern zu können. Sie hängt von der zukünftigen Entwicklung der Arbeitsverhältnisse auf der ganzen Welt ab, und sie wird nur um den Preis einer Umwälzung der gesamten Produktion wirklich zu ändern sein. Deshalb habe ich es vermieden, mich in den Grenzen der sogenannten »Frauenrechtlerei« zu bewegen.[26]

Meiner Meinung nach halten heute nur noch die liberalen Feministinnen an der Illusion fest, daß gesellschaftliche Gleichberechtigung in einem demokratischen kapitalistischen Land ohne eine Revolution durchgesetzt werden könne; die radikalen Feministinnen glauben, daß dies nirgendwo erreicht werden kann, ohne daß eine feministische Revolution an allererster Stelle steht. Liberale und radikale Feministinnen sind sich allerdings einig darüber, daß die Unterdrückung der Frau unabhängig von anderer Unterdrückung bekämpft werden kann, während die sozialistischen Frauen in der Frauenbewegung, die sich wie Simone de Beauvoir auf eine materialistische Analyse stützen, glauben, daß der Kampf gegen die Unterdrückung der Frau ein zentraler, gleichzeitig aber wesentlicher Teil eines größeren revolutionären Kampfes ist, der die herrschende Produktionsweise (Kapitalismus) überführen wird in den Sozialismus und schließlich in den

Kommunismus. Die radikalen Feministinnen tendieren jetzt dazu, im Zuge der Entwicklung ihrer Theorie diese Unterscheidung mit einzubeziehen, so daß wir sagen können, Feminismus ist die Überzeugung, daß die Unterdrückung der Frau zuallererst dagewesen ist und losgelöst werden kann von jedem spezifischen historischen Kontext.

Kapitel III: Die Politik der Frauenbewegung I

Vergangenheit und Gegenwart

Wie wir im ersten Kapitel gesehen haben, gibt es wesentliche Verbindungen zwischen der Jugendbewegung und der Frauenbewegung: beide kämpfen auf der ideologischen Ebene, wo sie, da die bürgerlichen Agenten und Objekte Urheber des notwendigen Konsensus verkaufen und fördern, in der Lage sind, sich genau über die Bedeutung klarzuwerden. Aber wo es über diese anfänglichen Ähnlichkeiten hinausgeht, finden sich die Frauen auf einem ganz anderen Terrain wieder. Ihr Kampf kann nicht nur (und schon gar nicht ausschließlich) bei ideologischen Fragen stehenbleiben, sondern muß sich ausweiten zu einem Angriff auf alle Bereiche, auf das gesamte Netz der Unterdrückung. Frauen werden ökonomisch am stärksten ausgebeutet; auch psychisch werden sie am ehesten zur Minderwertigkeit abgestempelt. Das kennzeichnet ihre Lage *innerhalb* jeder Rasse oder Klasse. Als Geschlecht, ungeachtet nationaler, rassischer oder klassenbedingter Unterschiede werden sie überall als völlig minderwertig angesehen.

Was an dieser Stelle vor allem betont werden muß, ist die Komplexität politischer Meinungen und Aktionen, die einem solch breitgefächerten Problem gerecht werden müssen. Wenn es um den Kampf gegen Unterdrückung auf allen Ebenen und in jedem Bereich geht, so finden zunächst einmal alle Arten politischer Gruppen oder Haltungen darin ihren Platz. Obwohl die Frauenbewegung eine eigene Politik der Befreiung und des Feminismus entwickelt, schließt sie in ihrem etwas vagen Umfeld die meisten der politischen Positionen ein, die sich im Laufe der sechziger Jahre und zuvor ausgeprägt haben.

Anarchismus

Die Politik der Erfahrung rief ihre eigenen Grundsätze ins Leben und sorgte für ein Wiederaufleben früherer politischer Modelle. So hatte beispielsweise der Anarchismus eine neue Blütezeit in den sechziger Jahren.

Der Anarchismus hat in seinem Kampf um die Freiheit jedes

Individuums von jeglicher Form der Organisation (hierarchisch oder demokratisch) von jeher Frauen in seiner offenen, undogmatischen Bewegung großzügig Raum gewährt. Möglich wurde dies durch den allem anderen übergeordneten Glauben an das Individuum. Jeder Anarchist und jede Anarchistin bekräftigt seine oder ihre politische Überzeugung in seinen oder ihren persönlichen Handlungsweisen und auf allen Ebenen seines oder ihres persönlichen Lebens. Anarchismus wird gern mit Chaos gleichgesetzt. Das ist zu grob; aber wenn persönliche Befreiung und individuelle Freiheit betont werden, so hat das notwendigerweise eine ungestüme Kompromißlosigkeit zur Folge, die gegen alles losschlägt, was ihr im Weg steht. Kein politisches System ist besser als irgendein anderes, denn es sind alles Systeme, und darin liegt der Fehler. Diese Überzeugung findet verständlicherweise sehr starken Anklang bei den Frauen: angesichts ihres privatisierten Daseins im isolierten Familienleben erscheint ihnen individuelle Freiheit als etwas Natürliches und Erstrebenswertes. Befreiung, im anarchistischen Sinne, drückt sich aus als ein Freiwerden aller aufgestauten psychischen Energien: wahrscheinlich spürt niemand dieses Bedürfnis nach Befreiung so stark wie die Frauen. Das Aufgeschlossene und Undogmatische am Anarchismus wertschätzt jeden und legitimiert alles, was gegen irgendein System gerichtet ist: es besteht keine Notwendigkeit für einen Versuch, die Unterdrückung der Frau in ihrem Gesamtzusammenhang herauszuarbeiten, keine Notwendigkeit, sich zu organisieren . . . Einzelne Frauen und kleine Gruppen in der Frauenbewegung sind dabei, die Möglichkeiten dieses Weges zu erproben. Gewiß bedeutet das eine persönliche Befreiung aus den kulturellen Fesseln der bürgerlichen Gesellschaft: sie sind unerschrocken und militant und kümmern sich nicht um die Meinung der anderen. Sie sind, mit anderen Worten, das Gegenstück zu der lieben, »wahren« Frau.[27]

Terrorismus

Die Aktivitäten der Anarchistengruppen stimmen in mancher Hinsicht mit denen der straff organisierten Terroristen überein. Diese Gruppen bestehen aus eng miteinander verbundenen Kämpfern, die symbolische Gewalttätigkeiten zum Ziel haben (in anderen Zusammenhängen Entführungen und vereinzelte Bombenanschläge).

Gewisse feministische Gruppen basieren auf vergleichbaren Vorstellungen – und sie schlagen los, wann und wie immer sie können, gegen die Institutionen und Ausdrucksformen des männlichen Chauvinismus.

Spontaneismus

Es führt eine Verbindungslinie von dem Subjektivismus der »Politik der Erfahrung« über den subjektiven Terrorismus der Anarchisten zu dem objektiven Terrorismus der Terroristen. Diese Verbindungslinie ist der Glaube an Spontaneität, sei es Spontaneität der Gefühle oder Spontaneität der Gewalt. Spontaneität ist eine Verhaltensweise, die am ehesten die Frauen entwickeln. Einerseits hat die bürgerliche Gesellschaft den Frauen als den Hüterinnen der natürlichen und echten Gefühle (und was es da sonst noch alles gibt) schon immer zugestanden, eben gerade spontan zu sein. Es gilt als Beweis holder Weiblichkeit, grundlos in Tränen auszubrechen, oder nur, weil es sich eben schickt, und die eigenen Gefühle zu zeigen, ohne jemals dabei berechnend zu sein, dort zu erahnen, wo Männer verstehen... Andererseits ermöglicht Spontaneität (als politisches Konzept) genau den Umsturz all dessen in eben diesem Sinne. Wenn die Feministinnen spontan zu Gewalt greifen oder kulturelle Tabus brechen, stellen sie das Weibliche auf den Kopf. Die Gefahr dabei ist nur, daß, wenn man eine Münze zum zweitenmal wirft, sie genauso landen kann wie beim erstenmal.

Spontaneistische Terroristen machen sich selbst zu Felsbrocken, die an die Mauern der bürgerlichen Gesellschaft geschleudert werden. Diese Aktionen sind insofern wertvoll, als die Frauen dabei weder sich noch ihre Möglichkeiten und ihre Kraft unterschätzen; aber sie sind insofern schlecht, als sie die Stärke der Mauern ganz entscheidend unterschätzen.

Überdies zeigt die Bewegung mit ihrem Sontaneismus gerade die Gefahren, die immer noch ihrer klassenbedingten Eigenart anhaften. Es sind fast immer Intellektuelle aus der Mittelschicht, die sich in diese Art der persönlichen, individuellen Befreiung vernarren, die das verführerische Gegenstück zu ihrem eigenen unterdrückten oder sublimierten Leben in den Gewaltausbrüchen oder der Angriffslust finden. Das zeigt aber auch daran, daß so oft die exotischen Züge der

Frauenbewegung die linke Intelligenz fesseln und reizen.

Die Attraktion der Leidenschaft äußert sich gegenwärtig in unterschiedlichen Formen. In New York, wo einige Frauengruppen Geld sammeln, um die Geldstrafen inhaftierter Frauen zu bezahlen, sagte ein der Frauenbewegung freundlich gesinnter Bekannter ironisch zu mir: »Das muß das Jahr der Gefangenen werden.«

Viele Feministinnen behaupten, daß alle weiblichen Kriminellen politische Gefangene seien, da die Gesellschaft alle Frauen unterdrückt. Es bedeutet keine Verniedlichung der Lage der Gefangenen, wenn man betont, daß sie sich bestimmt nicht selbst als solche ansehen. Schließlich ist Politik eine Frage des politischen Bewußtseins. Die Gründe, warum Frauen in Gefängnissen sitzen, und unter welchen Bedingungen, sind zweifellos Probleme, mit denen sich die Frauenbewegung befassen muß; daraus folgt aber noch nicht die kühne Analyse des sogenannten politischen Status der Gefangenen. Die Leidenschaft der Intellektuellen für den »enragé« (Kriminelle oder Terroristen) findet sich auch wieder in ihrem Hang zur Ausschreitung. Neue Wege in der Sexualität und der Anspruch auf sexuelle Freiheit, besonders da, wo sie verboten ist, sind sehr entscheidend für jede Ausdrucksform der Befreiung im Hinblick auf die sexuelle Dimension der allumfassenden Unterdrückung. Homosexuelle werden in der Gesellschaft moralisch und vor allem auf juristischem Gebiet diskriminiert. Gay Liberation (Schwulenbewegung) ist eine ganz wichtige Bewegung. Entscheidend ist, daß wir als Frauen, als die unterdrückten Frauen, begreifen, wie im Kapitalismus die verschiedenen Gruppen und Teile der Bevölkerung unterdrückt werden. Unsere Solidarität mit der gesamten Schwulenbewegung, mit männlichen und weiblichen Homosexuellen, ist ganz besonders wichtig für uns, auch deren Solidarität mit uns. Aber da muß man unterscheiden zwischen der Solidarität und der Freisetzung aller bisexuellen und homosexuellen Neigungen in uns einerseits und einem schüchternen Liebäugeln mit den bezaubernden »Auswüchsen« andererseits. Es ist nicht besonders erfreulich, unterdrückt oder diskriminiert zu werden. Genets Theaterstücke und Romane veranschaulichen eindringlich das Alptraumhafte des homosexuellen Lebens in einer Gesellschaft, die Homosexualität verbietet. Von Gefangenen oder Schwulen hingerissen zu sein, hieße, deren mißliche Lage zu verherrlichen und die Funktion einer emanzipatorischen Bewegung aus den Augen zu verlieren.

Sektierertum

Wenn damit auch einige Stolpersteine des Spontaneismus aufgezeigt werden konnten, so sind Beispiele für Fallen, die eine dogmatische Unbeweglichkeit legt, keineswegs schwerer zu finden. Wie jede Bewegung der neuen Linken ist die Frauenbewegung den Fesseln des Sektierertums ausgesetzt, die in den Köpfen geschmiedet werden. Bei einem öffentlichen Treffen der Frauenbewegung in Chicago fragte mich ein junger Mann, wie wir in Großbritannien auf die Unterstützung durch »gewisse linke Organisationen, die schon immer mit dem Standpunkt der Frauen entschieden übereingestimmt haben«, reagiert hätten. Diese Trotzkisten waren schon immer da, weil sie niemals da waren. Ihr Standpunkt ist gekennzeichnet durch eine überschwengliche Toleranz und Zeitlosigkeit, die allem und jedem Platz bietet – außer einer anderen Sekte oder einer tatsächlichen Revolution. Sie legen besonderen Wert darauf, zur Arbeiterklasse zu gehen, und ihre kürzlich gewonnene Erkenntnis, daß es dort einige Frauen gibt, führt dazu, daß sie starr typisch ökonomistische Ziele verfolgen. Was die Frauenfraktionen (oder unabhängige trotzkistische Frauengruppen) angeht – zumindest in England –, so wird dort vor allem die Bedeutung des Kampfes für gleichen Lohn betont. Die Wichtigkeit dieser Frage steht ganz außer Zweifel; es mag sogar das wichtigste Recht sein, das augenblicklich durchgesetzt werden muß. Wenn dies jedoch allen anderen Problemen übergeordnet wird, so könnte das zu einer theoretischen »splendid isolation« werden.

Wenn die Trotzkisten mit offenen Armen dastehen, so wird man bei den Maoisten (zumindest in England) auf geballte Fäuste treffen. Ihre Taktik scheint es zu sein, ihre ganze Bewegung en gros auf jeden politischen Kampf zu verlegen, der halt irgendwann gerade an vorderster Front stattfindet, und von dort aus wollen sie – die Fäuste über dem Tabernakel der richtigen Position geballt – ihre Macht behaupten. Sie definieren sich selbst dadurch, daß sie alle anderen Gruppen verurteilen. Kürzlich, bei einem öffentlichen Meeting der Women's Liberation Front, stand Mr. Manchandra (mit Spitznamen »der Große Vorsitzende Mao von England« und von den Genossen liebevoll einfach »man« genannt) auf und erklärte sich selbst zu einem führenden Mitglied der »Women's Liberation Front «. Heute sind *alle*, die sich in maoistischen Bewegungen organisieren, Mitglieder der Frauenbewegung, so wie sie gestern alle revolutionäre Studenten waren.

Die graue Zeitlosigkeit des Trotzkismus wird nur noch von dem ewig chamäleonhaften Maoismus westlicher Prägung übertroffen.

Die Politik, die beide Gruppen im Hinblick auf die Frauenbewegung entwickeln, sollte nicht ins Lächerliche gezogen werden. Sie führen in der Vergangenheit entwickelte politische Energien ins Feld; und ihr in jüngster Zeit führendes Personal – die Frauen – bringt neue Einsichten in ein neues Problem – die Unterdrückung der Frauen. Nur, da sie definitionsgemäß als Sekten immer ihre passende Theorie zur Hand haben, besteht in beiden Gruppen die Tendenz, auf irgendein revolutionäres Waisenkind zu warten, um ihm die zurechtgelegten Kleider anprobieren zu können.

Reformismus

»Reformismus« ist ein schwieriger Begriff im Zusammenhang mit der Frauenbewegung. Es gibt keine revolutionäre Theorie oder Strategie, die der Unterdrückung oder der Befreiung der Frauen einen besonderen Platz einräumt. In der Linken wurde schon immer behauptet, Frauen könnten gleiche Rechte bekommen, durch eine bürgerliche Revolution, im Kapitalismus; und, da niemand auf eine Transzendierung dieser Vorstellung von Gleichheit hoffen kann, bis der Sozialismus erreicht ist, können die politischen Forderungen, die die Frauen stellen, in das herrschende System eingepaßt werden und sind deshalb reformistisch. Anders gesagt, der Gedanke, die Frauen sollen bis nach der Revolution warten, hat allenfalls eine noch schädlichere Seite; Was ihr jetzt fordert, sind nur Reformen, und die kann man ziemlich leicht bekommen. Diese Haltung spiegelt genau wider, wie Frauenfragen innerhalb der bürgerlichen Gesellschaft gesehen werden, nämlich nicht als das eigentliche Problem. Nixon kann leicht den Plan, mehr Kindergärten zu bauen, und die Liberalisierung der Abtreibungsgesetze begrüßen... Aber für die Linke ist es ein schwerer Irrtum, Scheinzugeständnisse als Beweis für die Schwäche der Forderungen und nicht als Beweis für die Stärke und die Macht des Systems anzusehen. Die Forderungen der Frauen wurden schon immer als Reformen ausgegeben; ob sie das sind oder nicht (oder ob einige es sind oder nicht), kann nicht losgelöst beurteilt werden, und nicht einmal im Kontext des Vergangenen, sondern nur im neuen Kontext feministischer Politik. Die linke Position, die blind daran festhält, daß diese Forderungen reformistisch sind, äfft nicht nur die Haltung der bürgerlichen Gesellschaft nach, sondern unterschätzt auch ganz gewaltig die Rolle des Reformismus in der revolutionären Politik.

> Die revolutionäre Sozialdemokratie hat den Kampf für Reformen stets in ihre Tätigkeit eingeschlossen und tut das auch heute. Aber sie bedient sich der ökonomischen Agitation, um an die Regierung nicht nur die Forderung nach allen möglichen Maßnahmen zu stellen, sondern auch (und vor allem) die Forderung, daß sie aufhöre, eine autokratische Regierung zu sein. Außerdem hält sie es für ihre Pflicht, der Regierung diese Forderung *nicht nur* auf dem Boden des ökonomischen Kampfes zu stellen, sondern auch überhaupt auf dem Boden aller Erscheinungen des sozialen und politischen Lebens. Mit einem Wort, wie der Teil dem Ganzen untergeordnet ist, ordnet sie den Kampf für Reformen dem revolutionären Kampf für Freiheit und Sozialismus unter.[28]

Erst wenn eine revolutionäre Theorie und Strategie der Unterdrükkung der Frauen ausgearbeitet sind, die unsere »demokratischen« Regierungen herausfordern, können wir entscheiden, welche Problemkreise Reformen sind, und sie dann dem Kampf für Freiheit und Sozialismus unterordnen. Solange es eine solche Strategie nicht gibt, können diese »Reformen« sehr wohl zu einem ersten Sprungbrett für diese Strategie werden.

Es gibt natürlich in allen Ländern viele Gruppen, die daran festhalten, daß die Gewährung dieser Reformen, die Zubilligung gleicher Rechte, die Frauen befreien könnte, ohne die Notwendigkeit irgendeiner Veränderung in der sozioökonomischen Struktur. Die meisten dieser Gruppen bestanden vor der eigentlichen Frauenbewegung und waren auch tatsächlich eine ihrer Quellen. Wichtige Züge der Frauenbewegung entwickelten sich aus und in zunehmender Opposition zu »Equal Rights«-Kampagnen, ähnlich wie die Black-Power-Bewegung aus der Bürgerrechtsbewegung entstanden ist und sich immer mehr von ihr entfernte. Reformistische Gruppen dieser Art, auch wenn sie ihr Augenmerk hauptsächlich auf die Probleme berufstätiger Frauen aus der Mittelschicht richten oder auf die rechtlichen Aspekte der Unterdrückung, haben eine Daseinsberechtigung und einen Stellenwert. Alle Frauen werden unterdrückt, und es ist eine wichtige Aufgabe, das Bewußtsein aller Betroffenen zu schärfen. Nur in diesem Sinne sind, zum jetzigen Zeitpunkt, Klassenunterschiede unwichtig – es ist entscheidend, daß Frauen erkennen, daß und auf welche Art und Weise sie abhängig sind und unterdrückt werden. Reformistische Gruppen dokumentieren diese Abhängigkeit und Unterdrückung und protestieren dagegen.

Kapitel IV: Die Politik der Frauenbewegung II

Gegenwart und Zukunft...

Im vorangegangenen Kapitel habe ich beschrieben, welchen Einfluß frühere wichtige politische Theorien auf die Frauenemanzipation hatten und wie die Frauenfrage dort behandelt wurde. Allerdings besteht ganz klar die Notwendigkeit, eine spezifische Theorie der Unterdrückung der Frau auszuarbeiten. Gegenwärtig gibt es in der Frauenbewegung zwei Strömungen, die auf dieses Ziel hin tendieren; die Radikalen Feministinnen, die eine neue Theorie der sexistischen Gesellschaft entwickeln, und die Sozialistischen Frauen, die zwar erkennen, daß frühere sozialistische Theorien über die Stellung der Frau unzulänglich waren, die jedoch der Ansicht sind, daß die Methode die richtige ist, diese Analyse zu erstellen, und für die die Theorie der Klassengesellschaft und die Notwendigkeit einer Revolution (die auf dieser Theorie beruht, aber der Unterdrückung der Frau besondere Bedeutung beimißt) an erster Stelle steht.

Die Abwesenheit der Frauen in der sozialistischen Theorie und Praxis ist unermeßlich. Wo Analysen entwickelt wurden, waren sie ganz eindeutig unzureichend, denn die daraus entstandene Praxis hat diesen bei weitem nicht entsprochen. Ich habe 1966 in einer marxistischen Zeitschrift zu beschreiben versucht, welche Mängel und Schwächen in den wichtigsten klassischen Texten sozialistischer Literatur zu finden waren. An dieser Stelle möchte ich diesen Bericht präsentieren, denn ich bin der Ansicht, daß er immer noch zutrifft und darüber hinaus illustriert, daß wir, obwohl wir uns in der Frauenemanzipationsdebatte in keinster Weise auf vorangegangene Analysen verlassen können, diese aber gebrauchen, verändern und ausweiten können.[29]

Frauen in der sozialistischen Theorie

Alle großen sozialistischen Denker des neunzehnten Jahrhunderts hatten das Problem der untergeordneten Stellung der Frauen und die Notwendigkeit ihrer Befreiung erkannt. Dieses Problem ist Teil des klassischen Erbes der revolutionären Bewegung. Die Frauenfrage wurde jedoch in der sozialistischen Bewegung im zwanzigsten Jahrhundert zu einem untergeordneten, wenn nicht gar unbedeutenden Problem. Keine andere wichtige Frage ist so in Vergessenheit geraten. In England war das kulturelle Erbe des Puritanismus in der Linken immer stark vorhanden, und das hat zu der weltweiten Verbreitung hauptsächlich konservativer Meinungen unter vielen, die sich sonst gern zu den »Progressiven« zählten, beigetragen. Einen »locus classicus« dieser Haltung stellt Peter Townsends bemerkenswerte Feststellung dar:

> Bisher haben die Sozialisten die Familie ignoriert oder sie ganz offen zu schwächen versucht, indem sie ihr Vetternwirtschaft und durch familiäre Bindungen auferlegte Einschränkungen der individuellen Entfaltung anlasteten. Extreme Versuche zur Schaffung von Gemeinschaften auf anderer als der familiären Basis schlugen kläglich fehl. Hier ist von Bedeutung, daß ein Sozialist einen Kollegen normalerweise mit »Bruder« anspricht, und ein Kommunist die Anrede »Genosse« verwendet. Das wichtigste Mittel, im Leben Erfüllung zu erlangen, ist die Mitgliedschaft in einer Familie oder die Schaffung einer solchen. Durch das Verschweigen dieser Wahrheit ist nichts zu gewinnen.[30]

Der Beginn der Frauenbewegung war für die Sozialisten überraschend und verwirrend zugleich, denn von der Notwendigkeit einer solchen Bewegung wußten sie nichts oder wollten nichts wissen. Wie konnte es zu dieser Konterrevolution kommen? Warum wurde im zeitgenössischen Sozialismus das Problem der Stellung der Frau mit Schweigen übergangen? August Bebel schreibt in seinem Buch »Die Frau und der Sozialismus«, das eines der Standardwerke der Deutschen Sozialdemokratischen Partei Anfang dieses Jahrhunderts war:

> Jeder Sozialist erkennt die Abhängigkeit des Arbeiters vom Kapitalisten und kann es nicht begreifen, daß andere, insbesondere die Kapitalisten selber, diese Tatsache nicht auch erkennen; aber demselben Sozialist fehlt oft die Einsicht in die Abhängigkeit der Frau vom Manne, weil diese Frage sein liebes Selbst sehr nahe berührt.[31]

Diese Erklärung – psychologischer oder moralischer Art – ist zwar richtig, jedoch eindeutig ungenügend. Viel tiefere, strukturelle Ursachen haben da ihren Einfluß gehabt, deren Darstellung eine größere historische Studie erfordern würde, was in diesem Rahmen unmöglich ist. Aber immerhin kann mit einiger Gewißheit gesagt werden, daß nicht nur die realen geschichtlichen Prozesse verantwortlich sind für die nachlassende Diskussion des Themas unter den Sozialisten (was teilweise das Entstehen der Frauenbewegung hervorgerufen haben mag), sondern weil die sozialistischen Klassiker von Anfang an diese Frage so vernachlässigt haben. Denn während in allen großen Studien des letzten Jahrhunderts die Bedeutung dieses Problems betont wird, wurde doch keine theoretische Lösung gefunden. Die Grenzen ihrer Versuche wurden in der Folgezeit nie überschritten.

Fourier war der eifrigste (und in seinen Werken umfangreichste) Verfechter der Frauenemanzipation und sexueller Freiheit unter den Frühsozialisten. Er schrieb:

> Die Veränderung einer geschichtlichen Epoche läßt sich immer aus dem Verhältnis des Fortschritts der Frauen zur Freiheit bestimmen, weil hier im Verhältnis des Weibes zum Mann, des Schwachen zum Starken, der Sieg der menschlichen Natur über die Brutalität am evidentesten erscheint. Der Grad der weiblichen Emanzipation ist das natürliche Maß der allgemeinen Emanzipation.[32]

Marx stimmte dieser Formulierung zu und zitierte sie in »Die Heilige Familie«. Aber er gab ihr, charakteristisch für seine frühen Schriften, eine mehr universelle und philosophische Bedeutung. Die Emanzipation der Frau sei nicht nur, wie bei Fourier – der die sexuelle Freiheit als sein Hauptanliegen betrachtete – ein Gradmesser der Humanisierung im bürgerlichen Sinne des Sieges der Humanität über die Brutalität, sondern im grundsätzlichen Sinn des Vorsprungs des Menschen über das Tier, der Kultur über die Natur:

> Das unmittelbare, natürliche, notwendige Verhältnis des Menschen zum Menschen ist das Verhältnis des Mannes zum Weibe ... In diesem Verhältnis erscheint also sinnlich, auf ein anschaubares Faktum reduziert, inwieweit dem Menschen das menschliche Wesen zur Natur oder die Natur zum menschlichen Wesen geworden ist.[33]

Dieses Thema ist typisch für den frühen Marx.

Fouriers Ideen verblieben auf dem Stand von utopisch-moralischen Ermahnungen. Marx benutzte und transformierte sie, indem er sie in eine philosophische Kritik der Geschichte der Menschheit integrierte. Aber er hielt fest an der Abstraktion der Fourierschen Konzeption von der Stellung der Frauen als eines Gradmessers des allgemeinen sozialen Fortschritts. Dadurch wurde diese Idee nur noch zum Symbol – er mißt dem Problem eine universelle Bedeutung bei und nimmt ihm seine spezifische Substanz. Symbole sind Andeutungen oder Ableitungen von etwas anderem. In Marx' frühen Schriften ist die Frau ein anthropologisches Wesen, eine ontologische Kategorie in einem sehr abstrakten Sinn. Im Gegensatz dazu hat Marx in seinem späteren Werk, wo er sich mit der Beschreibung der Familie befaßt, diese als ein der Zeit und dem Ort entsprechendes Phänomen analysiert.

> Es ist natürlich ebenso albern, die christlich germanische Form der Familie für absolut zu halten als die altrömische Form, oder die altgriechische, oder die orientalische, die übrigens untereinander eine geschichtliche Entwicklungsreihe bilden.[34]

Auffallend ist an seinen späteren Kommentaren über die Familie, daß das Problem der Frauen in einer Analyse der Familie untergetaucht ist. Die Frauen werden noch nicht einmal erwähnt! Von allgemeinen philosophischen Formulierungen über die Frauen in seinen frühen Schriften gelangt Marx damit zu spezifisch historischen Stellungnahmen zur Familie in seinen späteren Texten. An diesem Punkt gibt es eine ganz starke Trennung zwischen seinen frühen und späteren Werken. Der gemeinsame Rahmen aller seiner Schriften war natürlich seine Analyse der Ökonomie und der Entstehung des Eigentums.

Engels

Es blieb Engels vorbehalten, diese Thesen in »Der Ursprung der Familie, des Privateigentums und des Staates« nach Marx' Tod zu systematisieren. Engels erklärte, daß die Ungleichheit der Geschlechter einer der ersten Antagonismen innerhalb der menschlichen Rasse sei. Dieser erste Klassengegensatz »fällt zusammen mit der Entwicklung des Antagonismus von Mann und Weib in der Einzelehe, und die erste Klassenunterdrückung mit der des weiblichen Geschlechts durch das männliche«.[35]

Engels, der einen großen Teil seiner Theorie auf Morgans faszinierende, aber ungenaue anthropologische Untersuchungen stützte, hatte viele wertvolle Einsichten. Die Erbfolge, welche den Schlüssel zu seinen ökonomischen Darstellungen ergab, war zuerst matrilinear, später jedoch, mit zunehmendem Wohlstand, patrilinear bestimmt. Dies war die größte Einzelniederlage für die Frau. Die Treue der Ehefrau wird wesentlich und die Monogamie unwiderruflich etabliert.

Die Frau in der gemeinschaftlichen, patriarchalischen Familie ist eine öffentliche Dienstmagd, mit der Monogamie wird sie eine private Dienstmagd. Engels reduziert das Problem der Frau ausdrücklich auf ihre Arbeitsfähigkeit. Er attestierte ihr daher körperliche Schwäche als ersten Grund für ihre Unterdrückung. Den Beginn ihrer Ausbeutung sieht er zum Zeitpunkt des Übergangs vom gemeinschaftlichen zum privaten Eigentum. Wenn die Unfähigkeit zu arbeiten der Grund für ihre untergeordnete Stellung ist, so wird die Fähigkeit zu arbeiten ihre Befreiung herbeiführen.

> ... (es zeigt sich), daß die Befreiung der Frau, ihre Gleichstellung mit dem Manne, eine Unmöglichkeit ist und bleibt, solange die Frau von der gesellschaftlichen produktiven Arbeit ausgeschlossen und auf die häusliche Privatarbeit beschränkt bleibt. Die Befreiung der Frau wird erst möglich, sobald diese auf großem gesellschaftlichem Maßstab an der Produktion sich beteiligen kann, und häusliche Arbeit sie nur noch in unbedeutendem Maße in Anspruch nimmt.[36]

Oder:

> ... es wird sich dann zeigen, daß die Befreiung der Frau zur ersten Vorbedingung hat die Wiedereinführung des ganzen weiblichen Geschlechts in die öffentliche Industrie, und dies wieder erfordert die Beseitigung der Eigenschaft der Einzelfamilie als wirtschaftlicher Einheit der Gesellschaft.[37]

Engels hat somit eine Lösung gefunden, die schematisch mit seiner Analyse des Ursprungs der Unterdrückung der Frauen übereinstimmt. In den Werken von Marx und Engels bleibt daher die Stellung der Frauen als abgesondertes und untergeordnetes Teilthema einer Diskussion der Familie, die ihrerseits von untergeordneter Bedeutung ist, da sie lediglich eine Vorbedingung zum Privateigentum darstellt. Ihre Lösungen halten fest an einer übermäßigen Betonung der Ökonomie und begeben sich in den Bereich verwirrender Vermutungen.

Engels' Schüler Bebel unternahm den Versuch einer programmatischen Darstellung der Unterdrückung der Frauen an sich – nicht nur als Begleiterscheinung der Entwicklung der Familie und des Privateigentums: »Frau und Arbeiter haben gemein, Unterdrückte zu sein ... (die Frau) ist das erste menschliche Wesen, das in Knechtschaft kam. Die Frau wurde Sklavin, ehe der Sklave existierte.«[38] Mit Marx und Engels anerkannte er die Bedeutung der physischen Unterlegenheit als einen der Gründe für die untergeordnete Stellung der Frau, doch fügte er – mit Betonung der Erbfolge – ein weiteres biologisches Element hinzu – ihre Funktion als Mutter –, welches eine der wesentlichsten Bedingungen für ihre wirtschaftliche Abhängigkeit vom Mann sei. Dies ist von entscheidender Bedeutung, aber auch Bebel konnte nur feststellen, daß sexuelle Gleichberechtigung im Sozialismus möglich sei. Seine Vision der Zukunft war eine vage Träumerei und ziemlich abgelöst von seiner Beschreibung der Vergangenheit. Der Mangel eines strategischen Zieles zwang ihm einen voluntaristischen, wirklichkeitsfremden Optimismus auf. Lenin selber übernahm, obwohl er einige spezifische Vorschläge machte, eine Denktradition, welche einzig die A-priori-Gleichstellung der Frauenbefreiung im Sozialismus hervorhob, ohne jedoch konkret aufzuzeigen, wie die Bedingungen für die Frauen umgestaltet würden: »Ohne die Heranziehung der Frauen zur selbständigen Teilnahme nicht allein am politischen Leben schlechthin, sondern auch am ständigen, von allen zu leistenden öffentlichen Dienst kann von Sozialismus keine Rede sein, ja nicht einmal von einer vollständigen und dauerhaften Demokratie.«[39] Die Befreiung der Frauen bleibt bis zu diesem Punkt ein normatives Ideal, ein Attribut der sozialistischen Theorie, aber nicht strukturell in diese integriert.

»Das Andere Geschlecht«

Simone de Beauvoirs umfangreiches Werk »Das Andere Geschlecht« steht dem genau entgegengesetzt. Es ist bis zum heutigen Tage der einzige Beitrag zu diesem Thema. Der Schwerpunkt ihres Buches liegt auf der Untersuchung der Stellung der Frau im Verlauf der Jahrhunderte. Doch erscheint der Sozialismus als solcher am Ende dieses Werkes nur als merkwürdig zufällige Lösung, noch dazu in einem Nachwort. De Beauvoirs wesentliche neue Theorie bestand darin, daß sie die wirtschaftlichen und reproduktiven Erklärungen der untergeordneten Stellung der Frauen durch eine psychologische Auslegung beider Aspekte zusammenbrachte. Der Mann behauptet sich dadurch, daß er sich als Subjekt und freies Wesen begreift, indem er ein anderes Bewußtsein bekämpft. Er unterscheidet sich vom Tier genau deshalb, weil er schöpferisch und erfinderisch tätig ist (und nicht, indem er sich selbst reproduziert), jedoch versucht er der Last seiner Freiheit zu entfliehen, indem er sich selbst durch seine Kinder eine unechte Unsterblichkeit gibt. Er beherrscht die Frau, um ein anderes Bewußtsein, das sein eigenes reflektiert, auszuschalten und um sich selbst einen Nachwuchs (Kinder) zu sichern, die ganz seine eigenen sind (seine Furcht vor Illegitimität). Diese Thesen haben eine beträchtliche Kraft. Aber sie sind sehr ungeschichtlich: Es ist nicht leicht einzusehen, warum der Sozialismus den ontologischen Wunsch nach Freiheit, welchen Simone de Beauvoir als den Motor hinter der Festlegung der Erbfolge im Eigentumssystem sieht, verändern sollte, noch die Versklavung der Frauen, die sich daraus ergab. Tatsächlich hat sie seither diesen Aspekt ihres Buches als idealistisch kritisiert:

> Im Grunde habe ich im ersten Band einen materialistischen Standpunkt vertreten. Ich begründete den Begriff des »Anderen« und den des Manichäismus, der nicht aus einem a priori und idealistischen Gewissenskampf, sondern aus der Seltenheit und dem Bedürfnis hervorgeht: Diese Modifikation ändert nichts an den Schlußfolgerungen.[40]

Simone de Beauvoir nimmt jedoch gleichzeitig mit der idealistischen psychologischen Erklärungsweise einen orthodoxen ökonomistischen Standpunkt ein. Dies führt zu einem ausgesprochenen Evolutionismus in ihrer Behandlung des Themas in Band I, und dadurch wird es eine retrospektive Schilderung in verschiedenen Formen der weiblichen Existenz in verschiedenen Gesellschaften zu allen Zeiten – hauptsächlich in bezug auf die Eigentumsverhältnisse und deren Auswirkung auf die Frauen. Außerdem fügt sie noch einige außerhistorische Themen hinzu – Mythen des ewig Weiblichen, Frauentypen aus allen Jahrhunderten, Behandlung von Frauen in der Literatur –, die die grundsätzliche Struktur ihrer Argumentation nicht verändern. Die Aussicht auf Befreiung der Frauen ist am Ende ganz losgelöst von jeglicher geschichtlicher Entwicklung.

So behandelt die klassische sozialistische Literatur das Problem der Existenzbedingungen der Frauen vorwiegend aus ökonomischer Sicht, es wird vor allem ihre untergeordnete Stellung innerhalb der Institutionen des Privateigentums betont. Ihre biologische Konstitution untermauert sowohl ihre Schwäche als Arbeitskraft als auch ihre Bedeutung für die Reproduktion. Simone de Beauvoirs Interpretation gibt beiden Faktoren eine psychologische Färbung, jedoch ist der Diskussionsrahmen evolutionär und scheitert merklich daran, eine überzeugende Zukunftsvision zu entwerfen, die über die bloße

Behauptung hinausginge, der Sozialismus würde die Befreiung der Frau als einen seiner konstitutiven Bestandteile mit sich bringen.

Kate Milletts Buch »Sexus und Herrschaft« ist ebenfalls mit einer sozialistischen Perspektive geschrieben worden. K. Millett sagt, daß der erste Teil ihres Buches der wichtigste sei, in dem sie eine Theorie des Patriarchats entwickelt hat: die Sexualpolitik, mit der die Männer ihre Macht aufbauen und die Kontrolle darüber aufrechterhalten. Im zweiten und dritten Teil beschäftigt sie sich dann mit der Geschichte der Sexualrevolution von 1830–1960, den Beiträgen der Psychoanalyse zu einer Theorie der Weiblichkeit, mit zwei Beispielen für eine staatliche Manipulation der Familie (nationalsozialistisches Deutschland und UdSSR), und im verhältnismäßig größten Teil des Buches setzt sie sich mit dem Frauenbild in der Literatur des 19. und 20. Jahrhunderts auseinander. Der Inhalt des Buches erscheint in dieser Aufzählung recht willkürlich zusammengestückelt, aber es zieht sich ein roter Faden durch das Buch, der uns klarmacht, daß dies nicht nur verschiedene Illustrationen einer Theorie des Patriarchats sind, sondern wesentliche Bestandteile der Weiterentwicklung dieser Theorie.

Millett weist nach, daß im Patriarchat das System männlicher Herrschaft und weiblicher Unterwerfung aufgebaut wird durch den Sozialisierungsprozeß, fortgeführt durch Ideologien und aufrechterhalten wird durch Institutionen. Millett erläutert die *Symptome* des patriarchalischen Systems und auf welche Art und Weise dieses System erfolgreich bestehen bleibt. Sie zeigt auf, daß Macht nicht Recht ist, aber dann, so würde ich zumindest behaupten, ist es auch nicht schon an sich politische Strategie. Es müßte vor allem untersucht werden, wo und wie das Patriarchat funktioniert, denn das sind ja zwei verschiedene Aspekte.

Wiederum läßt sich feststellen, daß die Art und Weise, wie männliche Vorherrschaft in unser Land eingedrungen ist, die verschiedenen Methoden ihrer Funktionsweise verschleiert.

K. Millett hat hier sehr wertvolle Arbeit geleistet, indem sie einige dieser Methoden aufgezeigt hat, aber wir alle müssen gemeinsam diese Einsichten und Erkenntnisse in einer Theorie zusammenfassen. Aus der offensichtlichen Menge (oder dem Durcheinander) unserer Erfahrungen müssen wir die Mechanismen herausschälen, die das Patriarchat als solches zum Funktionieren bringen, und dann müssen wir auch die gesamten Verbindungen dieser Mechanismen (oder Widersprüche) untereinander entschlüsseln. Ein schwacher Punkt an

Milletts Untersuchung ist meiner Meinung nach, daß sie, obwohl sie verschiedene Mechanismen heraustrennt und gesondert behandelt, keine durchgängige Verbindungslinie herstellt. Nach dem Lesen bleibt einem das Gefühl, daß alle einzelnen Faktoren irgendwie zufällig und willkürlich sind, und alle auch irgendwie gleichermaßen zur Aufrechterhaltung des Patriarchats beitragen; die Liste könnte demnach also beliebig fortgesetzt werden. Die Untersuchung ist nicht strukturiert. Für mich ist das nicht zufällig, sondern liegt an sich in der Vorstellung vom Patriarchat als einem politischen System. Erstens gibt es nicht so etwas wie ein *allgemeines* System. Das Patriarchat mag uns als universales System erscheinen, aber dabei wäre es wichtig, zu beachten, daß diese Universalität ein Teil der Ideologie ist, durch die das Patriarchat selbst aufrechterhalten wird, und außerdem sollte man noch sehen, daß das Patriarchat zwar gemeinsame Faktoren in verschiedenen politischen Systemen hat, aber daß diese gemeinsamen Faktoren in unterschiedlichen Kombinationen in den jeweiligen Bereichen auftreten. Jedes politische System ist immer ein spezifisches Aggregat. Dies sollte uns auch mißtrauisch machen gegenüber ideologischen Formulierungen (in diesem Falle Universalität), die uns das System anbietet als Grundlage unserer wissenschaftlichen Untersuchungen über eben dieses System. Ein weiteres Problem besteht darin, daß ein politisches System abhängig ist von einer spezifischen Produktionsweise: das Patriarchat ist zwar ein beständiges Merkmal, ist aber nicht *an sich* eine Produktionsweise; es ist zwar ein wesentlicher Teil jedes ökonomischen Systems, das aber vom Patriarchat nicht vorherrschend bestimmt ist, Kate Millett sieht das Patriarchat als Äquivalent zu einem Klassensystem, und damit entfernt sie sich von einer sozialistischen Analyse und nähert sich eher einer feministischen Theorie. Diese Verschmelzung ist insofern interessant, als das Buch nach der Entstehung der Frauenbewegung geschrieben worden ist.

Radikale Feministinnen *und* sozialistische Frauen in der Frauenbewegung haben gleichermaßen auf die Tatsache reagiert, daß die klassische sozialistische Theorie unzureichend und unvollständig ist. Auf dem Hintergrund der weitaus unfertigeren Praktiken der gegenwärtigen sozialistischen Gruppen ist die Frauenbewegung gegründet worden.

Sozialistische Praxis und Frauenemanzipation

In Amerika waren die Erfahrungen mit den vorangegangenen und auch mit den gegenwärtigen männlichen linken Gruppen (Schwarze und Weiße) ziemlich haarsträubend gewesen. Ähnlich ging es den Frauen der Pariser Gruppe, auch in Holland und England (wie oben beschrieben) und in den skandinavischen Ländern. Wo sozialistische Gruppen offenbar die Position der Frauen respektiert haben, hatte dieser Respekt sehr vieles von dem Paternalismus und der Mystifikation, die diesem Begriff in der kapitalistischen Gesellschaft anhaften. Genau wie in der gegenwärtigen Gesellschaft, in der es keinen Respekt gibt und die Erniedrigung seine Stelle einnimmt: die Frau und die Prostituierte.

Ellen Willis beschreibt die Konfrontation zwischen Frauen und Männern (Weiße) der Neuen Linken (Washington, 1969), die zu einer ersten Spaltung geführt hat. Es gab bereits eine Frauenbewegung – allerdings in einer unsicheren (oder unheiligen?) Allianz mit anderen revolutionären Gruppen. Aufgrund dieser Konfrontation ist der radikale Feminismus entstanden, als ein Teil der Bewegung, der nichts mit der kompromißlerischen und sexistischen Politik anderer radikaler Organisationen zu tun haben wollte und will. Anlaß der Konfrontation waren die Demonstrationen gegen den Amtsantritt Präsident Nixons. Es gab eine Gruppe von Frauen, die ihre Wählerkarten verbrennen wollten, um zu illustrieren, daß eine Wahl an der Unterdrückung der Frauen in Amerika nichts ändern würde.

Hier Ellen Willis' Eindrücke:

Mobe's Anzeige im »Guardian« fordert eine Beendigung des Krieges und Freiheit für das schwarze und spanische Volk: Frauenbefreiung wird nicht einmal erwähnt. Frauen in einer anderen Gruppe wollen Männer bitten, ebenfalls ihre Wählerkarten zu verbrennen. Offenbar haben die Männer diese Aktion als bloßen Protest gegen die Politik im Zusammenhang mit der Wahl aufgefaßt und nicht als spezifisch feministische Zurückweisung der Beschwichtigungspolitik mit dem Stimmzettel.

Ich kriege das komische Gefühl, daß wir eingemacht werden. Ob wir wohl die Möglichkeit bekommen, unser Anliegen vorzubringen? Oder sind wir nur dazu da, unsere Unterstützung für die bedeutsamen (d. h. männlich orientierten) Gruppen der Linken zu demonstrieren? Unsere Gruppe beschließt, dieses Problem anhand eines Redebeitrages aufzurollen, in dem der männliche Chauvinismus in der Bewegung angegriffen werden soll.

Dave Dellinger leitet die Kundgebung ein mit einer herzbewegenden öffentlichen Verurteilung des Krieges und des Rassismus.

»Und was ist mit den Frauen, du Schlaumeier!« rufe ich.

»Und, äh, eine spezielle Botschaft von der Frauenbewegung«, fügt er hinzu.

Unser Augenblick ist gekommen. M., von der Washington-Gruppe, steht auf, um etwas zu sagen. Das ist noch nicht unsere Protesterklärung gegen die Männer in der linken Bewegung (das wäre erst unser zweiter Tagesordnungspunkt gewesen), sondern recht harmlose radikale Rhetorik – außer daß die Frau sehr gut aussieht, die da über Frauen spricht. Die Männer drehen durch. »Schafft sie weg!« »Bringt sie von der Bühne runter und fickt sie!« Sie schreien, pöbeln und johlen und brechen in schallendes Gelächter aus bei unabsichtlich zweideutigen Ausdrücken wie »Wir müssen auf die Straßen gehen.« Als S. (Shulamith Firestone), die die New Yorker Gruppe repräsentiert, ans Mikro geht und verkündet, daß Frauen nicht mehr an sogenannten Revolutionen teilhaben werden, die nicht auch die Abschaffung der männlichen Privilegien beinhalten würden, hört sich das eher wie ein spontaner Wutausbruch an (und nicht wie eine absichtliche Erklärung der Politik der Frauenbewegung). Als wir zu der Sache mit den Wählerkarten kommen, zittere ich am ganzen Leib. Wenn sich diese Männer beim kleinsten Anlaß derart aufführen (eine Frauengruppe an der Universität von North Carolina wurde bei einer Demonstration von Männern angepinkelt), was müssen wir dann wohl von anderen erwarten? Inzwischen hat uns Dellinger dringend gebeten, die Bühne zu verlassen, es sei nur zu unserem Besten. Warum sagt er denn den Männern nicht, die Klappe zu halten?[41]

Und von Paris, in Vincennes, der Enklave der Mairevolutionäre: Wir gingen herum und teilten Flugblätter aus, insbesondere an Frauen. Eine Menge von etwa hundert Leuten folgte uns ständig; die meisten von ihnen waren sehr feindselig. Wir hatten mit beträchtlichem Widerstand der Männer gerechnet, hatten sogar Angst davor; aber auf so abscheuliche Ausschreitungen waren wir nicht gefaßt gewesen. Da beschimpften uns Männer aus der Bewegung mit »Lesben«, »Macht mal'n Strip«, »Ihr gehört mal ordentlich durchgefickt...«[42]

Keine einzige linke Bewegung, ob Arbeiterklasse, Schwarze oder Studenten, könnte irgend etwas anführen, um diese Erfahrungen zu bestreiten.[43] Der radikale Feminismus – die Überzeugung, daß die Unterdrückung der Frauen *primär* ist und vor allen anderen Unterdrückungsformen bestanden hat – wurde als Phönix aus der Asche dieser Art von Sozialismus geboren. Wenn der Sozialismus seine Stellung als *die* revolutionäre Politik wiedergewinnen will (zusätzlich zu der wissenschaftlichen Analyse, die er vom kapitalistischen System geliefert hat), dann müssen da etliche Sünden, die an Frauen begangen worden sind, wiedergutgemacht werden, auch die, daß Frauen in der sozialistischen Theorie keinen adäquaten Platz zugewiesen bekommen haben. Viele Frauengruppen haben sich weiterhin auf einen marxistischen Sozialismus festgelegt, und sie planen, eine Theorie zu ergänzen, die in der Analyse des Kapitalismus schon so weit fortgeschritten ist, daß sie die Bedingungen für eine Revolution in feudalen, auch imperialistischen Ländern mit einschließt und von daher möglicherweise Erkenntnisse bringen kann über alle Formen der Unterdrückung, einschließlich der der Frauen, deren Unterdrükkung bis heute sämtliche Veränderungen in der Produktionsweise überdauert hat. Die radikalen Feministinnen und die sozialistischen Frauengruppen haben trotz ihrer grundlegend verschiedenen Analysen eine gemeinsame revolutionäre Strategie und Politik, und dies beinhaltet viele gemeinsame grundlegende Konzeptionen.

Feminismus

Der Feminismus verbindet die Frauen auf der Ebene ihrer totalen Unterdrückung – er ist allumfassend (vgl. Black Power und »Totalismus«). Die Strategie des Feminismus wird dieser Tatsache gerecht: er ist ein totaler Angriff. Unterstützt wird dies durch die Theorie: die erste Arbeitsteilung war gleichbedeutend mit der Herausbildung des Schemas Unterdrücker und Unterdrückte – die erste Arbeitsteilung war die zwischen Mann und Frau. Und diese erste Herrschaftsform muß als erstes abgeschafft werden. Das ist poetische Gerechtigkeit: was hat das für politische Konsequenzen?

Shulamith Firestones Buch »Frauenbefreiung und sexuelle Revolution« brachte eine bis heute umfassendste Theorie. Die radikalen Feministinnen sind der Auffassung, daß die Mängel in der marxistischen Analyse der Unterdrückung der Frau nicht daran liegen, daß sie unvollständig und unzureichend ist (wie die marxistischen Frauen glauben), sondern in der Theorie selbst begründet sind. Ein Versagen ist demnach von vornherein gegeben und liegt nicht an einer ungenügenden Beachtung des Problems.

> ... Wir müssen statt dessen den historischen Materialismus erweitern, um den orthodoxen Marxismus mit einschließen zu können, genauso wie die physikalische Relativitätstheorie die Physik Newtons nicht außer Kraft setzte, sondern sie einkreiste und dadurch ihre Gültigkeit auf einen kleineren Bereich begrenzte. Denn eine ökonomische Diagnose, die ausschließlich auf dem Besitz der Produktionsmittel, selbst der Reproduktionsmittel beruht, erklärt nicht alles. Es gibt eine Ebene der Realität, die nicht direkt von der Ökonomie abzuleiten ist.... Wir können den Versuch machen, eine materialistische Geschichtsbetrachtung zu entwickeln, deren Ausgangspunkt das Geschlecht selbst ist.[44]

Wie eine Amöbe würde der radikale Feminismus den Marxismus in sich aufnehmen. Die historische Grundlage ist nicht der ökonomische Determinismus der Klassen, sondern die natürliche Einteilung der Geschlechter, die dieser vorangegangen ist. Als Materialistin sieht Firestone natürlich die Bedeutung der objektiven Geschlechtsunterschiede völlig ein. Daher geht ihre Argumentation folgendermaßen weiter: Es gibt keinen Zweifel daran, daß Männer und Frauen unterschiedlich sind. Der ausschlaggebende Unterschied ist die Fähigkeit, Kinder zu gebären. Und dieser Unterschied wurde auf gesellschaftlicher Ebene ausgebeutet, um Frauen zu unterdrücken, aber es ist auch in sich selbst eine brutale, schmerzhafte Erfahrung. Von daher gesehen ist die Revolution nicht gegen eine spezifische historische Gesellschaftsform (z. B. den Kapitalismus) gerichtet, sondern gegen die Natur (und deren Niederschlag in der gesamten menschlichen Kultur):

> Feministinnen müssen nicht nur die gesamte *westliche* Kultur in Frage stellen, sondern die Kultur selbst, mehr noch: sogar die Natur. ... Für die feministische Revolution werden wir eine Analyse der Dynamik des Kampfes der Geschlechter entwickeln müssen, die genauso gründlich ist wie die Analyse des Klassenwiderspruchs von Marx und Engels für die ökonomische Revolution. Sogar noch eine vollständigere. Denn wir haben es mit einem weit größeren Problem zu tun, mit einer Unterdrückung, die über jede

Geschichtsschreibung hinausgeht, denn sie reicht sogar bis in das Tierreich.[45]

Da für die Abschaffung der ökonomischen Klassen eine Revolte der ökonomischen Unterklasse (des Proletariats) notwendig ist, so wird der Umsturz der sexuellen Klassen dementsprechend eine Revolte ihrer Unterklasse (der Frauen) erfordern. In beiden Fällen muß die Revolution darauf gerichtet sein, Unterschiede zu eliminieren und nicht einfach nur Privilegien zu erobern. Das wäre dann eine Ausweitung der materialistischen Analyse und eine Weiterführung der Konsequenzen einer Revolution:

> Ich habe also versucht, die Analyse der Entstehung von Klassen näher an ihre Wurzel – die biologische Verschiedenheit der Geschlechter – heranzuführen. Wir verwerfen nicht die Erkenntnisse der Sozialisten. Im Gegenteil, der radikale Feminismus erweitert ihre Analyse, verleiht ihr eine fundiertere Basis objektiver Bedingungen und kann dadurch viele ungeklärte Widersprüche erklären.[46]

Die materielle Basis für die Unterschiede zwischen den Geschlechtern ist die Reproduktion, und ein revolutionärer Weg zu der Aufhebung dieses Systems wäre die Fähigkeit des Menschen, es auf wissenschaftlichem Wege zu transzendieren. Die Wissenschaft erobert und bezwingt die Natur. Eine ökologische Revolution würde schließlich der biologischen Grundlage ein Ende setzen. Feminismus und die neue ökologische Technologie kommen dann zusammen, die beide entstanden sind aus den Widersprüchen in dem primitiven und unterdrückten Leben der Menschen, und zwar auf dem Hintergrund der Möglichkeiten ausgedehnter technologischer Verbesserungen. Beide sind auch entstanden, weil die Menschen nicht länger mit anhören wollen, was sie tun *könnten*, um den Himmel auf Erden zu haben, sondern sich genau dagegen zur Wehr setzen. Scheitern Feminismus und ökologische Revolution, so bedeutet das eigentlich nur, daß die Menschheit, in unwiderruflichem Konservatismus, die Hölle bevorzugt: chronische Überbevölkerung, Hungersnöte, elende harte Arbeit, Leid, Schwangerschaft, Krankheit ... Die feministische und ökologische Revolution in Angriff nehmen, hieße, durch Kybernetik und anderen technologischen Fortschritt würde die freudlose Arbeit überhaupt abgeschafft werden: die Fabrikarbeit und die Schwangerschaft.

Eine feministische Revolution könnte der entscheidende Faktor zur

Herstellung eines neuen ökologischen Gleichgewichts sein. Die Aufmerksamkeit wird auf die Bevölkerungsexplosion gelenkt, eine Verschiebung des Schwerpunkts von der Fortpflanzung auf die Verhütung findet statt, und die Forderungen, eine künstliche Fortpflanzung voll zu entwickeln, würden eine Alternative zur Unterdrückung innerhalb der biologischen Familie darstellen. Indem die Kybernetisierung die Beziehung des Menschen zur Arbeit und zum Lohn verändert, und indem sie die Aktivität von der Arbeit zum Spielverhalten (Aktivität um ihrer selbst willen) verschiebt, ermöglicht sie eine totale Neudefinition der Ökonomie, die auch die Familieneinheit mit ihrer ökonomischen Kapazität umschließt. Der doppelte Fluch, daß der Mann im Schweiße seines Angesichts die Erde pflügen und die Frau unter Schmerzen gebären soll, kann so von der Technologie aufgehoben werden. Zum erstenmal in der Geschichte ist ein wahrhaft menschenwürdiges Leben möglich.[47]

Radikaler Feminismus, die Revolution für die Befreiung der unterdrückten Mehrheit der gesamten Bevölkerung, würde Babys aus der Retorte, Babybanken, Big-Brother-Kontrolle aus der Beschränkung auf den Horror der »brave new world« und »1984« lösen und garantieren, daß eine menschliche und menschenwürdige Handhabung dieser künstlichen Fortpflanzung die Menschheit schließlich aus der Falle schmerzvoller Biologie befreien würde. Somit würde die Kultur letztendlich die Natur bezwingen und die endgültige Revolution wäre zustande gebracht.

Firestones Analyse führt uns zu einigen wertvollen Erkenntnissen und Einsichten, z. B. die Tatsache, daß Frauen *und* Kinder unterdrückt werden, und daß alle Kulturen eine bestimmte grundlegende Familienstruktur aufweisen, oder auch ihre Abhandlung der Psychologie der Unterdrückung. Hervorragend ist auch ihre scharfe Kritik an so manchen Mystifikationen, die die Frauen umgeben, und an der Schwangerschaft und dem Verliebtsein usw. Aber was ist mit der grundlegenden Prämisse? Die *Dialektik* der Geschlechter? Die Erweiterung des historischen Materialismus? Sicherlich ist es materialistisch, die marxistische Klassenanalyse mit der Spaltung in geschlechtsspezifische Klassen in Verbindung zu bringen, aber das macht es weder historisch noch dialektisch. In Wirklichkeit führt es uns zurück zu der dualistischen Auffassung, die der Entdeckung des dialektischen Materialismus vorangegangen war. Daß die zukünftige technologisch-ökologische Revolution die biologische und kulturelle Dualität – männlich/weiblich – transzendieren und harmonisieren würde, macht daraus keineswegs ein dialektisches Moment. Der dialektische Materialismus postuliert eine komplexe (nicht dualistische) Struktur, in der alle Elemente in Widerspruch zueinander stehen; zu einem gewissen Zeitpunkt können diese Widersprüche verschmelzen, aufbrechen und überwunden werden, aber die neue Verbindung wird wieder im Widerspruch stehen zu etwas anderem. Die menschliche Gesellschaft ist voller Widersprüche und wird es immer sein. Die komplexe Struktur kann niemals ein einfaches Ganzes werden, wie Firestone behauptet:

> Was wir in der nächsten Kulturrevolution erreichen werden, ist die Wieder-Vereinigung des Männlichen (technologischer Ansatz) mit dem Weiblichen (ästhetischer Ansatz) zur Schaffung einer androgynen Kultur, die die Höhen jeder getrennten kulturellen Entwicklung übertreffen wird oder sogar die Summe beider. Das ist mehr als eine Vermählung, eher eine Abschaffung der kulturellen Kategorien selbst, eine gegenseitige Aufhebung, eine Explosion von Materie und Antimaterie – ein lauter Knall wird das Ende der Kultur anzeigen.
>
> Wir werden ihr nicht nachtrauern. Wir werden sie nicht mehr brauchen, bis dahin wird die Menschheit die Materie transzendiert und ihre Träume in Wirklichkeit umgesetzt haben.[48]

Die Theorie ist ebensowenig historisch wie dialektisch. Es mag zutreffend sein, daß die Spaltung in geschlechtspezifische Klassen die erste Form von Unterdrückung war, und daß dies allen Unterdrükkungsformen zugrunde liegt; aber das ist nicht mehr als eine allgemeine, nicht spezifische Wahrheit und vereinfachter Materialismus. Im Grunde können wir sagen, daß es schon immer eine Klasse der Herren und eine Klasse der Knechte gegeben hat, es ist dann unerheblich, *wie* diese funktionieren, ob es sich um Feudalherren und Bauern, Kapitalisten und die Arbeiterklasse usw. handelt; es hat immer schon Klassen gegeben, wie es schon immer die beiden Geschlechter gegeben hat; welche Funktion haben sie innerhalb einer spezifischen Gesellschaft? Ohne Wissen und Erkenntnisse (historischer Materialismus) haben wir keine Möglichkeiten, sie zu überwinden. Einzig und allein Wissen und revolutionäres Handeln, das auf diesem Wissen basiert, entscheiden über das Schicksal der Technologie – in Richtung auf Freiheit oder 1984.

Der Marxismus ist nicht genügend weiterentwickelt worden, als daß neue wissenschaftliche Erkenntnisse hätten eingebaut werden können (beispielsweise Freud, den Sh. Firestone zu Recht so wichtig findet). Wenn wir eine Theorie finden, die die Unterdrückung der Frauen erklären würde, müßten wir wohl zwangsläufig einige von Marx selbst und von Marxisten gemachte Aussagen verwerfen – und zwar deswegen, *weil* wir die Methoden des marxistischen dialektischen Materialismus anwenden. Wie Lenin bereits feststellte, dürfen wir nicht Engels' Methoden dem wörtlichen Engels opfern.

> Engels sagt ausdrücklich: »Mit jeder epochemachenden Entdekkung schon auf naturwissenschaftlichem Gebiet« (geschweige denn auf dem der Geschichte der Menschheit) »muß er« (der Materialismus) »seine Form ändern.« (L. Feuerbach, S. 19 der dtsch. Ausgabe.) Eine Revision der »Form« des Engelsschen Materialismus, eine Revision seiner naturphilosophischen Sätze enthält folglich nicht nur nichts »Revisionistisches« im landläufigen Sinne des Wortes, sondern ist im Gegenteil eine unumgängliche Forderung des Marxismus.[49]

Die marxistische Methode muß nun so verändert und angewandt werden, daß die modernen wissenschaftlichen und technischen Entdeckungen und die neuen gesellschaftlichen und sozialen Kräfte wie z. B. der Feminismus mit einbezogen werden können, aber gleichzeitig müssen die historischen und dialektischen Ansätze gewahrt bleiben. Firestone hat diese beiden Aspekte vernachlässigt zugunsten einer dualistischen Basis und einer monistischen Lösung – das ist »Materialismus unten und Idealismus oben«.

Wohin gehen wir?

Die größte theoretische Auseinandersetzung in der Frauenbewegung wird in der Zukunft zwischen den Sozialistinnen und den Feministinnen, zwischen einer sozialistischen und einer radikalfeministischen Analyse stattfinden. Diese Auseinandersetzung ist ganz dringend notwendig. Der Konflikt ist eigentlich verfrüht, weil keine der Gruppen eine Theorie entwickelt hat. Die Praxis, eine Produktionsbedingung dieser Theorie, hat eben erst begonnen. Dies soll kein Argument dafür sein, unsere »Pferde zu zügeln« oder uns zurückzuhalten. Die Unreife einer Bewegung sollte niemals als Entschuldigung dienen, nicht voranzupreschen. Es ist eben genau unreif, wenn wir zögern und nicht weitergehen. Aber es *ist* auch tatsächlich ein Argument für die gleichzeitige Notwendigkeit eines radikalen feministischen Bewußtseins und der Ausarbeitung einer sozialistischen Analyse der Unterdrückung der Frauen.

Der Hauptgrund dafür, warum die Auseinandersetzung schon vorzeitig begonnen hat, ist in der Vorgeschichte der Frauenbewegung zu finden. Wesentlich verantwortlich dafür ist der Charakter der sozialistischen Gruppen in der westlichen Welt in den sechziger Jahren. Deren größere Flexibilität bei der Analyse neuer revolutionärer Gruppen – Farbige, Studenten und Jugendliche – fiel oft zwischen die beiden Stühle übereifriger und undifferenzierter Zuordnung dieser Gruppen zu dogmatischen sozialistischen Positionen, oder sie wurden außerhalb der Reichweite sozialistischer Theorie überhaupt entwickelt. Etwas Ähnliches geschieht in der Frauenbewegung. Wenn die radikalen Feministinnen den Sozialismus ablehnen, so ist das nur die Kehrseite der Medaille – wie der übereilige Spurt linker Frauen in den revolutionären Sozialismus, die schon immer am Rand gestanden sind, ohne einen Standort innerhalb zu haben – weder theoretisch noch praktisch. Die Forderung »Wir müssen das Verhältnis der Frauenbewegung zum Sozialismus verstehen« ist die Zwillingsschwester zu »Der Sozialismus hat uns nichts zu bieten«. Nicht unser Verhältnis zum Sozialismus sollte jemals im Vordergrund stehen, sondern die Art und Weise, wie wir den wissenschaftlichen Sozialismus gebrauchen können, um unsere spezifische Unterdrükkung und infolgedessen unsere revolutionäre Rolle zu analysieren. Eine solche Methode schließt meiner Meinung nach den radikalen Feminismus *und* früher entwickelte sozialistische Theorien mit ein.

Ein feministisches Bewußtsein ist das Material, mit dem wir für unsere Politik und Strategie arbeiten müssen, wenn wir weiterkommen wollen. Die Frauenbewegung ist in dem Stadium, in dem die Frauen ihren Instinkt bezüglich ihrer Unterdrückung als Frauen organisieren in Richtung auf ein Bewußtsein über dessen Tragweite und Bedeutung. Und es wird ein rationales Bewußtsein werden, wenn wir die objektiven Bedingungen verstehen lernen, die diese Unterdrückung bestimmen. Gegenwärtig existiert der wesentliche Teil des Instinktes gleichzeitig mit den Möglichkeiten der Transformation in ein rationales Bewußtsein. Der Instinkt manifestiert sich in allen

Protesten gegen jede Form der Unterdrückung – hier haben die spontanen BH-Verbrennungen, die Rauchbomben beim Miss-World-Wettbewerb, Beschreibungen der Misere der Hausarbeit und der Unterbewertung der Frauenarbeit ihren Platz, ebenso wie die Zerstörung der Maschinen und die Beschreibungen des »wirklichen Lebens« der Arbeiter im 19. Jahrhundert ihren Platz hatten bei der Bildung des Bewußtseins der Arbeiterklasse. Es ist, als ob wir plötzlich aus dem blauen Dunst der Mystifikation sehen würden, was uns angetan wird. Sozialistinnen in der Bewegung, die den feministischen Instinkt bekämpfen wollen, vergessen, daß sie mit leeren Händen gegen ihre eigenen angeblichen Waffen zu Felde ziehen werden. Wir müssen die Implikationen unserer Unterdrückung selbst erfahren.[50]

Jedoch an dem Punkt, an dem die Sozialistinnen die Analyse der Unterdrückung umgehen, um sich auf eine Theorie zu stürzen, die mit früheren sozialistischen Theorien übereinstimmt (eine solche Theorie ist zwangsläufig idealistisch), konstruieren die radikalen Feministinnen eine zu rigide Theorie aus dem feministischen Instinkt. Die Vorstellung von einer undifferenzierten männlichen Herrschaft von den Urzeiten bis zur Gegenwart gibt der Art und Weise, wie Unterdrückung normalerweise erfahren wird, einfach nur einen theoretischen Rahmen. Dies entspricht auch ungefähr dem Arbeiter, der den Unternehmer selbst als den einzigen Feind betrachtet, einfach weil dieser direkt verantwortlich zu sein scheint für die Ausbeutung, die das Individuum erfährt. Dies ist ein *Aspekt* der Unterdrückung oder auch der Ausbeutung und sollte nicht verkannt werden, sollte aber auch nicht für die gesamte Situation stehen. Andererseits drücken sich diejenigen, die der radikalfeministischen Analyse (die Männer sind die Unterdrücker) widersprechen, vor einem sehr wichtigen Aspekt der Unterdrückung, wenn sie einfach nur sagen: »Nein, es sind nicht die Männer, es ist das System . . .« Beides geht ganz klar ineinander über und hängt zusammen, und der feministische Instinkt liegt genau richtig, wo die überlegene Rolle, die die Männer spielen, als Teil der gesamten Unterdrückung erfahren wird.

Wir müssen dann meiner Meinung nach unser feministisches Bewußtsein weiterentwickeln und es gleichzeitig transformieren, indem wir eine wissenschaftliche, sozialistische Analyse unserer Unterdrückung entwickeln. Diese beiden Prozesse müssen gleichzeitig stattfinden – ein feministisches Bewußtsein wird nicht automatisch in Sozialismus münden, sollte auch nicht: beides existiert nebeneinanderher und muß gemeinsam ausgearbeitet werden. Wenn wir nur ein feministisches Bewußtsein weiterentwickeln (wie es die radikalen Feministinnen vorschlagen), werden wir kein politisches Bewußtsein erreichen, sondern das Äquivalent zum nationalen Chauvinismus in den Ländern der Dritten Welt oder zum Ökonomismus in den Organisationen der Arbeiterklasse; einfach nur eine nach innen gerichtete Sehweise, die sich nur auf die inneren Angelegenheiten eines Segments bezieht, nur das Eigeninteresse dieses Segments sieht. Politisches Bewußtsein reagiert auf *alle* Formen der Unterdrückung.

Wenn unsere sozialistischen Theorien andererseits unser feministisches Bewußtsein ignorieren, *können* sie unserer spezifischen Unterdrückung als Frauen *nicht* gerecht werden. Da die Vertreter dieser Theorien auf diesem Gebiet nicht gearbeitet haben, keine Erfahrungen haben, wird jede Theorie dort als idealistisch-bürgerliche Ideologie abgetan, da dies die herrschende Ideologie im Kapitalismus ist, und in diesem Falle werden sogar Erfahrungen und Analysen der Unterdrückung abgelehnt, die diese widerrufen würde.

Radikale Feministinnen und die Sozialistinnen in der Bewegung, die die Bedeutung feministischen Bewußtseins leugnen, stellen ihre jeweiligen Positionen als polare Gegensätze dar, aber einzeln betrachtet, enden beide am selben Punkt – sie unterliegen den wichtigsten Pfeilern bürgerlichen Gedankenguts: Empirismus und Idealismus. Der radikale Feminismus macht eine Theorie aus der konkreten Unterdrückungs*erfahrung*, und diejenigen, die ich als abstrakte Sozialisten bezeichnen würde, umgehen die spezifische Unterdrückung der Frauen und *idealisieren* die *Rolle* der Unterdrückten überhaupt.

Diese Auseinandersetzung erscheint sicherlich vielen, die mit der Bewegung nicht einverstanden sind, nicht nachvollziehbar, deswegen habe ich einige Argumente der beiden Positionen in tabellarischer Form zusammengestellt, um das Ganze etwas konkreter zu machen.

Radikalfeministische Position:	Abstrakte sozialistische Position:
Männer sind die Unterdrücker.	Männer sind nicht die Unterdrücker: es ist das System.
Alle Gesellschaftsformen waren und sind sexistisch.	Der Kapitalismus unterdrückt die Frauen.
Es fängt an mit einem psychologischen Machtkampf – den die Männer gewinnen.	Es fängt an mit dem Privateigentum.
Der Sozialismus hat uns nichts anzubieten.	Wir müssen unser Verhältnis zum Sozialismus entdecken.
In sozialistischen Ländern werden Frauen unterdrückt.	In sozialistischen Ländern sieht es nicht allzu rosig aus für Frauen – aber das liegt daran, daß die Frauenbefreiung nicht Teil des revolutionären Kampfes war.
Wir wollen, daß alle Frauen sich gegen die Männer und die männerbeherrschte Gesellschaft zusammenschließen.	Es ist unbedingt notwendig, die Männer von der Bedeutung unseres Kampfes zu überzeugen. Sie sind durch ihre Rolle auch unterdrückt.
Wir wollen die Frauen von der Unterdrückung durch die Männer befreien.	Alle Menschen sind im Kapitalismus entfremdet, wir wollen alle befreien, um ganze Menschen zu werden.

Beide Positionen sind möglicherweise zusammen richtig, jede für sich allein ist sicherlich falsch. Von daher gesehen ist die Auseinandersetzung verfrüht. Der radikale Feminismus geht aus von der Unterdrükkungserfahrung und fängt dann an, der ideologischen und psychologischen Unterdrückung der Frauen zu Leibe zu rücken. Der abstrakte Sozialismus weist auf die ökonomische Unterdrückung hin und, etwas abgedroschen, auf die Bedeutung der Beziehungen zwischen verschiedenen Gruppen und der Komplexität einer spezifischen Gesellschaft.

Wenn wir die Methoden des wissenschaftlichen Sozialismus auf unsere unterdrückte Situation anwenden würden, die der Feminismus bisher am weitestgehenden analysiert hat, dann könnte aus unserer Praxis wirklich eine Theorie entstehen.

Richtig ist, daß in den sozialistischen Ländern die Frauen bis heute immer noch diskriminiert werden – was kaum verwunderlich ist, wenn man die Vorgeschichte betrachtet. Wichtiger ist jedoch, daß die Unterdrückung der Frauen im kapitalistischen System angelegt ist – und das ist im sozialistischen System nicht der Fall. Wir müssen herausfinden, warum und wie unsere Unterdrückung als Frauen heute strukturell notwendig ist, um dann für die Überwindung dieses Systems kämpfen zu können. Da die Unterdrückung strukturell notwendig ist, wird dieser Kampf den Kampf aller Menschen, die vergleichbar und notwendigerweise unterdrückt sind, mit einschließen und Teil davon sein. Das soll nicht gleichbedeutend sein mit der allgemeinen Aussage, »alle Menschen sind im Kapitalismus entfremdet«, sondern es soll sich auf bestimmte Gruppen beziehen. Das Verhältnis zwischen diesen Gruppen ist entscheidend dafür, wie wir uns selbst verstehen – wir können unsere eigene Unterdrückung nicht isoliert von allem anderen begreifen.

Der Feminismus wäre dann also das Terrain, auf dem eine sozialistische Analyse zur Anwendung kommen könnte. Der Feminismus ist schon von der Definition her allen Frauen zugänglich, unabhängig von ihrer Klassenzugehörigkeit oder vorangegangenen politischen Positionen: im Feminismus geht es um Frauen und das Frausein. Für sich allein genommen kann er keine revolutionäre Theorie produzieren, ebensowenig wie das Bewußtsein der Arbeiter allein eine solche Theorie aufstellen könnte.

> Kann nun von einer selbständigen, von den Arbeitermassen im Verlauf ihrer Bewegung selbst ausgearbeiteten Ideologie keine Rede sein, so kann die Frage nur so stehen; bürgerliche oder sozialistische Ideologie. Ein Mittelding gibt es hier nicht (denn eine dritte Ideologie hat die Menschheit nicht geschaffen, wie es überhaupt in einer Gesellschaft, die von Klassengegensätzen zerfleischt wird, niemals eine außerhalb der Klassen oder über den Klassen stehende Ideologie geben kann). Darum bedeutet *jede* Herabminderung der sozialistischen Ideologie, *jedes Abschwenken* von ihr zugleich eine Stärkung der bürgerlichen Ideologie.[51]

Problematisch dabei ist, daß die Sozialistinnen die Feministinnen davon abbringen wollen, ihr feministisches Bewußtsein zu haben – sie sollen sich vielmehr einer Theorie der Arbeiterklasse verschreiben – die genausowenig existieren kann wie eine feministische Theorie. Alle Unterdrückten – Arbeiter oder Frauen beispielsweise – haben ihr eigenes Bewußtsein über ihre Unterdrückung, aber die Theorie, die sie propagieren, muß dann entweder die sein, die in der sie unterdrükkenden Gesellschaft vorherrscht (bürgerliche Ideologie), oder die, für die sie bewußt eintreten, um diese Gesellschaft zu stürzen (sozialistische Theorie). Das Bewußtsein dieser Gruppen über ihre eigene Unterdrückung bestimmt den Charakter dieser sozialistischen Theorie. Feministisches Bewußtsein wurde bisher inadäquat in die sozialistische Theorie aufgenommen, ebenso wie die Unterdrückung der Frauen bisher in sozialistischen Revolutionen inadäquat und unzureichend bekämpft worden ist.

Teil II: Die Unterdrückung der Frauen

Kapitel V: Die Lage der Frauen I

Der radikale Feminismus unternimmt den Versuch, das Problem der Analyse der Unterdrückung der Frauen zu lösen, indem es zu *dem* Problem gemacht wird. Das größte, erste und vorrangige Problem. Eine solche Theorie bleibt zwar in bezug auf unsere Erfahrungen deskriptiv, legt allerdings großes Gewicht auf die Bedeutung und das Ausmaß dieses Problems. Wir müßten eine Theorie erarbeiten, die zum einen umfassend genug ist, zum andern aber auch spezifisch sein kann. Wir müssen erkennen, *warum* Frauen schon immer unterdrückt wurden, und *wie* sie heute unterdrückt werden, und in welcher möglicherweise anderen Form anderswo. Entsprechend der Forderung der radikalen Feministinnen müssen wir uns mit einer Theorie der Unterdrückung aller Frauen beschäftigen, gleichzeitig jedoch dürfen wir die spezifischen historischen Gegebenheiten bei den allgemeinen Aussagen nicht außer acht lassen. Wir sollten die feministischen Fragen stellen, aber versuchen, ein paar marxistische Antworten zu finden.

Die Frauen sind in einer anderen Situation als alle anderen unterdrückten gesellschaftlichen Gruppen: sie sind die Hälfte der ganzen Menschheit. In mancher Hinsicht ist die Ausbeutung und die Unterdrückung der Frauen vergleichbar mit der Ausbeutung und Unterdrückung, der viele andere in unserer Gesellschaft ausgesetzt sind, beispielsweise die Arbeiterklasse, die schwarze Bevölkerung usw.... Wenn es keine Revolution in den Produktionsverhältnissen gibt, wird die Arbeitssituation die Lage der Frauen in der Männerwelt bestimmen. Die Frauen werden am Arbeitsplatz ausgebeutet und ins Haus verwiesen: ihre Unterdrückung wird von diesen beiden Faktoren bestimmt. Ihre Abhängigkeit in der Produktion wird verschleiert durch die angebliche Herrschaft in ihrer Sphäre – der Familie. Was ist die Familie? Und welche Funktionen erfüllt die Frau in der Familie? Wie die Frau selbst, erscheint die Familie als etwas Natürliches, aber sie ist in Wirklichkeit ein Produkt der Zivilisation. Die Form oder die Rolle der Familie ist genausowenig zwangsläufig und unvermeidbar wie der Charakter oder die Rolle der Frau. Die Funktion von Ideologie besteht nun darin, diese gegebenen, gesellschaftlich bedingten Gestalten als von der Natur erschaffen hinzustellen. Paradoxerweise können beide auch noch als Ideale verherrlicht werden. Die wahre Frau und die wahre Familie sind Zeichen für Frieden und Reichtum: in Wirklichkeit können beide Zeichen für Gewalt und Verzweiflung sein. Das offenbar Natürliche kann als attraktiver hingestellt werden als das mühsame Streben der Menschen nach Zivilisation und Kultur. Was Marx über die bürgerlichen Mythen der goldenen alten Welt schrieb, trifft auch ziemlich genau auf die Lage der Frauen zu:

> ...daher erscheint einerseits die kindische alte Welt als das Höhere. Andrerseits ist sie es in alledem, wo geschlossene Gestalt, Form und gegebne Begrenzung gesucht wird. Sie ist Befriedigung auf einem bornierten Standpunkt; während das Moderne unbefriedigt läßt, oder wo es in sich befriedigt erscheint, gemein ist.[52]

In der Ideologie von »der Frau« erscheint die Frau als undifferenziertes Ganzes – »eine Frau«, immer und ewig die gleiche. Vergleichbar damit ist die Auffassung von der Familie als einer Einheit, die über Zeit und Raum hinweg bestehen bleibt, es hat schon immer Familien gegeben... Innerhalb ihrer angeblich fortdauernden Struktur findet die »ewige Frau« ihren Platz. Soweit die Begriffe... Jede Analyse der Frau und der Familie muß dieses ideologische Konzept auflösen, das eine Fortdauer und auch die Vereinigung in ein monolithisches Ganzes beinhaltet, Mutter und Kind, die Stellung der Frau... ihre natürliche Bestimmung. Eine theoretische Analyse und revolutionäres Handeln müssen diese unvermeidliche und zwangsläufige Verbindung zerstören.

Vorangegangene sozialistische Theorien haben es versäumt, die Lage der Frau aufzulösen in getrennte, zum Teil voneinander unabhängige Strukturen, die zusammengenommen eine komplexe – nicht einheitliche – Ganzheit bilden. Wenn wir diese Differenzierung vornehmen, so heißt das, daß wir Engels Vorstellung, die Stellung der Frau könne abgeleitet werden von der Ökonomie, zurückweisen müssen, ebenso die Auffassung des frühen Marx, die Stellung der Frau könne symbolisch mit der Gesellschaft gleichgesetzt werden. Die Lage der Frau muß vielmehr gesehen werden als eine *spezifische* Struktur, die aus verschiedenen Elementen zusammengesetzt ist. Unterschiede in der Stellung der Frau im Laufe der Geschichte werden sich dann als Ergebnis verschiedener Kombinationen dieser Elemente herausstellen. Und so bekommen wir nicht eine lineare Schilderung der ökonomischen Entwicklung (Simone de Beauvoir), denn die Elemente werden auf verschiedene Weisen zu verschiedenen Zeiten verbunden sein. In einer komplexen Ganzheit hat jeder unabhängige Sektor seine eigene autonome Realität, obwohl jeder letztlich, aber nur letztlich bestimmt ist von den ökonomischen Verhältnissen. Die Widersprüche in einer Gesellschaft sind also immer eingebettet in die komplexe Ganzheit. Da sich jeder Sektor in einem anderen Tempo entwickeln kann, bedeutet die Synthese der verschiedenen Zeitskalen in der gesamten sozialen Struktur, daß sich die Widersprüche manchmal gegenseitig aufheben und manchmal verstärken. Weil die Gesamtheit der Existenzbedingungen der Frau zu einer bestimmten Zeit das Produkt mehrerer Strukturen ist, ist sie immer überdeterminiert.[53]

Die Schlüsselstrukturen der Stellung der Frau können wie folgt aufgeführt werden: Produktion, Reproduktion, Sexualität und die Sozialisierung der Kinder. Die konkrete Kombination all dieser Strukturen ergibt die komplexe Einheit ihrer Stellung; aber jede einzelne Struktur kann einen unterschiedlichen Reifepunkt zu irgendeinem Zeitpunkt in der Geschichte haben. Infolgedessen muß jede Struktur getrennt untersucht werden, um herauszufinden, wie die gegenwärtige Einheit aussieht und wie sie verändert werden könnte. Die nun folgende Erörterung soll keine historische Darstellung jedes einzelnen Sektors sein. Sie befaßt sich lediglich mit einigen allgemeinen Überlegungen über die verschiedenen Rollen der Frau und deren Verbindungen untereinander.

1. Produktion

Die biologische Unterteilung der Geschlechter in männlich und weiblich und die darauf begründete Arbeitsteilung sind zu allen Zeiten als miteinander verkettete Notwendigkeit aufgefaßt worden. Die Physiologie der anatomisch kleineren und schwächeren Frau und die Veränderung in ihrer psychobiologischen Konstitution lassen sie als weniger brauchbare Arbeitskraft erscheinen. Es wird ständig betont, wie – besonders in den frühen Stadien gesellschaftlicher Entwicklung –

die körperliche Überlegenheit des Mannes ihm die Mittel zur Unterwerfung der Natur gab, während der Frau dies versagt blieb. Als der Frau dann niedrige Dienste im Bereich der Selbsterhaltung übertragen worden waren, dem Mann aber die kämpferischen und schöpferischen Aufgaben, wurde sie zu einem Aspekt der zu bewahrenden Dinge, nämlich Privateigentum und Kinder. Alle großen sozialistischen Schriftsteller, die dieses Thema behandelt haben – Marx, Engels, Bebel, De Beauvoir – bringen die Festigung und Fortsetzung der Frauenunterdrückung mit der Einführung des Privateigentums in Verbindung, nachdem die körperliche Unterlegenheit der Frau bei der harten manuellen Arbeit fester Tatbestand geworden war. Aber die körperliche Schwäche der Frau hat sic nicmals von der Arbeit als solcher abgehalten (ganz abgesehen von der Kindererziehung) – nur von bestimmten Arbeiten in ganz bestimmten Gesellschaftsformen. Das Ausmaß der Arbeit, die von Frauen in primitiven, antiken, orientalischen, mitteralterlichen und kapitalistischen Gesellschaften verrichtet wurde, war immer beachtlich (gewöhnlich weit mehr als dies). Nur die Form dieser Arbeit steht zur Debatte. Der Aufwand an Hausarbeit ist – nach dem Maßstab für produktive Arbeit – auch heute noch enorm groß.[54] In Schweden wurde errechnet, daß Frauen 2340 Millionen Stunden für Hausarbeit aufwenden, verglichen mit 1290 Millionen in der Industrie. Die Chase Manhattan Bank schätzte die Gesamtstundenzahl der Frauenarbeit pro Woche auf durchschnittlich 99,6 Stunden. Jedenfalls hat der Körperbau der Frau sie zu keiner Zeit an ausschließlich oder auch nur vorwiegend niedrige und leichte Hausarbeit verwiesen. In vielen Agrargesellschaften haben die Frauen ebensoviel wie die Männer, oder mehr als sie, auf den Feldern gearbeitet.

Körperliche Schwäche und Unterdrückung

Die meisten sozialistischen Analysen gehen von der Annahme aus, daß der wesentliche entwicklungsgeschichtliche Faktor für die Unterordnung der Frau ihre geringere Fähigkeit sei, schwere körperliche Arbeit auszuüben. Faktisch ist dies jedoch eine ziemlich grobe Vereinfachung. Sogar innerhalb dieses begrifflichen Rahmens erweist eine historische Betrachtung, daß die Unterordnung der Frau in gleicher Weise durch ihre geringere Fähigkeit zur Gewaltausübung wie durch Arbeit bestimmt wurde. In den meisten Gesellschaftsformen war die Frau dem Mann nicht nur in schwerer körperlicher Arbeit unterlegen; sie war auch weniger kampftüchtig. Der Mann hat nicht nur die Kraft, sich im Kampf gegen die Natur zu behaupten, sondern auch gegen seine Artgenossen. Der gesellschaftliche Zwang hat die auf biologische Unterschiede begründete Arbeitsteilung in weit größerem Umfang, als gewöhnlich zugegeben wird, beeinflußt. Frauen wurden dazu *gezwungen,* Frauenarbeit zu verrichten. Dieser Zwang muß natürlich nicht die Form direkter Aggression annehmen. In primitiven Gesellschaften ist die körperliche Unterlegenheit der Frau für die Jagd anscheinend evident. In Agrargesellschaften, in denen die Minderwertigkeit der Frau gesellschaftlich institutionalisiert ist, wird ihnen die mühsame Arbeit der Landbestellung zugewiesen. Und das kann nicht ohne Zwang geschehen. In höher entwickelten Kulturen und komplexen Gesellschaften wird die körperliche Unterlegenheit der Frau wieder relevant. Es wird behauptet, Frauen seien weder für den Krieg noch für den Städtebau brauchbar. Mit dem Beginn der Industrialisierung jedoch kommt wieder Unterdrückung ins Spiel. Marx schrieb: »Sofern die Maschinerie Muskelkraft entbehrlich macht, wird sie zum Mittel, Arbeiter ohne Muskelkraft oder von unreifer Körperentwicklung, aber größerer Geschmeidigkeit der Glieder anzuwenden. Weiber- und Kinderarbeit war daher das erste Wort der kapitalistischen Anwendung der Maschinerie!«[55]

Reńe Dumont weist darauf hin, daß in vielen tropischen Gebieten Afrikas die Männer heute oft müßig sind, während die Frauen den ganzen Tag über arbeiten müssen. »Die afrikanische Frau ist in dreifacher Weise geknechtet: durch Zwangsheirat, durch Mitgift und Polygamie, die die Freizeit der Männer und dadurch deren soziales Prestige erhöhen; und schließlich durch die äußerst ungleiche Arbeitsteilung.«[56] Diese Ausbeutung hat keinerlei natürliche Ursache. Frauen nehmen ihre schweren Pflichten in heutigen Agrargesellschaften Afrikas nicht aus Furcht vor Strafe durch ihre Männer auf sich, sondern weil diese Pflichten Brauch und in der Rollenstruktur der Gesellschaft fest verankert sind. Weiterhin ist zu beachten, daß Unterdrückung ein anderes Verhältnis zwischen Unterdrücker und Unterdrücktem beinhaltet als Ausbeutung. Es ist eher politischer als ökonomischer Natur. Zur Erläuterung von Zwang sagte Marx, daß der Herr den Sklaven oder den Knecht als die »anorganische und natürliche Bedingung seiner eigenen Reproduktion« behandelte. Das heißt, die Arbeit selbst wird wie andere natürliche Dinge, Vieh oder Boden:

> ... die ursprünglichen Bedingungen der Produktion erscheinen als Naturvoraussetzungen, *natürliche Existenzbedingungen des Produzenten,* ganz so, wie sein lebendiger Leib, sosehr er ihn reproduziert und entwickelt, ursprünglich nicht gesetzt ist von ihm selbst, als die *Voraussetzung* seiner selbst erscheint; sein eigenes Dasein (leibliches) ist eine natürliche Voraussetzung, die er nicht gesetzt hat.[57]

Das trifft präzise auf die Situation der Frau zu. Denn, statt daß die körperliche Schwäche der Frau sie von produktiver Arbeit ferngehalten hätte, hat – im Gegenteil – ihre soziale Schwäche sie in diesen Fällen zum primären Sklaven derselben gemacht.

Diese Wahrheit wurde, obwohl sie von grundlegender Bedeutung ist, von den Sozialisten, die dieses Thema behandelt haben, doch ständig ignoriert, mit dem Ergebnis, daß sich in ihre Zukunftsprognosen ein ungerechtfertigter Optimismus einschleicht. Denn wenn die Unterordnung der Frau nur aus der mangelnden biologischen Eignung für die härteste körperliche Arbeit herrührt, dann würde doch die Aussicht auf eine fortgeschrittene maschinelle Technologie/Technik, die große physische Anstrengung überflüssig macht, aus eben diesem Grunde die Befreiung der Frau versprechen. Auf den ersten Blick erscheint daher die Industrialisierung selbst die Befreiung der Frau anzukündigen. Engels schrieb beispielsweise:

> Die Befreiung der Frau wird erst möglich, sobald diese auf großem gesellschaftlichem Maßstab an der Produktion sich beteiligen kann und die häusliche Arbeit sie nur noch in unbedeutendem Maß in Anspruch nimmt. Und dies ist erst möglich geworden durch die moderne große Industrie, die nicht nur Frauenarbeit auf großer Stufenleiter zuläßt, sondern förmlich nach ihr verlangt, und die auch die private Hausarbeit mehr und mehr in eine öffentliche Industrie aufzulösen strebt.[58]

Was Marx über die Anfänge der Industrialisierung schrieb, trifft auf eine automatisierte Gesellschaft genauso zu:

> Es ist klar, daß die Tatsache eines Arbeitskollektivs aus Individuen beiderlei Geschlechts und aller Altersstufen unter entsprechenden Bedingungen notwendig zu einer Quelle menschlicher Befreiung werden muß; in ihrer spontan entwickelten, brutalen, kapitalistischen Form, in der der Arbeiter für den Produktionsprozeß da ist und nicht der Produktionsprozeß für den Arbeiter, ist diese Tat-

sache allerdings eine schädliche Quelle der Korruption und Versklavung.[59]

Industrielle Arbeit und Automation könnten die Vorbedingungen für die Befreiung der Frau und auch des Mannes schaffen – aber auch nicht mehr als die Vorbedingungen. Es ist nur zu offensichtlich, daß der Beginn der Industrialisierung den Frauen weder im Westen noch im Osten in diesem Sinne Befreiung gebracht hat. De Beauvoir hoffte, daß die Automation eine entscheidende, qualitative Veränderung bringen würde, und daß die Konsequenzen des physischen Unterschieds zwischen den Geschlechtern völlig beseitigt wären. Aber jedes Vertrauen auf eine solche Veränderung schreibt der Technik eine historisch nicht gerechtfertigte unabhängige Rolle zu. Unter kapitalistischen Bedingungen würde die Automation wahrscheinlich zu einer ständig wachsenden strukturellen Arbeitslosigkeit führen, die die Frauen (und die ausländischen Arbeitnehmer) – das zeitlich späteste und am wenigsten integrierte und für die bürgerliche Gesellschaft ideologisch am ehesten entbehrliche Arbeitskräftereservoir – von der Produktion fast ausnahmslos wieder ausschließen würde. Die Technologie ist durch die gesamtgesellschaftliche Struktur vermittelt, und diese wird die zukünftigen Arbeitsverhältnisse für die Frau bestimmen. Diese Beziehung zwischen den gesellschaftlichen Kräften und der Technologie wird in Firestones »ökologischer« Revolution letztlich geleugnet.

Körperliche Unterlegenheit ist heute so wenig wie in der Vergangenheit eine zureichende Erklärung für die untergeordnete Stellung der Frau. Unterdrückung ist zu einer Ideologie gemildert worden, die von beiden Geschlechtern geteilt wird. Viola Klein bemerkt in einem Kommentar zu den Ergebnissen ihrer Befragung von Arbeiterinnen: »Es findet sich keine Spur weiblichen Gleichberechtigungsstrebens – militant – in irgendeiner der Antworten von Frauen bei unserer Befragung; es wird noch nicht einmal implizit angenommen, daß Frauen ein Recht auf Arbeit haben.«[60] Ob die Frau eine Rolle für sich in der Produktion ablehnt, oder ab ihr dies versagt wird, sie schafft jedenfalls nicht einmal die *Vor*bedingung ihrer Befreiung. Aber auch ihre Teilnahme am Produktionsprozeß wird die Unterdrückung in der Familie nicht abschaffen.

2. Reproduktion

Der Ausschluß der Frauen aus dem zentralen Sektor der Produktion hat historisch gesehen seine Ursache natürlich nicht nur in ihrer physischen Schwäche unter den Bedingungen, sondern auch in ihrer Rolle bei der Reproduktion. Mutterschaft macht einen periodischen Rückzug aus dem Produktionsprozeß notwendig; aber dies ist nicht entscheidend. Entscheidend ist vielmehr, daß die Rolle der Frau in der Reproduktion – zumindest in der kapitalistischen Gesellschaft – zum ideellen »Komplement« der männlichen Rolle in der Produktion geworden ist. Kinder gebären, aufziehen und das Haus bestellen – das ist, innerhalb dieser Ideologie, der Kern der natürlichen weiblichen Bestimmung. Dieser Glaube bezieht seine Stärke aus der scheinbaren Universalität der Familie als einer menschlichen Institution. Zweifellos haben die marxistischen Analysen das fundamentale Problem, das sich hier stellt, unterschätzt. Die absolute Unfähigkeit, der Forderung nach der Abschaffung der Familie einen operativen Inhalt zu geben, zeigt dies (wie auch die Leere des Begriffs) mit schlagender Deutlichkeit.

Die biologische Funktion der Mutterschaft ist eine universale, zeitunabhängige Tatsache, und als solche scheint sie mit den Kategorien einer marxistischen, historischen Analyse nicht erfaßbar zu sein. Aus ihr ergibt sich die Stabilität und Omnipräsenz der Familie, wenn auch in sehr verschiedenen Formen.[61] Sobald dies akzeptiert ist, scheint sich die gesellschaftliche Unterordnung der Frau – sei diese auch als sehr ehrenvolle, aber eben andere Rolle hervorgehoben (vgl. die Ideologie von der separaten Gleichheit rassistischer Südstaatler) – unweigerlich von selbst zu ergeben als ein *unüberwindliches* biohistorisches Faktum. Die Kausalkette lautet dann: Mutterschaft, Familie, Ausschluß aus der Produktion und dem öffentlichen Leben, sexuelle Ungleichheit.

Der entscheidende Punkt in dieser Argumentationskette ist die Familie. Die Vorstellung, daß Familie und Gesellschaft praktisch gemeinsam auftreten müssen, oder daß eine fortgeschrittene Gesellschaft, die nicht auf der Kleinfamilie basiert, heute undenkbar ist, trotz revolutionärer alternativer Ansätze, ist weit verbreitet. Sie kann ernsthaft nur unter der Fragestellung »Was ist Familie?« oder vielmehr »Welche Rolle spielt die Frau in der Familie?« diskutiert werden. Sobald dies geschehen ist, erscheint das Problem in einem ganz neuen Licht. Denn es ist klar, daß die Rolle der Frau in der primitiven, feudalen oder bürgerlichen Familie an drei ganz verschiedenen Strukturen (Reproduktion, Sexualität und Sozialisation der Kinder) beteiligt ist. Diese drei Funktionen sind nicht ihrem Wesen nach, sondern historisch in der heutigen Form der Familie miteinander verknüpft. Biologische Elternschaft ist nicht notwendig identisch mit sozialer Elternschaft (Adoption). Daher ist es notwendig, nicht die Familie als unanalysierte Einheit zum Diskussionsgegenstand zu machen, sondern die verschiedenen Strukturen, aus denen sie sich heute zusammensetzt, die jedoch morgen sich auflösen können und in neues Gesamtbild eingefügt werden könnten.

Reproduktion ist, so wurde behauptet, ein offensichtlich konstantes zeitunabhängiges Phänomen – eher ein Teil der Biologie als der Geschichte. Bei näherer Betrachtung erweist sich dies aber als Illusion. Wahr ist, daß der Modus der Reproduktion sich nicht mit dem Modus der Produktion verändert; er kann im Verlauf verschiedener Produktionsweisen effektiv derselbe bleiben. Denn er war bisher durch seinen unkontrollierbaren natürlichen Charakter bestimmt, und insofern ist es natürlich eine unmodifizierbare biologische Tatsache. Die Frauen waren, solange die Reproduktion ein natürliches Phänomen war, selbstverständlich das Opfer sozialer Ausbeutung. Jedenfalls konnten sie über einen großen Teil ihres Lebens nicht selbst bestimmen. Sie hatten nicht die Wahl, ob und wie sie Kinder zur Welt bringen wollten (abgesehen von zweifelhaften Empfängnisverhütungsmethoden oder wiederholten gefährlichen Abtreibungen); ihre Existenz war wesentlich biologischen Prozessen außerhalb ihrer Kontrolle unterworfen.

Empfängnisverhütung

Empfängnisverhütung – als rationale Technik erst im neunzehnten Jahrhundert erfunden – wurde somit zu einer historischen Neuerung von weltweiter Bedeutung. Erst heute lassen sich die ungeheuren Konsequenzen, z. B. bei der Einnahme der Pille, abschätzen. Denn die Empfängnisverhütung bedeutet, daß schließlich der Modus der Reproduktion potentiell verändert werden könnte. Sobald das Kindergebären absolut freiwillig wird (inwieweit ist das allerdings im Westen, auch heute, wirklich der Fall?), ändert sich seine Bedeutung ganz grundsätzlich. Es ist nicht mehr notwendigerweise die einzige oder eigentliche Bestimmung der Frau; es wird zu einer Wahlmöglichkeit unter vielen anderen.

Geschichte ist die fortschreitende Transformation der Natur durch den Menschen, und damit auch seiner selbst, seiner eigenen Natur, in den verschiedenen Formen der Produktion. Heute haben wir die technischen Möglichkeiten für die Transformation und Humanisierung der natürlichsten Teile menschlicher Kultur. Genau dies könnte die potentielle Veränderung des Reproduktionsmodus bedeuten.

Wir sind allerdings noch weit von diesem Punkt entfernt. In Frankreich und Italien ist der Verkauf jeder Form von Empfängnisverhütungsmitteln weiterhin illegal. Das orale Verhütungsmittel ist immer noch das Privileg einer begüterten Minorität in einigen westlichen Ländern. Sogar hier wurde der Fortschritt in einer typisch konservativen und ausbeuterischen Form realisiert. Die Pille wurde *nur für Frauen* entwickelt, die damit zu den Versuchskaninchen in einem Wagnis werden, das beide Geschlechter angeht.

Ganz besonders bedeutsam dabei ist, daß leicht zu beschaffende Verhütungsmittel sexuelle Erfahrungen von der Reproduktion zu trennen drohen – was die heutige bürgerliche Ideologie untrennbar zu machen versucht als die »raison d'être« der Familie.

Reproduktion und Produktion

Reproduktion ist gegenwärtig in unserer Gesellschaft oft eine traurige Nachahmung der Produktion. In einer kapitalistischen Gesellschaft ist die Arbeit entfremdet durch die Produktion eines sozialen Gutes, das vom Kapital konfisziert wird. Aber sie kann trotzdem manchmal zu einem echten, zweck- und verantwortungsvollen, schöpferischen Akt werden, sogar unter den Bedingungen schlimmster Ausbeutung. Die Mutterschaft ist oft eine Karikatur davon. Das biologische Produkt, das Kind, wird wie ein solides Arbeitsprodukt behandelt. Elternschaft wird zu einem Ersatz für Arbeit, zu einer Tätigkeit, bei der das Kind als Objekt erscheint, das von der Mutter in der gleichen Weise geschaffen wird, wie Güter von einem Arbeiter produziert werden. Die Entfremdung der Mutter kann, obwohl das Kind nicht buchstäblich entfliehen wird, weit schlimmer sein als die des Arbeiters, dessen Produkt sich der Arbeitgeber aneignet. Als autonome Person bedroht das Kind unweigerlich die Tätigkeit, die es kontinuierlich als einen bloßen *Besitz* der Eltern zu schaffen beansprucht. Besitzgüter werden als Erweiterung des Ichs empfunden. Für das Kind als Ich gilt das in ganz besonderem Maße. Alles, was das Kind tut, ist daher eine Bedrohung für seine Mutter, die ihre Autonomie aufgrund dieser falschen Konzeption ihrer reproduktiven Rolle aufgegeben hat. Man kann sein Leben wohl kaum auf ein noch riskanteres Unternehmen gründen.

Hinzu kommt noch, daß, selbst wenn die Frau emotionale Kontrolle über ihr Verhältnis zum Kind hat, sie und das Kind rechtlich und ökonomisch vom Vater abhängig sind. Dem Mutterschaftskult der Gesellschaft entspricht die reale sozioökonomische Machtlosigkeit der Mutter. Die psychologischen und materiellen Vorteile, die die Männer daraus ziehen, sind offensichtlich. Das Gegenstück für das Streben der Frau nach schöpferischer Tätigkeit im Kind ist der Rückzug der Männer aus ihrer Arbeit in die Familie: »Wenn wir nach Hause kommen, legen wir unsere Maske ab und lassen das Handwerkszeug fallen; wir sind nicht mehr Rechtsanwälte, Matrosen, Soldaten, Staatsmänner oder Pfarrer, sondern nichts als Männer. Wir fallen zurück in unsere menschlichsten Beziehungen, die letztlich alles ausmachen, was zu uns gehört, wenn wir wir selbst sind.«[62]

Im Unterschied zu ihrem nichtproduktiven Status *ist* die Fähigkeit zur Mutterschaft eine Definition der Frau. Aber eben nur eine physiologische Definition. Solange Mutterschaft ein Ersatz für aktives und kreatives Handeln bleibt und das Heim eine Erholungsstätte für den Mann, werden die Frauen auf ihre Gattung, ihre universale und natürliche Bedingtheit beschränkt bleiben.

3. *Sexualität*

Die Sexualität war traditionsgemäß der am meisten tabuisierte Bereich bei der Diskussion um die Frauen gewesen. Die Bedeutung der sexuellen Freiheit und ihr Zusammenhang mit der Freiheit der Frau stellt ein besonders schwieriges Thema dar, und nur wenige sozialistische Schriftsteller haben sich nicht gescheut, dieses Thema aufzugreifen. Für lange Zeit versperrte die sozialistische Moral in der Sowjetunion eine ernsthafte Diskussion des Themas innerhalb der kommunistischen Bewegung. Marx selbst, der in dieser Hinsicht weniger liberal als Engels war, hat darüber in seinen jüngeren Jahren traditionelle Ansichten geäußert:

> ... die Sanktifizierung des sexuellen Instinkts durch Ausschließlichkeit, die Steuerung des Instinkts durch Gesetze, die moralische Schönheit, die das Diktat der Natur zu einer emotionalen Bindung idealisiert – das ist das geistige Wesen der Ehe.[63]

Nun ist aber ganz offensichtlich, daß im gesamten Verlauf der Geschichte Frauen als Sexualobjekte wie auch als Gebärerinnen oder Produzenten fungierten. Tatsächlich kann die sexuelle Beziehung dem Besitzstatus viel besser und vollständiger zugeordnet werden als die produktive oder reproduktive Funktion. Das zeitgenössische Sexvokabular bezeugt dies ganz deutlich – es ist ein umfassendes Lexikon der Verdinglichung – »Biene, Puppe, Schnalle«.

In späteren Jahren war sich Marx dessen bewußt, als er schrieb, daß die Ehe unbestreitbar eine Form exklusiven Privateigentums sei. Aber weder er noch seine Nachfolger haben jemals die Implikationen, die darin für den Sozialismus oder auch nur für eine strukturelle Analyse der Situation der Frau enthalten sind, ernsthaft ins Auge zu fassen versucht. Kommunismus, so betonte Marx im selben Abschnitt, würde nicht die bloße Kommunalisierung der Frauen als Gemeinbesitz bedeuten. Darüber hinaus hat er sich nie gewagt.

An dieser Stelle möchte ich noch einige historische Betrachtungen anschließen. Da die Sozialisten nichts zu sagen hatten, wurde die Lücke von liberalen Ideologen gefüllt. In einem kürzlich erschienen Buch von Wayland Young, »Eros Denied«, wird dargelegt, daß die westliche Zivilisation, wie kaum eine andere Kultur zuvor, die Sexualität unterdrückt hat, und in einem Plädoyer für größere sexuelle Freiheit wird ein recht ausführlicher Vergleich mit orientalischen und antiken Gesellschaftsformen gezogen. Bezeichnend ist jedoch, daß dieses Buch nicht im geringsten auf die Stellung der Frauen in diesen Gesellschaftsformen oder auf die verschiedenen Formen des jeweils üblichen Ehevertrages Bezug nimmt. Dadurch wird die Argumentation eine gänzlich formale Angelegenheit – eine Umkehrung der sozialistischen Diskussion der Lage der Frauen, die das Problem der sexuellen Freiheit und seine Bedeutung ignoriert. Denn, obwohl einige orientalische oder antike (und insbesondere primitive) Kulturen in der Tat weit weniger puritanisch als unsere westlichen Gesellschaftsformen waren, so ist es doch absurd, dies als eine Art transponierbaren Wert in Abstraktion von seiner sozialen Struktur zu betrachten. In Wirklichkeit war die sexuelle Offenheit in vielen dieser Gesellschaftsformen von einer Form polygamer Ausbeutung begleitet, die diese in der Praxis zu einem Ausdruck männlicher Herrschaft machte. Da auch die Kunst zum Bereich des Mannes gehörte, findet diese Freiheit einen natürlichen und oft machtvollen Ausdruck in der Kunst – was oft als Beweis für den totalen Charakter menschlicher Beziehungen in der Gesellschaft zitiert wird. Nichts könnte irreführender sein. Anstelle solcher naiven historischen Exempel brauchen wir eine Aufstellung der Kovariation zwischen den Graden sexueller Freiheit und Offenheit und der Stellung und Würde der Frauen in verschiedenen Gesellschaftsformen.

Sexualität und die Stellung der Frau – Einige Beispiele aus der Geschichte

Einige Argumente sind unmittelbar einsichtig. Die wirkliche Geschichte ist viel dialektischer als jeder liberale Standpunkt sie darstellt. Rechtlich unbegrenzte Polygamie – die Sexualisierung der betreffenden Kultur spielt dabei keine Rolle – ist für die Frau offenbar ein totaler Verlust der Autonomie und bringt eine extreme Form der Unterdrückung mit sich. Am Beispiel des alten China kann dies gut illustriert werden. Der chinesische pater familias war »ein liturgischer (halb-offizieller) Polizist seiner Sippe«[64]. Die Einführung der Monogamie im Westen war jedoch in keiner Weise eine *absolute* Verbesserung. Sie hat sicherlich keine eins-zu-eins-Gleichheit hervorgebracht – weit entfernt davon. Engels kommentierte sehr richtig:

> So tritt die Einzelehe keineswegs ein in die Geschichte als die Versöhnung von Mann und Weib, noch viel weniger als ihre höchste Form. Im Gegenteil. Sie tritt auf als Unterjochung des einen Geschlechts durch das andre, als Proklamation eines bisher in der ganzen Vorgeschichte unbekannten Widerstreits der Geschlechter.[65]

In der Ära des Christentums jedoch nahm die Monogamie im Westen eine ganz spezifische Form an. Sie verband sich mit einer nie dagewesenen generellen Repression der Sexualität. In ihrer paulinischen Version hatte diese eine – vom Judentum vererbte – ausgesprochen antiweibliche Tendenz. Mit der Zeit verwischte sich das – trotz ihres späteren asketischen Rufs praktizierte die feudale Gesellschaft eine formale Monogamie, in der polygame Verhaltensweisen tatsächlich geduldet wurden, wenigstens innerhalb der herrschenden Klasse. Aber auch hier war das Ausmaß sexueller Freiheit wiederum nur ein Index männlicher Herrschaft. In England kam es im 16. Jahrhundert durch den Aufstieg des militanten Puritanismus und das Anwachsen von Marktbeziehungen in der Wirtschaft zu einem entscheidenden Wandel. Lawrence Stone bemerkte dazu:

> Der Adel des frühen sechzehnten Jahrhunderts war eine polygame Gesellschaft – zwar nicht in der Theorie, aber in der Praxis –, und einige verstanden es, mit einem Gefolge von Frauen zu leben, trotz des offiziellen Scheidungsverbots. ... Aber beeindruckt von der calvinistischen Kritik an der doppelten Moral, begann sich die öffentliche Meinung gegen das offizielle Halten von Mätressen zu wenden.[66]

Der Kapitalismus und die ihn begleitenden Forderungen eines aufsteigenden Bürgertums gaben der Frau einen neuen Status als Ehefrau und Mutter. Ihre legalen Rechte wurden verbessert, es kam zu einer heftigen Kontroverse über ihre gesellschaftliche Stellung; Frauen zu schlagen wurde verurteilt. »Der bürgerliche Mann sucht in der Frau nach einem Gegenpart, nicht nach seinesgleichen.«[67] An der gesellschaftlichen Peripherie erreichten die Frauen gelegentlich eine Gleichstellung, die über ihre Funktion in einer marktwirtschaftlichen Gesellschaft hinausging. In den extrem nonkonformistischen Sekten hatten die Frauen oft völlig gleiche Rechte: Fox, der führende Quäker, war der Ansicht, daß die »Erlösung« die »Gleichheit vor dem Sündenfall« wiederherstellen würde, und Quäker-Frauen gewannen somit eine wirkliche Autonomie. Aber mit der Institutionalisierung der meisten Sekten wurde wieder das Bedürfnis nach Familiendisziplin hervorgehoben und damit der Gehorsam der Frau. Wie Keith Thomas, ein Historiker, bemerkt, haben die Puritaner »etwas dafür getan, den Status der Frauen zu heben, aber eben nicht sehr viel«.[68] Das patriarchalische System wurde durch die neue Produktionsweise, den Kapitalismus, beibehalten und fortgesetzt. Der Übergang zu einer tatsächlichen und vollkommenen Monogamie begleitete den Übergang zur modernen bürgerlichen Gesellschaft, wie wir sie heute kennen. Wie das kapitalistische Marktsystem selbst stellte er einen historischen Fortschritt dar, für den viel bezahlt werden mußte. Die formalrechtliche Gleichheit der bürgerlichen Gesellschaft und die kapitalistische Rationalität wurden nun auf den Ehekontrakt ebenso angewendet wie auf den Arbeitsvertrag. In beiden Fällen wird durch die nominelle Parität die reale Ausbeutung und Ungleichheit verschleiert. Aber in beiden Fällen stellt die formale Gleichheit selbst einen gewissen Fortschritt dar, der weitere Schritte möglich machen kann.

Sexualität und die Lage der Frauen heute

Die heutige Situation wird durch einen neuen Widerspruch bestimmt: Wenn eine formale eheliche Gleichheit (Monogamie) hergestellt ist, wird sexuelle Freiheit als solche – unter polygamen Bedingungen gewöhnlich eine Form der Ausbeutung – umgekehrt zu einem möglichen Motor der Befreiung. Sie bedeutet dann ganz einfach die Freiheit für beide Geschlechter, die Grenzen bestehender sexueller Institutionen zu transzendieren.

Die historische Betrachtung zeigt demnach eine dialektische Bewegung auf, in der Sexualität geopfert wurde in einer Epoche mehr oder weniger puritanischer Repression, die dafür eine größere Parität der sexuellen Rolle hervorbrachte, was seinerseits die Vorbedingungen für eine echte sexuelle Befreiung schuf – in der Doppelbedeutung von Gleichheit *und* Freiheit, durch deren Einheit sich der Sozialismus bestimmt.

Liebe und Ehe

Diese Bewegung kann im Rahmen der Geschichte des Gefühls verifiziert werden. Der Kult der *Liebe* kam erst im 12. Jahrhundert auf, und zwar in Opposition zu den legalen Eheformen und mit einer höheren Wertschätzung der Frauen (höfische Liebe). Danach wurde dieser Begriff allmählich erweitert und der Ehe als solcher zugeordnet; und das wurde dann absurd, nämlich eine *freie* Wahl für das *Leben*. Erstaunlich ist hier, daß im Westen die Monogamie als Institution den Begriff der Liebe um mehrere Jahrhunderte antizipiert hat. Beide (Monogamie und Liebe) wurden in der Folgezeit harmonisiert, jedoch konnte die Spannung zwischen ihnen nie abgebaut werden. Es besteht ein formaler Widerspruch zwischen dem willkürlich planbaren Vertragscharakter der Ehe und dem unkontrollierbaren, spontanen Charakter der Liebe – der Leidenschaft, die eben aufgrund ihrer nicht willkürlich steuerbaren Kraft gefeiert wird. Die Vorstellung, daß Liebe sich nur einmal im Leben ereignet und daher in einen Vertrag integriert werden kann, verliert im Licht der alltäglichen Erfahrung an Plausibilität – vorausgesetzt, das psychoideologische System der Sexualunterdrückung ist bereits geschwächt.

Die wichtigste Einbruchstelle in das traditionelle Wertsystem war offenbar das Ansteigen der vorehelichen Sexualerfahrung. Dies ist praktisch in der heutigen Gesellschaft legitimiert. Aber die Konsequenzen daraus sprengen die ideologische Konzeption der Ehe als einer ausschließlichen und dauerhaften Bindung. In einer amerikanischen Anthologie »The Family and the Sexual Revolution« wird dies sehr deutlich ausgesprochen:

> Die Antisexualisten kämpfen immer noch gegen außereheliche Beziehungen; aber sie werden wohl verlieren. Der eigentliche Kernpunkt der jüdisch-christlichen Sexualethik ist das Gebot für Mann und Frau, bis zur Ehe keusch zu bleiben und danach vollkommen treu zu sein. In bezug auf die voreheliche Keuschheit hat diese Ethik offenbar keine Überlebenschance; sie wird für weite Teile der Bevölkerung in wachsendem Maße bedeutungslos.[69]

Die gegenwärtige Welle sexueller Liberalisierung könnte sich unter den heutigen Bedingungen positiv auswirken auf die Freiheit und Unabhängigkeit der Frauen. Sie könnte jedoch gleichzeitig zu neuen Unterdrückungsmechanismen führen. Der puritanisch-bürgerliche Begriff von der Frau als einem Gegenpart (nicht gleichwertig) hat die *Vorbedingung* für eine Emanzipation geschaffen. Aber die rechtliche Gleichstellung der Geschlechter wurde mit größerer Repression bezahlt. In der Folgezeit wurde daraus – wie aus dem Privateigentum selbst – ein Hindernis für die weitere Entwicklung einer freien Sexualität. Die kapitalistischen Marktverhältnisse waren eine historische Vorbedingung für den Sozialismus; bürgerliche Eheverhältnisse könnten ebenfalls (im Gegensatz zu der Denunziation im Kommunistischen Manifest) eine Vorbedingung für die Befreiung der Frau sein.

4. Sozialisation

Das biologische Schicksal der Frau als Mutter wird in ihrer Rolle als Sozialisator der Kinder zu einer kulturellen Berufung. Durch die Kindererziehung erhält die Frau ihre wichtigste soziale Bestimmung. Ihre Eignung für die Sozialisation kommt von ihrer physiologischen Konstitution: ihre Fähigkeit zu stillen und ihre gelegentliche relative Unfähigkeit, schwere Arbeitslasten auf sich zu nehmen. Dabei muß von Anfang an klargestellt werden, daß Eignung nicht gleich Unvermeidbarkeit ist. Mehrere Anthropologen haben dies klargestellt.

Lévi-Strauss schreibt:

> In jeder menschlichen Gruppe sind es die Frauen, die die Kinder gebären und versorgen, und die Männer spezialisieren sich eher auf Jagd und kriegsähnliche Betätigungen. Aber sogar dort finden wir mehrdeutige Fälle: natürlich werden die Babies niemals von Männern geboren, aber in vielen Gesellschaften ... läßt man sie so tun, als sei dies der Fall.[70]

Evans-Pritchards Darstellung des Nuer-Stammes beschreibt eine solche Situation. Margaret Mead kommentiert das Wunschdenken in der angeblich *natürlichen* Korrelation von Weiblichkeit und Fürsorge:

> Weil der Wunsch, ihr Kind zu versorgen, für eine Mutter zweckmäßig ist, nehmen wir an, daß Fürsorglichkeit eine Eigenschaft ist, mit der die Frauen durch einen umsichtigen teleologischen Evolutionsprozeß großzügiger ausgestattet worden sind als die Männer. Und weil die Männer auf die Jagd gingen und dies Unternehmungsgeist, Mut und Initiative verlangt, haben wir angenommen, daß den Männern diese nützlichen Eigenschaften als Teil ihrer Geschlechtsveranlagung zukommen.[71]

Die kulturelle Rollenzuweisung in bezug auf die Kindererziehung – und die Grenzen ihrer Variationsmöglichkeiten – soll hier nicht ausführlicher erörtert werden. Viel wichtiger sind die Analyse des Sozialisationsprozesses selbst und die Anforderungen, die sich daraus ergeben.

Der Soziologe Talcott Parsons stellt in seiner detaillierten Analyse die Behauptung auf, daß es für ein Kind von wesentlicher Bedeutung sei, zwei Elternteile zu haben, einen, der die expressive Rolle, und einen, der die instrumentelle Rolle übernimmt.[72] Die Kleinfamilie dreht sich um die beiden Achsen der Generationshierarchie (Eltern und Kinder) einerseits und um die beiden Achsen der Elternrollen

(Mutter – expressiv, Vater – instrumentell). Die Rollenzuweisung ergibt sich aus der Fähigkeit der Mutter (bzw. der Unfähigkeit des Vaters), zu stillen. Parsons und seine Kollegen behaupten, in allen Gruppen, sogar in den von Evans-Pritchard und Mead beschriebenen primitiven Stämmen, spiele der Mann *im Verhältnis* zur Frau-Mutter die instrumentelle Rolle. In einer bestimmten Phase übernimmt die Mutter eine instrumentelle *und* expressive Rolle ihrem Kind *gegenüber*; und zwar in den ersten Jahren, in denen die Mutter Lob und Tadel, Liebe und Fürsorge gibt. Allerdings übernimmt danach der Vater oder sein Stellvertreter (in matrilinearen Gesellschaften der Bruder der Mutter) beide Rollen. In einer modernen Industriegesellschaft sind zwei Rollentypen ganz besonders wichtig: die Erwachsenenrolle in der Familie mit Nachkommenschaft und die Erwachsenenrolle im Arbeitsbereich außerhalb der Familie. Die Funktion der Familie als solcher spiegelt die Funktion der Frau in der Familie wider; sie ist vor allem expressiv. Die Person mit der integrativ-adaptiv-expressiven Rolle kann nicht ständig instrumentell-berufliche Funktionen ausüben, daher das fest verankerte Verbot der Frauenarbeit außer Haus. Parsons Analyse stellt die Rolle der Mutter als Sozialisator in der gegenwärtigen amerikanischen Gesellschaft exakt dar.[73] Er versäumt allerdings festzustellen, daß andere Aspekte und Modi der Sozialisation denkbar sind. Der Wert der Parsonsschen Arbeit liegt darin, daß er auf der zentralen Bedeutung der Sozialisation als eines für jede Gesellschaft konstitutiven Prozesses insistiert (kein Marxist hat eine vergleichbare Analyse geliefert). In seiner allgemeinen Schlußfolgerung stellt er fest:

> Die kompetenten Charakterpsychologen sind sich ohne qualitative Vorbehalte darin einig, daß trotz weitgehender Differenzen im Starrheitsgrad von Persönlichkeiten gewisse fundamentale Strukturen des Charakters schon in der Kindheit festgelegt werden (soweit sie nicht genetisch ererbt sind) und sich durch spätere Erfahrung nicht grundsätzlich ändern. Der genaue Grad, bis zu dem dies der Fall ist, oder die genaue Altersstufe, in der die Formbarkeit entscheidend nachläßt, stehen hier nicht zur Debatte. Es geht um die Feststellung der Tatsache, daß der Charakter in der Kindheit geformt wird und danach relativ stabil bleibt.[74]

Kindheit

Eine der großen Revolutionen in der modernen Psychologie war zweifellos die Entdeckung, daß der Kindheit eine ganz besondere Bedeutung zukommt, einer Zeit, die im Verlaufe des Lebens eines Individuums psychisch unverhältnismäßig bedeutsamer ist als chronologisch gesehen. Freud leitete diese Revolution ein mit seiner Arbeit über die kindliche Sexualität; Melanie Klein führte sie weiter mit ihrer Arbeit über das erste Lebensjahr eines Kindes. Demzufolge wissen wir heute besser als je zuvor, wie schwierig und kritisch der Übergang von der Geburt zur Kindheit für jeden ist. Das Schicksal der Erwachsenenpersönlichkeit wird weitgehend in den ersten Lebensmonaten entschieden. Die Vorbedingungen für spätere Stabilität und Integration erfordern außerordentliche Sorgfalt und Verständnis von seiten der Erwachsenen, die die Kinder erziehen, und darüber hinaus eine personelle Kontinuität über einen längeren Zeitraum hinweg.

Diese unbezweifelbaren Fortschritte im wissenschaftlichen Verständnis der Kindheit sind vielfach dafür benutzt worden, die Funktion der Frau als Mutter eindeutig festzulegen, und zwar zu einem Zeitpunkt, da sich die traditionelle Familie zunehmend aufzulösen scheint. Der Psychologe Bowlby hat in einer Untersuchung über evakuierte Kinder im Zweiten Weltkrieg erklärt: »Psychische Gesundheit hängt wesentlich davon ab, daß das Kind bis ins schulpflichtige Alter und länger eine warme, intime und kontinuierliche Beziehung zu seiner Mutter hat.«[75] Damit wurde eine ohnehin bereits vorhandene Tendenz verstärkt. Der Schwerpunkt der Familienideologie hat sich damit verlagert: von einer kultischen Verehrung der Mutterschaft als einer biologischen Qual (Schmerzen bei der Geburt machen das Kind kostbar usw.) zu einem Loblied auf die mütterliche Fürsorge als einem sozialen Akt. Das kann zu lächerlichen Extremen führen:

> Das Stillen wird für die Mutter zu einem Komplement des Schöpfungsaktes. Es gibt ihr ein Gefühl der Befriedigung und Erfüllung und läßt sie an einer Beziehung teilhaben, die der vollen Erfüllung so nahe kommt, wie es eine Frau nur hoffen kann. ... Der bloße Akt des Gebärens kann jedoch dieses Bedürfnis und diese Sehnsucht nicht selbst erfüllen. ... Mütterlichkeit ist eine Lebensform. Sie ermöglicht einer Frau, in den zärtlichen Gefühlen, der schützenden Haltung, der umfassenden Liebe der mütterlichen Frau ihr

ganzes Selbst auszudrücken.[76]

Die Tautologien, Mystifikationen und Absurditäten zeigen die Kluft zwischen Realität und Ideologie.

Familienstrukturen

Diese Ideologie entspricht in verzerrter Form einer wirklichen Veränderung der Familienstruktur. Da die Familie kleiner geworden ist, wurde das einzelne Kind immer wichtiger; der tatsächliche *Akt* der Reproduktion nimmt immer weniger Zeit in Anspruch, und der Prozeß der Sozialisation und täglichen Versorgung gewinnt in gleichem Maße an Bedeutung. In der gegenwärtigen Gesellschaft beschäftigt man sich sehr stark mit den physischen, moralischen und sexuellen Problemen in der Kindheit und Jugend. Der Mutter wird die Verantwortung dafür in letzter Instanz auferlegt. Auf diese Weise hat die mütterliche (reproduktive) Rolle der Mutter an Bedeutung verloren, während ihre Rolle als Sozialisator wichtiger geworden ist. Ende des neunzehnten Jahrhunderts verbrachte eine Mutter in England durchschnittlich 15 Jahre im Zustand der Schwangerschaft und des Stillens. In den sechziger Jahren dieses Jahrhunderts nur etwa vier Jahre. Die Schulpflicht vom fünften Lebensjahr an reduziert ganz beträchtlich die Funktionen der Mutter nach den ersten schwierigen Jahren, in denen die Kinder noch klein sind.

Die gegenwärtige Situation ist also dadurch gekennzeichnet, daß die qualitative Bedeutung der Sozialisation in den ersten Lebensjahren gegenüber früher um vieles zugenommen hat – während sich der (quantitative) Zeitaufwand der Mutter (mit Schwangerschaft und Kindererziehung) stark verringert hat. Daraus folgt, daß die Sozialisation nicht einfach nur zur neuen mütterlichen Berufung der Frau erhoben werden kann. Wenn sie mystifiziert wird, ist sie bereits ein Instrument der Unterdrückung. Darüber hinaus gibt es keinen Grund dafür, warum die biologische und die soziale Mutter in einer Person zusammentreffen sollten. Der Sozialisationsprozeß selbst ist invariabel, aber die Person des Sozialisators (die Bezugsperson) kann durchaus variieren. In Untersuchungen über kollektive Kindererziehung in Kibbuzim in Israel wurde festgestellt, daß Kinder, die von einer ausgebildeten Kinderschwester erzogen werden (obwohl sie normalerweise von der Mutter ernährt werden), nicht unter den

Auswirkungen typischer Elternängste zu leiden haben und somit in diesem System eindeutig gewinnen können. Diese Möglichkeit sollte nun wiederum nicht fetischisiert werden. Jean Baby, der über die Erziehung von Kindern nach dem vierten Lebensjahr spricht, geht so weit zu behaupten, daß eine »völlige Trennung unerläßlich sei, um die Freiheit des Kindes wie die der Mutter zu garantieren«[77]. Diese Untersuchung zeigt allerdings auch, daß sehr wohl andere Formen der Sozialisation möglich sind, die weder an die Kleinfamilie noch an die biologischen Eltern, insbesondere an die Mutter, gebunden sind.

Schlußfolgerung

Diese Überlegungen führen zu dem Schluß, daß die Befreiung der Frauen nur erreicht werden kann, wenn alle vier Bereiche oder Strukturen, in die sie integriert sind, verändert werden, nämlich Produktion, Reproduktion, Sexualität und Sozialisation. Eine Veränderung einer dieser Strukturen kann durch eine Verstärkung einer anderen in Gang gesetzt werden (so wie z. B. eine stärkere Beachtung der Kindererziehung u. a. verantwortlich dafür war, daß weniger Kinder in die Welt gesetzt wurden). Das bedeutet allerdings, daß sich lediglich die Form der Ausbeutung ändert. Die Geschichte der vergangenen sechzig Jahre liefert dafür genügend Beispiele. Der Kampf der Feministinnen in England und den USA zu Beginn des 20. Jahrhunderts hat die Arbeiterbewegung, was Gewalt und Stärke angeht, bei weitem übertroffen. Das Wahlrecht – ein politisches Recht – wurde schließlich erkämpft. Obwohl es sich einfach um eine Vervollständigung der formalrechtlichen Gleichheit in der bürgerlichen Gesellschaft handelte, brachte dieses Recht jedoch praktisch keine Veränderung der sozioökonomischen Situation der Frauen. Über das Wahlrecht hinaus war das Vermächtnis der Frauenbewegung gleich Null: Die Suffragetten waren zum großen Teil unfähig, über ihre anfänglichen Forderungen hinauszugehen, und viele ihrer führenden Persönlichkeiten wurden später extrem reaktionär. Die Erfahrungen aus der russischen Revolution unterscheiden sich davon erheblich. Die fortschrittliche sowjetische Sozialgesetzgebung in den zwanziger Jahren hat die Frauenbefreiung hauptsächlich im sexuellen Bereich in Angriff genommen: die Scheidung wurde freigegeben und trat auf Wunsch von einem der beiden Partner automatisch ein; damit wurde die Ehe praktisch liquidiert. Die Illegitimität wurde aufgehoben, Abtreibung war legal usw. Die sozialen und demographischen Auswirkungen dieser Gesetze in einer auf rasche Industrialisierung drängenden, rückständigen, z. T. analphabetischen Gesellschaft (die von daher gesehen eine hohe Geburtenrate brauchte) waren – voraussehbar – katastrophal.[78] Der Stalinismus brachte nach kurzer Zeit eine Restauration starrer traditioneller Normen. Das Erbschaftsrecht wurde wieder eingeführt, eine Ehescheidung war nicht mehr möglich, Abtreibungen waren illegal usw.

> Der Staat kann nicht ohne die Familie existieren. Die Ehe ist für den sozialistischen Sowjetstaat nur dann ein positiver Wert, wenn die Partner darin eine lebenslange Bindung sehen. Die sogenannte freie Liebe ist eine bürgerliche Erfindung und hat mit den Verhaltensprinzipien eines Sowjetbürgers nichts zu schaffen. Darüber hinaus gewinnt die Ehe ihren vollen Wert für den Staat erst dann, wenn Nachkommenschaft vorhanden ist und die Ehepartner das hohe Glück der Elternschaft erfahren.
> Aus dem offiziellen Organ des Justizkommissariats 1939.[79]

Die Frauen behielten das Recht und die Pflicht zu arbeiten, aber weil diese Fortschritte nicht in die früheren Versuche zur Abschaffung der Familie und zur sexuellen Emanzipation integriert worden waren, kam es zu keiner allgemeinen Befreiung der Frauen.

Im heutigen China werden wiederum andere Erfahrungen gemacht. Im jetzigen Stadium der Revolution wird das ganze Gewicht darauf gelegt, die Frauen in der *Produktion* zu befreien. Dies hat zu einem eindrucksvollen sozialen Aufstieg der Frauen geführt. Gleichzeitig aber scheint sich eine ungeheure Repression der Sexualität und ein rigoroser Puritanismus anzubahnen (ganz besonders stark im öffentlichen Leben). Dies entspricht nicht nur der Notwendigkeit, die Frauen massenhaft für den Wirtschaftssektor zu mobilisieren, sondern einer tiefgreifenden kulturellen Reaktion auf die Korruption und Prostitution im imperialen China und während der Kuomintang-Periode (ein Phänomen, für das es keinerlei vergleichbare Vorgänge im zaristischen Rußland gibt). Weil die Ausbeutung der Frauen im »Ancien Régime« so groß war, beteiligten sich ungeheuer viele Frauen, insbesondere aus den Dörfern, an der Revolution. Der russische Kult der Mutterschaft in den dreißiger und vierziger Jahren wurde aus demographischen Gründen nicht wiederholt: Tatsächlich könnte China eines der ersten Länder in der Welt sein, das die gesamte

Bevölkerung kostenlos mit staatlich autorisierten Verhütungsmitteln versorgt. Beim gegebenen niedrigen Stand der Industrialisierung und der Furcht, die die imperialistische Einkreisung hervorruft, können jedoch keine allumfassenden Fortschritte erwartet werden.

Möglicherweise kann nur in den hochentwickelten Gesellschaften des Westens heute eine echte Befreiung der Frauen in Angriff genommen werden. Aber damit dies geschieht, muß eine Veränderung aller Strukturen, in die die Frauen integriert sind, stattfinden, und alle Widersprüche müssen aufbrechen, explodieren – eine »unité de rupture«. Eine revolutionäre Bewegung muß ihre Analyse und Theorie auf die ungleiche Entwicklung dieser Strukturen gründen und das schwächste Glied in der Verbindungskette angreifen. Dies kann der Ausgangspunkt für eine allgemeine Transformation sein. Wie sehen die verschiedenen Strukturen und Bereiche heute aus? Wie sieht die konkrete Situation der Frauen in den oben genannten Bereichen aus?

Kapitel VI: Die Lage der Frauen II

Ich möchte die Lage der Frauen in England hier exemplarisch darstellen. Die vorangegangenen theoretischen Erwägungen waren sehr dicht und sind kaum mit Beispielen illustriert worden. Das nun folgende ist sowohl ein Tatsachen- als auch ein Erfahrungsbericht von berufstätigen Frauen (einschließlich des Erziehungs- und Bildungswesens) und Frauen, die zu Hause sind – ihre Rollen als Mütter, Ehefrauen und Kindererzieher, und ihre Erfahrungen mit Sexualität.

Hier noch einmal die vier Strukturen: Produktion, Reproduktion, Sozialisation und Sexualität. Dies kann, so hoffe ich, zur Illustration dienen.

Frauen in England

Produktion: Situation am Arbeitsplatz

Achtundsechzig Prozent der Bevölkerung in England zählen zur Arbeiterklasse. Dementsprechend gehört derselbe Prozentsatz von Frauen der Arbeiterklasse an; die meisten Frauen sind die Ehefrauen oder Töchter von Arbeitern, die zum größten Teil in der Produktion arbeiten. Allerdings wird dieses Bild etwas verzerrt dadurch, daß bei den Frauen in bezug auf die Eheschließung eine Tendenz zum sozialen Abstieg, in bezug auf die Erwerbstätigkeit aber eine Tendenz oder eine Möglichkeit zum sozialen Aufstieg festzustellen ist. Es gibt einen Marginalbereich, in dem Arbeiterfrauen in Sekretärinnen- und Büroberufe rutschen und in allgemein schlechtbezahlte Angestelltenberufe. Da treffen sie dann auf Frauen aus der Mittelschicht, für die diese Berufe normalerweise die einzigen Stellen sind, die sie bekommen können. Im Gegensatz zu Amerika oder der BRD war in England kein Anstieg der im Dienstleistungssektor arbeitenden Frauen zu verzeichnen. Die meisten Frauen sind als angelernte Arbeiterinnen oder als Hilfsarbeiterinnen in der Industrie beschäftigt, vorwiegend in der Nahrungsmittel-, Textil-, Bekleidungs- und Elektroindustrie, oder als Büroangestellte im Bereich der Wissenschaft und in sonstigen Wirtschaftsbereichen (z. B. Dienstleistungen).

Das Gesetz über gleichen Lohn bei gleicher Arbeit (engl.: Equal Pay Act) ist in Großbritannien 1970 in Kraft getreten. Es gibt ungefähr neun Millionen erwerbstätige Frauen, von denen zwölf Prozent gleichen Lohn bei gleicher Arbeit bekommen. Die Konzeption dieses Gesetzes ist jedoch höchst problematisch; es erhöht noch zusätzlich die Konkurrenz auf dem Arbeitsmarkt. Die Situation wird so dargestellt, als ob die Männer, die arbeiten gehen, die Frauen, die auch arbeiten, davon abhalten würden, gleichen Lohn zu bekommen. Etliche Frauen würden auf die Frage, ob sie gleiche Löhne haben wollten, höchstwahrscheinlich mit »nein« antworten! »Das wäre ja nicht fair, denn die Männer arbeiten ja viel schwerer, wir wollen ihnen doch von ihrem Lohn nichts *wegnehmen*, sie sind doch die Brotverdiener, wir Frauen arbeiten für Extras.« Und Männer würden in ähnlicher Weise antworten. Als ob Löhne an den Bedürfnissen der Menschen gemessen würden und nicht an den Profiten! Die sporadischen Bemühungen des Trade Union Congress (britischer Gewerkschaftsdachverband) und der einzelnen Gewerkschaften, dieses Gesetz zu unterstützen und der spalterischen Argumentation entgegenzuwirken, machen deutlich, daß es im Interesse aller Arbeiter ist, die Ausführung des Gesetzes zu forcieren und durchzusetzen, weil unter anderem gerade in Zeiten wirtschaftlicher Rezession und erzwungenen Überangebots an Arbeitskräften die Frauen ein billiges Arbeitskräftereservoir sind. Aber Frauen stellen nicht einfach diese Bedrohung bewußt her: sie sind ständig billige Arbeitskräfte. Fünfundneunzig Prozent der Frauen verrichten nur sogenannte Frauenarbeit. Wir wollen nicht gleichen Lohn, sondern mehr Lohn. Viel mehr: die Löhne der Frauen müßten praktisch verdoppelt werden, damit sie den landesüblichen Durchschnittslöhnen der Männer entsprechen.

Wenn das Gesetz über gleichen Lohn so dargestellt wird, als ob Frauen ein größeres Stück vom Kuchen der Männerlöhne erhalten sollten, so wird damit eigentlich nur eine durchgängige Position unterstrichen, die die gesamte Arbeiterklasse spaltet. Wenn es also irgendwo in der Industrie eine Lohnerhöhung gibt, so müßten, dem neuen Gesetz zufolge, die Löhne der Frauen entsprechend ebenfalls steigen. Es ist schon sehr viel verlangt, wenn man Männer und Frauen bittet, die Lohnforderungen der gesamten erwerbstätigen Bevölkerung niedrig zu halten, weil die zusätzlichen Prämien der Frauen von der geforderten Lohnerhöhung abgezogen werden müßten. Gerade weil die Frauen aufgefordert werden, für gleichen Lohn zu kämpfen –

und in 95 Prozent der Fälle gibt es gar keine Löhne, mit denen sie gleichgestellt werden könnten –, sehen sie sich in einer untergeordneten Rolle und warten darauf, die Männer einholen zu können. Und sie fordern keine Lohnerhöhungen, nur weil sie ihnen zustehen, und für die männliche Gewerkschaftsmitglieder schon seit langem gekämpft hätten. Im ganzen gesehen kann die Forderung nach gleichem Lohn weggesteckt werden als gesetzliche Klausel in der Lohnforderung überhaupt: sie ist keine Kampfparole.

Frauen, die mit Frauen zusammenarbeiten, Frauenarbeit verrichten, als billige Arbeitskräfte eingestellt werden, die ihren Lohn als zweitrangig betrachten, können zwar auf der sozialen, nicht aber auf der politischen Ebene Solidarität miteinander entwickeln. Ihre erste Sorge auf ökonomischem Gebiet (und damit auch politisch gesehen) gilt der Lohntüte des Ehemanns. Frauen werden bekanntlich immer als Streikbrecherinnen angesehen. Wenn dies allerdings der Fall sein sollte, ist es eigentlich nur allzu verständlich. Die Frauen können ihrerseits nicht streiken, weil ihre Arbeit sowieso nicht wichtig ist – ein Streik würde geradezu bestätigen, daß die Arbeit doch wichtig ist. Zudem haben die verheirateten Frauen normalerweise keine eigene Sozialversicherung, und da Frauen kaum in Gewerkschaften organisiert sind, können sie auch selten Streikgeld erhalten. Und, da sie von ihren Männern auch noch abhängig sind, können sie es sich nicht leisten, die Männer streiken zu lassen. Geschlechtsspezifische Arbeitsteilung (oder Arbeitsteilung in bezug auf die *Art* der Arbeit) bedeutet, daß Männer und Frauen sich nicht (als Arbeiter) aufeinander beziehen können: sie stehen in bezug zueinander als individuelle Paare, abhängig voneinander, und daher stellen sie Ansprüche an den jeweiligen Partner, nicht an den Arbeitgeber.

Der große Streik bei der Post in England von Januar bis März 1971 verdeutlicht die Situation: da gab es Männer und Frauen in einer Gewerkschaft, einen offiziellen Streik, und die Männer und Frauen hatten zum größten Teil ganz unterschiedliche Arbeitsplätze. Die Presse triumphierte wie gewöhnlich über die große Anzahl der Telefonistinnen, die trotz des Streiks zur Arbeit gingen. Eine dankbare Öffentlichkeit schickte den Frauen Blumen. Es war ziemlich deprimierend zu lesen. Diese »Mädchen« betrachteten ihre Arbeit entweder als einen öffentlichen Dienst (dem ihrer Ehemänner untergeordnet; wie sollen sie es auch anders sehen, wenn sie doch dazu erzogen werden, als Gehilfinnen zu dienen?) oder, wenn es ledige

Frauen waren, die irgendwo in Einzelzimmern wohnten, wovon sollten sie ihre Miete bezahlen? Die konservative, bewahrende Rolle der Frauen (die immer von den männlichen »Warte-bis-nach-der-Revolution-Kämpfern« betont wird) ist eigentlich nicht *ihre* Rolle, sondern ein Teil der geschlechtsspezifischen Arbeitsteilung und eines ökonomischen Systems, das eher die Einheit eines Ehepaares fördert als die Solidarität der Arbeiter. Ein Beispiel: Eine meiner Freundinnen bekam einen Anruf von ihrer Schwester, einer dieser edlen, mit Blumen überschütteten streikbrechenden Telefonistinnen. Sie war in Tränen aufgelöst, ihr Mann wollte sie nicht streiken lassen (die Familie war sehr auf das Extrageld angewiesen, das sie verdiente), und er selbst hatte sie durch die wütenden Streikposten zur Arbeit gefahren, und dort erwarteten sie die Reaktionen ihrer Freundinnen – der Frauen, die gestreikt hatten.

In Anbetracht der Tatsache, daß die *Familien*struktur sogar am Arbeitsplatz vorherrscht (oder die Situation dort zumindest hinter den Kulissen bestimmt), sind dann Beispiele wie das folgende noch verwunderlich?

> Alle vierhundert Arbeiter und Angestellten bei den Typhoo Tea Works in Birmingham begannen gestern einen wilden Streik, weil eine Vorarbeiterin einen Arbeiter gerügt hatte. Ein Vertrauensmann der Gewerkschaft sagte dazu: »Die Vorarbeiterin hätte das Problem (es ging um die Frage von Disziplin) dem Vorarbeiter dieses Arbeiters vortragen sollen und hätte nicht in dieser Art und Weise mit dem Arbeiter reden dürfen.«[80]

Dreihundert der insgesamt vierhundertsiebzig Arbeiter und Angestellten, die wegen dieses Verstoßes gegen die Disziplin streikten, waren Frauen. Der Mann als Haushaltsvorstand muß seinen Status auch am Arbeitsplatz aufrechterhalten.

Die Gewerkschaften reproduzieren sehr häufig diese Spaltung, die am Arbeitsplatz von vornherein gegeben ist, wo Frauen und Männer als Individuen gefangen sind. Man könnte erwarten, daß eine Organisation, die sich mehr oder weniger dem Klassenkampf verschrieben hat, versuchen würde, dieser Situation entgegenzuwirken. Über 50 Prozent der Arbeiter sind in Gewerkschaften organisiert; demgegenüber nur 25 Prozent Frauen. Das ist sehr problematisch, weil in England bis vor kurzem der Kampf der Arbeiterklasse (zumindest soweit er bestand) sich vor allem durch Gewerkschaftsarbeit geäußert hat. Für viele Frauen, beispielsweise die Heimarbeiterinnen, gibt es überhaupt keine Gewerkschaft. Die genaue Zahl der Heimarbeiterinnen, die zu unglaublich ausbeuterischen Löhnen Heimarbeit verrichten (wie z. B. Briefe adressieren, tippen, Prospekte falten, stricken, schneidern usw.), ist noch niemals errechnet worden. Die Heimarbeiterinnen werden nicht als Arbeitskräfte registriert. Der TUC (Trade Union Congress, der englische Dachverband der Gewerkschaften) wirbt ständig für neue Gewerkschaftsmitglieder, aber die Bildung neuer (oder umfassenderer) Gewerkschaften, die die vielen bisher nicht gewerkschaftlich geschützten Arbeitnehmer miteinschließen würden, ist vom TUC noch nicht in Betracht gezogen worden. Auf allen Ebenen müssen Verhaltensweisen, wie die im folgenden Beispiel beschriebenen, bekämpft werden. Diese Episode hört sich an wie eine Parodie der oben beschriebenen Situation am Arbeitsplatz:

> Ein älterer Konferenzteilnehmer versicherte mir, daß weibliche Delegierte immer noch nicht ganz ernst genommen würden, insbesondere beim TUC. Entweder bekämen sie Applaus speziell dafür, daß sie entzückend weiblich wären, oder sie würden bedauert, wenn sie es nicht wären.[81]

Frauen als billige, nicht gewerkschaftlich organisierte Arbeitskräfte stellen eine Bedrohung dar, vergleichbar mit der der Einwanderer:

> Gestern begannen etwa 2500 Arbeiter einen Streik, weil sie die Übernahme ihrer Fabrik durch die »Weiber« fürchteten. Die Streikenden behaupteten, daß Frauen, die 1.15.6 Pfund pro Woche weniger verdienten als die Männer, neue Arbeitsplätze an zwei automatisierten Fließbändern zugewiesen bekommen hätten, wo bisher Männer gearbeitet hatten.
>
> Die Betriebsleitung des größten Scheibenbremsenherstellers Großbritanniens sagt allerdings, daß die betreffenden Arbeitsplätze Frauenarbeit seien. 500 Frauen protestierten dagegen und streikten mit den anderen . . . Bryn Richards, ein Vertrauensmann der Gewerkschaft Amalgamated Engineering Union (Metall) sagte dazu: »Dies könnte ein erster kleiner Anfang sein. Wenn Betriebe automatisiert werden, könnten einige Firmen nur noch Frauen einstellen. Wir bestreiten nicht, daß die Arbeit von Frauen ausgeführt werden kann. Aber nur weil Automation die Arbeit erleichtert, besteht noch kein Grund, den Männern die Arbeitsplätze wegzunehmen, die schon jahrelang da gearbeitet haben, und sie einfach den Frauen zu geben.« In einem Kommentar der Firma dazu hieß es, ihre Vorschläge lägen nur im Interesse der Arbeitneh-

mer, weil männliche Arbeitskräfte sowieso knapp seien.[82]

Ein kultureller Konservativismus, der von beiden Geschlechtern ausgeht, bildet zusammengenommen ein ökonomisches System, in dem die Menschheit sich selbst zum Opfer fällt. Durch die Unsicherheit der Arbeitsplätze werden Männer gegen Frauen ausgespielt und umgekehrt. Nur Loyalität gegenüber einer gewissen traditionellen Rücksichtnahme auf Frauen schützt sie davor. Die Eigengesetzlichkeit der Höflichkeit vereint, was die Ökonomie trennt oder zu spalten versucht.

Die Maschinenarbeiterinnen bei Ford (Dagenham), deren Streik für gleichen Lohn 1968 einer der Ursprünge der Frauenbewegung in England war, forderten mit ihrem Streik bessere Lohngruppen für Frauen. Damit kam die Frage nach der Arbeitsbewertung ins Spiel. Frauenarbeit wird als leicht eingestuft; in Wirklichkeit aber bedeutet leichte Arbeit (vor allem an automatisierten Arbeitsplätzen) eine ganz enorme psychische und physische Belastung. Neulich sprach ich in drei verschiedenen Fabriken mit Frauen. Die erste, eine Keksfabrik, war überhaupt nicht automatisiert. Die zweite, eine Fleischfabrik, hatte herkömmliche und halbautomatisierte Maschinen, und die dritte war eine Gießerei, in der Frauen und Männer dieselbe Arbeit verrichteten.

Die Frauen, die in der Keksfabrik arbeiteten, hatten eine tägliche Anfahrt von drei Stunden (unbezahlte Arbeitszeit) in Firmenbussen; die Frauen wohnten teilweise über 40 Meilen von der Fabrik entfernt. Die meisten waren verheiratet und hatten Kinder. Sie arbeiteten 42 Stunden pro Woche und verdienten in dieser Zeit ungefähr 10 Pfund (damals rund 90–100 DM). Die Arbeitsbedingungen waren vergleichbar mit denen in der ersten Zeit der Industrialisierung in England. Die Frauen standen in einer Reihe nebeneinander an einem Fließband und packten verschieden große Kekse in verschieden große Schachteln. Ich fragte einen Vorarbeiter, wie es ihm wohl ginge, wenn er eine solche Arbeit machen würde. Er gab zur Antwort: »Oh, ich hab's schon probiert, und ein paar andere Vorarbeiter auch und die Männer dort auch.« Er deutete auf die Pakistaner, die den Boden fegten. Es waren die einzigen Männer dort. »Nach 20 Minuten brechen wir zusammen. Das ist halt das Problem bei Männern. Sie wollen sehen, woher etwas kommt und was daraus gemacht wird. Bei den Frauen ist das anders, die sind gut, so 'ne Arbeit macht denen nichts aus. Denen ist es egal, ihre Hände arbeiten, sie quatschen miteinander und sehen eben nicht neben raus, so wie Männer. Deswegen wird denen auch nicht schwindelig und sie kippen nicht um.« Die Frauen bestätigten diesen Unterschied. Als wir später zusammen darüber sprachen, sagte eine Frau: »Ja klar, bist du als Mädchen nicht auch so erzogen worden, immer die Augen keusch niederschlagen, weder nach rechts noch nach links gucken, wenn du auf der Straße warst. Sogar heute noch. Kannst du alleine, ohne ein Buch zu lesen zum Beispiel, in einem Café sitzen, andere Leute angucken oder anstarren, wie Männer das machen?« Werden Frauen durch ihre Erziehung für monotone Arbeit befähigt?

Im automatisierten Teil der Fleischfabrik arbeiteten nur sehr junge Mädchen. Man fand heraus, daß sie die Geschwindigkeit nicht mehr mithalten konnten, wenn sie älter als 27 Jahre waren. Während der Frühschichten hatten sie fünf Teepausen und litten trotz dieses notwendigen Zugeständnisses an schweren Kopfschmerzen und Überanstrengungen der Augen. Ich hatte beides innerhalb von fünf Minuten. Es war, wie wenn man an einem Op-art-Gemälde gearbeitet hätte. Glitzernde Metallstreifen surrten von rechts nach links auf einen zu; auf diese Streifen stießen schnell und mit pulsierender Bewegung eine Reihe glänzender, ineinander verschlungener Metallbänder, die aus einer senkrechten Bahn aufstiegen. Beim Zusammentreffen dieser Bänder und Streifen leuchtete eine grüne Kontrollampe auf, die das Gewicht des Fleischs anzeigte, das dann entsprechend abgemessen und korrigiert werden mußte. Am Ende dieser langen Reihe zeigte eine Tafel die Anzahl der gefüllten Dosen an. Jeweils nach tausend Stück jubelten die Frauen.

In der Gießerei konnte man die Bedeutung der Schutzvorschriften für Frauen sehen. Alle Arbeiter dort wurden nach Stücklohn bezahlt – die Frauen durften allerdings keine Überstunden machen oder in der Nachtschicht arbeiten, und sie durften keine schweren Lasten heben. Letztere Vorschrift wurde so gut wie nie eingehalten. Dort war zwar gleicher Lohn bei gleicher Arbeit vorgesehen, aber den Frauen wurde die schlechteste Arbeit zugeschoben und damit auch die niedrigsten Löhne. Und wieder einmal steigerte hier die soziale Konditionierung die Profite und behinderte die Frauen. In der Gießerei gab es unterschiedliche Arbeit (verschiedene Traktorenteile wurden gebaut oder zusammengefügt). Und es waren immer nur die Frauen, die von Arbeitsplatz zu Arbeitsplatz geschoben wurden. Der Vorarbeiter meinte dazu: »Wenn man einen Mann fragt, ob er mal wechseln würde, dann redet der so lange rum, daß in der Zeit die Arbeit schon längst gemacht worden wäre; verstehen Sie, er verliert damit Zeit und Geld, wenn er ständig den Arbeitsplatz wechselt. Mit den Frauen ist das anders, die kann man schicken, wohin man will, und die würden sich auch nie beklagen, die machen alles, was man ihnen sagt.« Sehen konnte ich das zwar, nur hätte da keine von den Frauen zugestimmt.

In Anbetracht der Tatsache, daß Frauen ihre Arbeit als zweitrangig betrachten (und daß dies auch von außen so gesehen und eingeschätzt wird), wie rechtfertigen Frauen das eigentlich? Die meisten Frauen sagen, daß sie das Geld für Extras brauchen, und so wird es auch in soziologischen Untersuchungen klassifiziert. Wenn man genauer nachfragt, so sind diese Extras meist Kleidung für die Familie oder Sachen für den Haushalt und die Familie, die sonst nicht angeschafft werden könnten. Frauen geben auch sehr häufig als Grund für ihre Erwerbstätigkeit an, daß sie mit anderen Menschen zusammensein könnten – Gespräche mit anderen Frauen. Eine der Frauen, die in der Gießerei arbeiteten, bestätigte mir das. Ich stand neben ihr und schrie durch den Lärm und das Getöse, ich war schon ganz heiser von dem Metallstaub, von dem man weiß, daß er Farben und Lacke korrodiert. »Aber wie könnt ihr denn miteinander reden?« – »Wir lesen uns von den Lippen ab.«

Die Lage der Akademikerinnen in England ist ähnlich wie in anderen spätkapitalistischen Ländern. Entweder haben sie Berufe, in denen sowieso fast nur Frauen arbeiten (in diesem Falle, wie z. B. bei den Krankenschwestern und den Grundschullehrerinnen, wird der Beruf als solcher abgewertet; der Status kommt einer Dienstleistung gleich und das Gehalt einem Almosen); oder Frauen sind zu einem solch geringen Prozentsatz in den akademischen Berufen zu finden, daß sie ironischerweise in die Schublade »Ausnahme« gesteckt werden. Hebt diese Kategorisierung das Selbst ihrer Arbeitskollegen, die gewöhnliche Männer sind? Die Berufe, die Frauen dort ausüben, sind dann auch meist angemessen weiblich – als Ärztinnen spezialisieren sie sich auf Geburtshilfe und Gynäkologie, als Juristinnen auf Ehe- und Familienrecht. Ein einschlägiger Kommentar dazu stammt aus einer Untersuchung von 142 Frauen mit abgeschlossenem Hochschulstudium, die in acht verschiedenen Firmen arbeiteten. Sie wurden alle über ihre Berufsvorstellungen befragt, »und selbst bei den 15 Frauen, die ihr Studium mit einer Auszeichnung abgeschlossen hatten, wollten nur zwei Frauen befördert werden. Eine dritte Frau fügte allerdings hinzu, daß ihre Karrierewünsche schon sehr früh ruiniert worden seien (was wohl bezeichnend für viele Frauen ist), und daß es ihr heute nur noch darum ginge, wenigstens gleiche Bezahlung zu bekommen.«[83] Und die Kehrseite der Medaille sieht dann folgendermaßen aus: »Als verschiedene Arbeitgeber genauer befragt wurden über die Arbeit, die von Frauen ausgeführt werden könne oder nicht, stellte sich heraus, daß in der Mehrheit der Fälle eine Arbeit, die vom Arbeitgeber einer Firma als für Frauen nicht geeignet bezeichnet wurde, tatsächlich von Frauen in anderen Betrieben ausgeführt wurde.«[84]

In der Produktion arbeiten die Frauen an Stellen, die als Frauenarbeit bezeichnet werden. In den gehobeneren Berufen sind die Frauen in einer Männerwelt isoliert. Diese Unterscheidung hat hier eine klassenmäßige Spaltung der Frauen zur Folge. Es ist sehr schwierig für Frauen mit so unterschiedlichem Erfahrungshintergrund, nicht nur in bezug auf ihre Klassenzugehörigkeit, sondern auch hinsichtlich ihrer Berufe und Arbeitsstellen, eine gemeinsame Basis entweder als Erwerbstätige oder als Frauen ohne eine Frauenbewegung zu finden. Die Frauenbewegung will eben diese Lücke füllen. Ironischerweise scheint die Struktur der kapitalistischen Gesellschaft so zu sein, daß Männer ungeachtet ihrer Klassenzugehörigkeit in Lionel Tygers berühmte Gruppen eingeteilt werden.[85] Frauen allerdings, auch wenn es sich um eine Gruppe von Frauen handelt (die Frauenarbeit verrichtet), werden dazu gezwungen, sich am Ehepartner zu orientieren und nicht an den anderen Frauen.

Im Falle der Arbeiterinnen in der Produktion scheint die Wirtschaft festgelegt zu sein – die Frauen werden vor allem für die am Ort zur Verfügung stehenden Arbeitsplätze in Fabriken und Büros ausgebildet (obwohl natürlich eine Schulbildung in hauswirtschaftlichen Fächern und möglicherweise eine Verbürgerlichung im Vordergrund stehen). Tatsächlich wurde in einem Bericht über die Funktion der Berufsausbildung für Mädchen gesagt: »Die zeitliche Lücke zwischen dem Abschluß der Schule und der Heirat wird bald so gering sein, daß wir bald nicht mehr fragen müssen: ›Was sollen wir mit den normalen Mädchen tun?‹«[86] Mit dem Risiko einer zu starken Verallgemeinerung möchte ich doch behaupten, daß in diesem Falle der Arbeitsmarkt einen großen Teil des Erziehungs- und Bildungswesens bestimmt. Bei den Frauen aus der Mittelschicht dominiert der ideologische Überbau, das Ökonomische ist zweitrangig. Sicherlich hängt beides in den genannten Fällen eng zusammen. Die Haltung der Eltern und der

Lehrer führen ein Mädchen aus der Mittelschicht entweder aus den akademischen Berufen hinaus oder eben auf entsprechende angemessene Gebiete.

Erziehungs- und Bildungswesen

Über ein Drittel aller Schulen in England sind entweder reine Jungen- oder reine Mädchenschulen. Vor zehn Jahren war der Anteil dieser Schulen bedeutend größer, allerdings hat dabei der Gedanke der Zweckmäßigkeit, und nicht Politik im weitesten Sinne, die Veränderung herbeigeführt. Je höher der akademische Standard im Bildungswesen, desto wahrscheinlicher ist dort die Segregation.

Die »außergewöhnlichen« Frauen, die sich in der Männerwelt behaupten, haben daher meistens von Anfang an reine Mädchenschulen besucht. Die normalen[87] Mädchen haben im allgemeinen zusammen mit Jungen die Schulen besucht, um dann später in Berufen zu landen, die nur von Frauen ausgeübt werden. Sie können ihre Erfahrungen mit Jungen während der Schulzeit später praktisch nur in der Familiensituation verwerten. Die Mädchen, die einen akademischen Beruf anstreben, kommen mit Jungen höchstwahrscheinlich nur außerhalb der Schule in Berührung (wenn überhaupt), und an der Universität und sonstigen Bildungseinrichtungen sind sie gegenüber den Jungen eindeutig in der Minderheit. In diesem Falle haben weder Frauen noch Männer gelernt, sich gegenseitig als Arbeitskollegen ernst zu nehmen. Dies hindert allerdings die Männer nicht daran, in ihrem Beruf zu dominieren und sich untereinander auf das Projekt zu beziehen, aber für die »außergewöhnliche« Frau bedeutet das meistens sehr große Isolation und übt zudem auf sie einen unerträglichen Druck aus, männlichen Anforderungen bei der Arbeit und gleichzeitig weiblichen Verhaltensnormen zu entsprechen. Die Frauen haben auch Angst, sich mit anderen Frauen zusammenzutun, weil man (Mann) sie dann weniger ernst nehmen würde. Das geschieht häufig bei Journalistinnen und weiblichen Parlamentsmitgliedern, die in bezug auf Frauenprobleme sich nur sehr zögernd engagieren, um ihren Platz in der Männerwelt zu behalten.

Es ist sehr schwer zu sagen, welche Auswirkungen die Trennung der Geschlechter in den Schulen im einzelnen auf die (öffentlichen oder privaten) Beziehungen der Geschlechter untereinander hat. Sexuelle

Diskriminierung innerhalb eines Bildungssystems, das den Anspruch erhebt, dem Gleichheitsgrundsatz gerecht zu werden, kann weitaus leichter festgestellt werden. Diese Diskriminierung, die als Differenzierung verschleiert wird, gibt es in allen Schulen, in gemischten wie in den anderen. Die Diskriminierung besteht darin, daß die Leistungen der Mädchen im allgemeinen abgewertet werden und ihnen weniger Chancen als den Jungen gegeben werden. Wenn man nämlich die Erziehung der Mädchen verfolgt, so wird dabei vor allem ganz deutlich, daß es keinen Zusammenhang gibt zwischen den natürlichen Fähigkeiten, Begabungen und der Intelligenz der Mädchen einerseits und der ständigen Abwertung, der sie in der Gesellschaft ausgesetzt sind, andererseits.

Die meisten Kinder gehen nach der Grundschule im Alter von elf Jahren in die Sekundarstufe.[88] Die Schulleistung, die mit Tests und Prüfungen gemessen oder vom Lehrer eingeschätzt wird, ist entscheidend dafür, in welche Schule die Kinder dann gehen, und welche »streams« (dt. etwa: Niveaukurse) innerhalb einer Schule für sie in Frage kommen. Die meisten Kinder verlassen die Schule mit fünfzehn Jahren (mit oder ohne Abschlußprüfung): diejenigen, die weiterhin zur Schule gehen, legen mit sechzehn Jahren zunächst das General Certificate of Education – Ordinary Level –, dann mit achtzehn Jahren das GCE – Advanced Level –, ab und gehen dann weiter auf Universitäten, pädagogische Hochschulen oder sonstige Fachhochschulen. Bei allen drei genannten Prüfungen (mit elf, sechzehn und achtzehn Jahren) schneiden die Mädchen durchschnittlich besser ab als die Jungen; allerdings sind die Leistungsbereiche unterschiedlich und in bezug auf Status und Prestige eben minderwertig. Mädchen wählen beim GCE-Ordinary Level weniger Fächer als die Jungen. Es bleiben mehr Jungen als Mädchen länger in der Schule als gesetzlich vorgeschrieben, so daß nur halb so viele Mädchen mit achtzehn Jahren das GCE-Advanced Level ablegen. Es gibt doppelt so viele Jungen, die die Schule ganz bis zu Ende besuchen. An der Universität beträgt der Anteil der Frauen dann nur noch 25 Prozent. Es bewerben sich weniger Frauen um einen Studienplatz, und weniger Frauen schließen dann auch das Hochschulstudium ab. Mit Ausnahme von einer oder zweien hat keine Universität eine Parität der Geschlechter aufzuweisen. Außerdem variiert der Anteil der Männer und der der Frauen sehr stark entsprechend der Art der Universität. Je höher der Status und das Prestige der Universität, desto weniger Frauen sind dort zu finden. An einer kleinen Universität sind ungefähr 35 Prozent aller Studierenden Frauen; an den größeren Universitäten etwa 25 Prozent und in Oxford und Cambridge dann nur noch 12,5 Prozent. Die Postgraduiertenphase[89] wird als letzte Stufe im Annäherungsprozeß der Geschlechter bezeichnet – 22 Prozent der Postgraduierten sind Frauen, aber wenn wir die Zahl derjenigen abrechnen, die eine Qualifikation für den Lehrberuf anstreben (ein Diploma of Education), dann sind es nur noch 14 Prozent.

In theoretischen Fächern an höheren Schulen und in höheren Bildungseinrichtungen führen die Mädchen eine verzweifelte Abwehrschlacht gegen die ständige Nichtanerkennung ihrer Fähigkeiten. Chancen werden systematisch eingeschränkt. Das soziale Klima, das gesamte gesellschaftliche System bestimmen gleichermaßen die Haltung und die Verhaltensweisen der Eltern, Lehrer und der Mädchen dahingehend, daß die Zukunftsaussichten immer weiter eingeengt werden. Und selbst hierbei taucht eine ziemlich boshafte Differenzierung auf. Im Prinzip gibt es bei der Wahl des Studienfachs zwischen Mädchen und Jungen keine Unterschiede. In der Praxis sieht das allerdings ganz anders aus, was man an den Prüfungsfächern ablesen kann. Weniger als zwei Drittel so viele Mädchen wie Jungen studieren naturwissenschaftliche Fächer und weniger als halb so viele Mathematik. Mädchen studieren eher Biologie als Physik und Chemie, und damit wird eine Vorliebe (wessen?) für das Menschliche und Greifbare sichtbar, im Gegensatz zum Abstrakten und Theoretischen. An der Universität studieren dann nur noch 2 Prozent der wenigen Frauen angewandte Naturwissenschaft, über die Hälfte davon Biologie. Überall werden Mädchen ermutigt, sich wissenschaftlich zu betätigen; in reinen Mädchenschulen werden sie in diesen Fächern unzureichend unterrichtet, auch läßt die Ausstattung der entsprechenden Fachräume sehr zu wünschen übrig. Der Lehrberuf ist hauptsächlich ein Beruf für Frauen, aber was die Mädchen nicht gelernt haben, können sie später anderen wohl nicht beibringen. Dies alles bedeutet, daß die Mädchenerziehung noch um einiges schlechter wird. Der Grund dafür ist leicht zu finden und steht in direktem Zusammenhang damit, daß die Begabungen der Mädchen kaum gefördert werden. Gegenwärtig ist eine ungeheure Expansion der akademischen Ausbildung insbesondere auf dem Gebiet der Naturwissenschaften und der Technologie zu finden (bis 1980 ein proportionaler Zuwachs an Universitäten um etwa 7 Prozent, während der Anteil der geisteswissenschaftlichen Fächer gleichzeitig sinkt). In Zukunft werden Frauen also noch weniger Studienplätze an den Universitäten erhalten als gegenwärtig. Bereits jetzt ist der Prozentsatz der Frauen, die naturwissenschaftliche Fächer studieren, kleiner als vor dem Krieg. Hinzu kommt noch die Tatsache, daß auf den Ausbau der Colleges of Advanced Technology ganz besonders großer Wert gelegt wird. 95 Prozent aller Studenten in diesen Colleges studieren Naturwissenschaften oder Technologie; ungefähr 80 Prozent der Gesamtstudentenzahl dort sind Männer.

> ... Ein Junge ist normalerweise ganz aufgeregt bei der Aussicht auf einen Kurs in Naturwissenschaften. ... Er ist von Staunen erfüllt und bekommt ein Gefühl von Macht. ... Er geht bereitswilligst zu seinem Lehrer hin in der Hoffnung, zu lernen, *wie man Ereignisse kontrollieren* oder in den Griff bekommen kann. ... Ein Mädchen kommt sicherlich weitaus weniger neugierig als ein Junge in diese Stunden, aber auch sie muß sich mit Maschinen und Geräten *vertraut fühlen*, und sie wird dem *Prestige unterworfen sein*, das die Wissenschaft in der Welt genießt.[90] (Hervorhebungen von J.M.)

Kein Kommentar ...

Dieses Zitat stammt aus dem Newsom-Report, dem Bericht eines Regierungsausschusses, der die Ausbildung und die Art der Schule für diejenigen Kinder festlegen sollte, die kein Hochschulstudium absolvieren würden – das sind rund zwei Drittel aller Kinder im schulpflichtigen Alter, die dementsprechend dann in Secondary Modern Schools (dt. etwa Hauptschule) oder in die unteren Kurse der Gesamtschulen geschickt werden. In dem Bericht werden die Ziele und die Funktion einer solchen Ausbildung ganz klar genannt, nämlich: »praxis-, realitäts- und berufsbezogene, chancengleiche Ausbildung«. Die Jungen sollen hauptsächlich als Mechaniker ausgebildet werden. Dazu der Bericht:

> Es wäre sehr vernünftig und angebracht, für diese Jungen Kurse einzurichten, in denen vor allem Kenntnisse und Fertigkeiten im Gebrauch und in der Herstellung von Werkzeugen und aller Arten von Materialien vermittelt würden; ebenso die Bedienung und Wartung von Maschinen. Eine solche Arbeit wäre auch realitätsbezogen, indem Beispiele und Material sich an den ortsansässigen Industriezweigen orientieren würden. Allerdings wäre dabei darauf zu achten, daß eine solche Schule nicht zu viele Bewerber für eventuell nicht ausreichend vorhandene Arbeitsplätze produziert.[91]

Die Mädchen, andererseits, werden wohl eher im Büro, in einem Laden als Verkäuferin arbeiten, als Bedienung oder in der Textilindustrie und in der verarbeitenden Industrie. Die Autoren dieses Halbjahresberichts sind der Meinung, daß diese eben genannten verschiedenen Berufe »allesamt in Kursen erlernt werden könnten, die bestimmte Fähigkeiten nicht nur auf einem einzigen Gebiet erfordern würden«. Die Kinder werden also einerseits für Berufe ausgebildet, die der Arbeiterklasse oder der unteren Mittelschicht zugeordnet werden, und aus dieser Art von Arbeit wird dann wiederum ein gewisser Bildungswert abgeleitet. Dies kommt in den Kommentaren der Berichterstatter zur Stenographie zum Ausdruck: »Es ist ungeheuer schwierig, aus der Stenographie im Unterschiede zu den vielen anderen meist handwerklichen Fähigkeiten, die in berufsbildenden Kursen erlernt werden können, irgendeinen allgemeinen Bildungswert oder Nutzen abzuleiten, außer dem Selbstzweck.«[92]

Aber wo Jungen einen Beruf haben, haben die Mädchen gleich zwei. Sie werden dazu ausgebildet, etwas zu *tun* – normalerweise Frauenarbeit –, und zwar im Büro oder in der Fabrik; und gleichzeitig werden sie dazu erzogen, jemand zu *sein* – nämlich Ehefrau und Mutter. Dasselbe Wort (Beruf/Berufung) wird undifferenziert auf beides angewandt: »Insbesondere bei Mädchen ist der persönliche Gesichtspunkt der Berufung zur Ehe bereits offensichtlich. Ihr Interesse daran ist meist bereits vorhanden. Es käme nun sehr darauf an, dieses Interesse weitestgehend zu nutzen.«[93]

Und Kathleen Ollerenshaw, die in dem Komitee mitgearbeitet hat, schrieb in ihrem Buch »Education for Girls« ein paar Jahre zuvor: »Die Motivation der Mädchen, sich auf die Ehe und den Haushalt vorzubereiten, ist genetisch bedingt.«[94] Die Hausarbeit ist bei weitem keine natürliche Aufgabe für ein Mädchen, sondern oft eine Last, die es schon zu Hause in der Familie zu spüren bekommt, und diese Tatsache wird dann auch noch boshaft kommentiert:

> Sicherlich gibt es einige Mädchen, die nicht mit großer Begeisterung dabeisind, weil sie bereits zu Hause putzen, abwaschen und für die Familie kochen mußten; und gerade deshalb brauchen sie in der Schule besonders gute Kurse in Hauswirtschaft und allem, was dazu gehört, und sie müssen die Fertigkeiten beherrschen, damit die mühselige Hausarbeit etwas gemildert werden kann.[95]

K. Ollerenshaw, die von den Klagen eines Mädchens berichtet, die viel lieber Naturwissenschaften und Mathematik lernen würde als hauswirtschaftliche Fächer, kommentiert dies unnachahmlich: »Dazu sollte man richtigerweise anmerken, daß diese Kritik und die Unzufriedenheit nicht von ungefähr kommen, denn der Unterricht in den hauswirtschaftlichen Fächern ist einfach veraltet.«[96]

In dieser nichtakademischen Ausbildung werden ungefähr zwei von fünf Tagen für praktische Fächer verwendet: Kunsthandwerk, Handwerk, Hauswirtschaft und Schreibmaschinenkurse für Mädchen, Metallbearbeitung, technisches Zeichnen und Konstruktion für Jungen. Die beiden Geschlechter werden als zwei unterschiedliche Berufsgruppen klassifiziert.

Da das akademische Potential weitgehend mit der Prüfung nach der Grundschule (mit elf Jahren) festgelegt wird, haben diese Kinder (Mädchen und Jungen) versagt. Und hier wird auch noch viel dafür getan, denen, die weniger Chancen haben, zu suggerieren, sie seien eben nur anders. Diese Kinder werden negativ eingeschätzt, ihre Vergangenheit ist irrelevant. Welche Fähigkeiten und Begabungen sie ausbauen und erweitern wollten und welche nicht, hat nie zur Diskussion gestanden. Kinder, Eltern und Lehrer müssen an die Zukunft denken (der adäquate Beruf später), und die gegebene Zukunft muß als Resultat von Chancen erscheinen, wo sie in Wirklichkeit ein Resultat früherer Erziehung und Bildung ist.

Das Bildungssystem in England ist nach Klassen aufgeteilt. Wie am Arbeitsplatz haben Frauen auch hier eine besondere Rolle – sie werden unterdrückt. Das Problem liegt darin, eine Einheit zwischen den Frauen als Unterdrückte herzustellen, über die Klassenteilung hinaus, die dazu da ist, sie zu spalten. Die privilegierte Frau aus der Mittel- und Oberschicht, die an der Universität studieren kann, ist kaum in der Lage, sich ihrer unterprivilegierten Stellung überhaupt bewußt zu werden, da sie sehr häufig eben nicht zusammen mit Männern in derselben Situation erzogen worden ist. Ein Mädchen aus der Arbeiterfamilie kann ebenfalls kaum sehen, daß sie schlechter gestellt sein soll als der Junge – für beide sind Schule und Arbeit höchstwahrscheinlich ein Alptraum. Manchmal fühlt sich das Mädchen vielleicht noch ganz glücklich, weil einer ihrer Berufe, die Ehe nämlich, als Ausweg oder Flucht erscheinen kann. Hier kommt die Freiheits- und Chancengleichheitsideologie wieder voll zum Ausdruck: Um die Schule kommt man ja nun mal nicht herum, und die Begründung dafür, daß man einen Beruf gewählt hat, ist ja ein bißchen fadenscheinig geworden, aah, aber Liebe und Ehe... das

Individuum drängt vorwärts zur schließlichen Bestätigung ihrer (oder seiner) selbst, die Spontaneität sprengt die Ketten von Druck und Zwang, ein Licht scheint von außen oder von innen durch das ewig Graue. ...Die meisten Jungen und Mädchen heiraten jemanden aus der Nachbarschaft oder aus der näheren Umgebung, und trotz der Tendenz zum sozialen Abstieg bei den Mädchen heiraten die meisten jemanden, der ihrer sozialen Schicht angehört.[97]

Ehe und Mutterschaft

Die meisten Mädchen arbeiten ganztags bis zum Alter von etwa 20 Jahren: entweder verlassen sie die Schule mit 15, heiraten dann drei oder vier Jahre später und haben mit 21 Jahren das erste Kind. Oder sie gehen auf die höhere Schule, dann ins College oder auf die Universität, danach heiraten sie und haben, wenn sie Mitte Zwanzig sind, das erste Kind. Für die meisten Frauen sieht das Schema folgendermaßen aus: ein paar Jahre Arbeit, ein paar Jahre mit den kleinen Kindern zu Hause, zurück zur Arbeit – vielleicht nur ab und zu, oft Halbtagsarbeit, bis die Kinder zum Familieneinkommen selbst etwas beisteuern oder bis der Ehemann in Pension geht oder seine Rente bezieht, oder beide von der Rente leben: für die Frauen aus der Mittelschicht – ein paar Jahre Ausbildung, ein paar Jahre Arbeit, längere Zeit mit den Kindern zu Hause, erst zurück zur Arbeit, wenn die Kinder das Haus verlassen und ökonomisch nicht mehr abhängig sind. Bei den Frauen, die nach den Kindern überhaupt nicht oder nur kurze Zeit arbeiten (halbtags oder ganztags), gibt es dann noch zwei Gruppen: einerseits die meist sehr armen ledigen Mütter, die kaum Unterstützung bekommen, oder die Mütter von großen Familien mit niedrigem Einkommen, und andererseits Frauen aus der Mittelschicht, die nicht berufstätig sind, nur wenige Kinder haben und entweder wenig oder gar keine Ausbildung hatten. Aus dem Leben dieser letztgenannten Gruppe von Frauen ist das magische Mutter-und-Hausfrau-Image gemacht worden. Um 1870 rückten die nichtberufstätigen, verheirateten Frauen zum erstenmal als gesellschaftlich relevantes Phänomen in den Vordergrund, waren zunächst ein Symptom und dann ein Symbol für Wohlstand. Eine Frau, die nicht arbeitete, sondern zu Hause war, bedeutete, daß die Familie es sich leisten konnte, das Überbleibsel feudaler Haushaltsführung (d. h. die

Produktion von Lebensmitteln) anderen zu überlassen, zunächst den Dienern und Hausangestellten, später den Läden und anderen Einrichtungen. Für diese Frauen bestand materiell gesehen keine Notwendigkeit, arbeiten zu gehen. Diese Vorstellung gilt heutzutage immer noch für die Hausfrau, die praktisch rund um die Uhr arbeiten muß: »*Meine* Frau braucht nicht arbeiten zu gehen«, oder »Ich würde meine Frau nicht arbeiten gehen lassen«, und das heißt eigentlich: »*Ich* bin gut genug, was den materiellen und beruflichen Status anbelangt.« Wie der langgewachsene Nagel am kleinen Finger eines Bauern, der kleinbürgerliche Ladenbesitzer, Handwerker oder Hausbesitzer geworden ist, sagt diese Hausfrau dann: »Mein Mann hat's geschafft.« Das sind auch die im Weiblichkeitswahn beschriebenen Frauen: sie spielen Bridge, arbeiten ein wenig für die Gemeinde oder für wohltätige Zwecke und sorgen sich endlos um weiße Wäsche. Es gibt allerdings nicht sehr viele solcher Frauen. Für die meisten Frauen, unabhängig davon, ab sie zu Hause oder woanders arbeiten, ist die Hausarbeit ein anstrengender Job, der siebzig bis hundert Stunden Arbeitszeit pro Woche in Anspruch nimmt. Die zeit- und arbeitsparenden Geräte und Einrichtungen dieses Mythos sind trügerisch: die gewöhnliche Waschmaschine in einem britischen Haushalt wäscht nicht von selbst (nur die teuren Geräte machen am wenigsten Arbeit), der durchschnittliche Kühlschrank ist immer noch so klein, daß doch noch jeden Tag für die Familie eingekauft werden muß, der Staubsauger ist schwer, und viele Haushalte haben noch nicht einmal solche Geräte. Die meisten Häuser in England stammen aus dem neunzehnten Jahrhundert und bestehen mehr aus Treppen und Fluren als aus Zimmern; es gibt selten Zentralheizung, Kohleöfen und Kamine sind immer noch die Regel; Konserven und Tiefkühlkost sind zwei- bis sechsmal so teuer wie frisches Gemüse, das ja geputzt und geschält werden muß. 22 Prozent aller Haushalte in England haben völlig unzureichende Kalt- und Warmwasserversorgung; über 18 Prozent haben keine Toiletten innerhalb der Wohnung und keine installierten Waschbecken; 40 Prozent haben keinen Kühlschrank. Und das ist ein Sozialstaat, in dem nach Schätzungen »nur sehr wenige in Armut leben« . . . eine Konsumgesellschaft. Das Haus des Stolzes ist wirklich auf dem Sand der Armut gebaut: es sind eben die Frauen, die mit den Füßen im Sand stehen und sich abrackern, damit das Haus nach etwas aussieht, worauf man stolz sein kann.

Einige Konsequenzen

Eine Übersicht über die durchschnittlichen Wochenverdienste (September 1968) brachte folgendes zutage: 90,6 Prozent der männlichen Arbeiter, 95,4 Prozent der männlichen Angestellten, *13,8 Prozent der Arbeiterinnen* und 44,5 Prozent der weiblichen Angestellten verdienten 15 Pfund und mehr.[98] Mehr als ein Drittel aller erwerbstätigen Frauen sind Arbeiterinnen. Hierbei ist nicht so sehr entscheidend, daß eine Frau nur etwas mehr als die Hälfte der Männerlöhne bekommt, und daß das ungerecht und unfair ist, sondern daß sie *von dem Lohn, den sie bekommt, nicht leben kann.* Die Notlage der ledigen Mütter ist erschreckend, und die Situation der ledigen Frauen ohne Kinder schon ernst genug. Jede fünfte ledige Frau, aber nur jeder achte ledige Mann ist unterhaltspflichtig.

Frauen werden dazu erzogen, sich selbst in erster Linie als Mütter und Ehefrauen zu sehen. Wenn sie nun aber ungeachtet dieser Tatsache arbeiten gehen, so wird das Verhältnis zur Arbeit und zu den Arbeitskollegen bestimmt durch diese Identifikation mit der Familie. Dazu kommt noch die Abhängigkeit der Frauen von der Familie und die Tatsache, daß die Arbeit der Hausfrau nicht als Arbeit zählt. Dieses Bewußtsein nimmt die Frau auch überallhin mit. Der Beruf des Ehemanns ist in jedem Fall das Allerwichtigste, und alles wird dem untergeordnet. Die Frauen, mit denen sie zusammenarbeitet, sind dann nur soziales Leben. »Ich bin gerne mit anderen zusammen«, »Wir lachen oft und quatschen bei der Arbeit« – dies verdeutlicht die mißliche Lage: Hausfrauenarbeit ist keine Arbeit, es ist Zuhausesein (der Ort der Freizeit), die Arbeit im Büro oder in der Fabrik ist auch keine Arbeit – es ist ein bißchen von zu Hause wegkommen. Die Frauen sind zu Hause isoliert, und wenn sie arbeiten gehen, genießen sie ein wenig gesellschaftliches Leben. Hier gibt es dann keine Möglichkeit, Freundschaften zu schließen oder gemeinsam für etwas zu kämpfen – das Verhältnis berufstätiger Frauen untereinander ist nur das Gegenstück zu der Einsamkeit und Isolation zuhause, es ist Freundlichkeit oder das Gegenteil davon. Durch die Tatsache, daß Frauen billige Arbeitskräfte sind, wird verschleiert, welche Bedeutung die Frauen für die gesamte Wirtschaft haben, und von daher gesehen haben die Frauen nicht die Voraussetzungen dafür, ein Klassenbewußtsein zu entwickeln. Ihre Ausbeutung wird nicht mehr sichtbar hinter einer Ideologie, die die Tatsache verschleiert, daß die

Frauen überhaupt arbeiten. Die Arbeit der Frauen erscheint unwesentlich, bedeutungslos. Zudem wird die Arbeit der Frauen sehr häufig mit psychologischen, nicht mit ökonomischen Maßstäben gewertet: was sie *brauchen* (»es ist gut, daß sie ein bißchen aus dem Haus herauskommt«) und was sie verkraften können usw. Psychologische Analysen beziehen sich immer auf ein Individuum: Die Isolation der Frau wird noch verstärkt dadurch, daß sie in Zusammenhang gebracht wird mit ihrem beständigen Individualismus. Da sie zu Hause von anderen Frauen isoliert ist und oft nur aus Gründen der Kontaktsuche zu anderen arbeiten geht, bringt sie – in Krisenzeiten – die Isolation der Familie mit ein, was sich dann nachteilig auf kollektive Möglichkeiten am Arbeitsplatz auswirkt, und sie hat noch nicht einmal eine gespaltene Loyalität, denn wo Abhängigkeit herrscht, ist Loyalität überflüssig.

Die Abhängigkeit der Frauen von der Familie verhindert engeren Kontakt zu den Arbeitskollegen, und innerhalb der Familie erfahren die Frauen eine ganz grundlegende Trennung – nämlich die zwischen der Frau und dem Ehemann, wo ja ursprünglich eine Einheit bestanden hatte. Als Beispiel dazu ein kürzlich ergangenes Gerichtsurteil: Ein Richter hatte einem Mann nach dem Tode dessen Frau eine Summe von 50 Pence (etwa 4 DM) pro Stunde zugestanden, mit folgender Begründung: Verlust der Dienstleistungen. 50 Pence pro Stunde für schätzungsweise 20 Stunden Hausarbeit pro Woche – beide Zahlen illustrieren, wie weit das Rechtssystem von der Realität des Alltagslebens entfernt ist. Die meisten Frauen verdienen ja nur 25 Pence pro Stunde, wenn sie arbeiten gehen, und die Mehrheit der Hausfrauen arbeitet dreimal so lange wie die geschätzten 20 Stunden. Weder der Ehemann noch irgend jemand anderes hatte die Frau jemals in ihrem Leben für diese Dienstleistungen bezahlt, und wenn er sie früher einmal unterstützt hat und diese Unterstützung durch ihren Tod weggefallen ist, so kann das ja auch nicht viel gekostet haben, oder der Richter hätte diese Summe abziehen müssen. Angenommen, die Ehefrau hätte aufgrund des Todes des Mannes Ansprüche gestellt, dann wäre die Summe, da der Ehemann ja der Brotverdiener ist, um einiges höher gewesen. Die Rollenteilung zwischen Mann und Frau ist nicht einfach nur eine Arbeitsteilung, sondern es ist auch die Abwertung der Arbeit der Frau zu bloßer Dienstleistung und die Aufwertung der Arbeit des Mannes zu Produktion. Eine Teilung, die – wie so viele – auf Ungleichheit gründet.

Frauen werden vereinzelt, isoliert, voneinander getrennt und gleichzeitig paradoxerweise einer Ideologie ausgesetzt, die wie keine andere Homogenität und Individualismus propagiert – die Ideologie über das Frausein, die Weiblichkeit usw. »Alle Frauen der Welt sind gleich«, »Nur wie eine Frau«, »Oh, Frauen ...«

Sexualität

Die sogenannte sexuelle Revolution und der Freiheitlichkeitskult haben in England wohl stärkeren Einfluß gehabt als in den Ländern, in denen es keine Frauenbewegung gibt. Studenten und junge Akademiker lehnen die Ehe in viel stärkerem Maße ab als beispielsweise in Amerika, wo anscheinend Gewalttätigkeit und Einsamkeit in den Städten die Aufrechterhaltung dieser Institution geradezu fördern. Diese Abkehr von der herkömmlichen Ehe bedeutet etwas anderes als bei den vergleichbaren Gruppen in Schweden und Dänemark, wo schon sehr lange ein solcher Trend besteht. Es ist recht schwierig, diesen Unterschied darzulegen. Ich würde das wohl am ehesten mit dem Kriterium Ernsthaftigkeit belegen. In Schweden und Dänemark ist eine Nichtheirat, mit oder ohne Kinder, keine überragende freie Entscheidung – es scheint einfach nur die richtige zu sein. In England entstand diese Unkonventionalität als Konvention unter den Pop- und Filmstars (von denen sehr viele in der Folgezeit abtrünnig wurden); selten deutet es auf irgendein politisches Engagement, sondern eher auf in sein, alles mitmachen, was neu ist, oder was auch die Freunde oder Bekannten tun. Sicherlich gibt es in Amerika viel mehr Hippie-Kommunen und mehr Jugendkult als irgendwoanders, aber sie sind auch auf allen Ebenen außerhalb der Gesellschaft oder gegen diese gerichtet: Sex, Drogen, Organisation des Zusammenlebens usw... Ihre *Sitten* sind in England zwar nicht so extrem, dafür aber weiter verbreitet, wo nämlich die »Drop-Outs« wieder sehr leicht und schnell in die Gesellschaft zurückkehren, oder umgekehrt – das geht in beide Richtungen. Das deutlichste Symptom dafür sind Kleider und äußeres Erscheinen: nicht nur auf der Londoner King's Road gibt es das richtige Alles oder Nichts. Es ist genauso schwer, *nicht* mit der vielfältigen und ständig wechselnden Mode Schritt zu halten, wie alles mitzumachen. Schönheit ist alles, auch in unserer Zeit, in der der Narzißmus so hoch gehalten wird. Die kommerzielle Ausbeutung dieses Phänomens ist ungeheuerlich. Das Ex-Empire (oder seine Überreste) findet man en miniature auf der Oxford Street wieder: man kann indisch, chinesisch, arabisch, afrikanisch essen, sich kleiden, sich schmücken ... Und nachdem man alle Möglichkeiten zur Selbstverherrlichung zur Verfügung hat und seine Sexualität nach außen trägt, kann man sich selbst, als die kommerzielle Dimension des Kapitalismus, wieder zum Gebrauch anbieten, nämlich zum Verkauf von Produkten wie Autos, Waschmaschinen und Lebensversicherungen. In keiner Stadt der Welt findet man eine solche Fülle von Sexualobjekten wie auf den Plakatsäulen und in der Untergrundbahn in London.

Gegen diesen Gebrauch, diesen Konsum von Sexualität wehrt sich die Frauenbewegung. Aber wie kommt diese Art von Sexualität überhaupt erst einmal zustande? Die ausgeprägte Sinnlichkeit, der man in England begegnet, ist sicherlich ziemlich erregend in Anbetracht des sekundären Narzißmus in Nordamerika, wo die passive Gesundheit des Körpers viel wichtiger und dringlicher erscheint als dessen Energie und Vitalität. Bunte, phantasievolle Kleider feuern sicher mehr an als bunte Vitaminpillen auf dem Frühstückstisch.

In dem Widerspruch zwischen der aktiven Produktion und dem passiven Konsum liegt die potentielle Stärke der sexuellen Revolution. Ihre Entstehung könnte die Schranken brechen; individuell gesehen können wir ein gewisses Maß an wirklicher Befreiung auf diesem Gebiet erlangen, wo ja Selbstverwirklichung und Erfüllung zulässig sind. Der potentielle Befreiungseffekt liegt in der Spannung zwischen dem entstehenden echten Undogmatismus und dem neuen Dogmatismus, der dabei aufgestellt werden soll. Aber zunächst einmal ist das nur eine Potentialität; ein Widerspruch, der bis jetzt nicht erforscht ist. Und außerdem, selbst wenn dies alles klar auf der Hand läge, wäre es doch nur ein Aspekt des gesamten Problems und hätte vielleicht noch nicht einmal eine Katalysatorwirkung auf die anderen.

Weniger für Männer, aber in stärkerem Maße für Frauen bedeutete die sexuelle Revolution mehr sexuelle (und damit soziale) Freiheit; aber gleichzeitig wurden Frauen auch in stärkerem Maße als Sexualobjekte ausgebeutet. Die Spannung, die durch die unvermeidlichen gegenseitigen Auswirkungen entstanden ist, war alleine schon ein Grund für die Bildung einer Frauenbewegung.[99] Uns Frauen wurde die Illusion angeboten, uns ganz frei und glücklich äußern zu können, und als Ergebnis dessen mußten wir dann eine weitere Entfremdung feststellen: wir wurden in Produkte umgewandelt, die dann in der Konsumgesellschaft für den Gebrauch konfisziert werden.

Die Lage der Frauen in England heute steht exemplarisch für viele andere Länder. Die zahlreichen Widersprüche (auf verschiedenen Ebenen) treten sehr deutlich zutage. Frauen stehen ganz klar an beiden Enden der Stufenleiter: sie sind sowohl oben wie auch ganz unten. Die Arbeit und die Arbeitsbedingungen der Frauen in England erinnern häufig an die frühkapitalistischen Gesellschaftsformen. Frauen arbeiten meist in den Industriezweigen, in denen die grundlegendsten Produkte hergestellt werden, beispielsweise in der Textil- und Nahrungsmittelindustrie (deren Güter im Feudalismus zu Hause produziert wurden); hinzu kommt noch, daß Frauen als ständiges billiges Arbeitskräftereservoir Bedingungen ausgesetzt sind wie in dem oben beschriebenen Fall, wo Frauen 80 Meilen An- und Abfahrtsweg zum Arbeitsplatz haben; und als nicht anerkannte Arbeiterinnen zu Hause sind sie dann noch heimliche Arbeitskräfte für die Güter, die zu Hause produziert werden. Auf der anderen Seite sind Frauen den fortgeschrittensten Ideologien ausgesetzt, die der Spätkapitalismus hervorgebracht hat. Ein wesentlicher Faktor darin ist die Schaffung von Märkten. Es ist klar, daß wir diesen allumfassenden Widerspruch nicht als solchen, sondern nur einige Aspekte davon erfahren.

Ich habe schon betont, daß die Hausarbeit sehr schwer ist und sehr viel Arbeit und Anstrengung bedeutet. Wir dürfen aber nicht vergessen, daß dies dem Slogan »Hausarbeit ist keine Arbeit« entgegengesetzt wird. An einer solchen Behauptung mag vielleicht irgendwo etwas Richtiges sein. Beispielsweise ist Hausarbeit für eine amerikanische Hausfrau, die in ihrer Stadtwohnung Waschmaschine, Kühlschrank, Tiefkühltruhe usw. hat, der alle Lebensmittel und der gesamte Einkauf ins Haus gebracht werden, deren Kinder in der Schule sind usw., möglicherweise wirklich keine Arbeit, außer daß der Gedanke daran ständig da ist. Ich habe auch bereits gesagt, daß die Mädchen in England eine schlechtere Ausbildung bekommen als die Jungen, aber das muß dem Glauben entgegengesetzt werden, daß Mädchen und Jungen gleichberechtigt seien, was die gesamte Bildung und Ausbildung anbelangt. Sicherlich trifft das für einige auch zu. Den meisten Frauen fehlt es nicht an Ausbildungsmöglichkeiten – sie haben mehr als genug für alles, was ihnen möglicherweise als Gelegenheit geboten wird. Zu Hause und bei der Ausbildung sind die Frauen redundant. Sie stellen eine unsichtbare ökonomische Basis dar, aber ihre Arbeit in einer technisierten Welt erscheint total unwichtig. Sicherlich wird dieser Widerspruch verschleiert durch die Klassentrennung; Arbeiterfrauen sind meist am unteren Ende der Skala, Mittelschichtsfrauen auf der entgegengesetzten Seite; der Widerspruch wird sich wohl nur selten an einem Individuum festmachen lassen. Aber genau auf diese Art und Weise werden im kapitalistischen System die Klassenschranken eingesetzt; die Privilegien der Mittelschicht werden zum Würgegriff für die anderen. Alle Frauen erfahren Unterdrückung durch eine Ideologie, die der Arbeiterfrau sagt, sie würde ja gar nicht arbeiten, und der privilegierten Frau, daß sie sowieso nicht dazu da sei, zu arbeiten.

Die fortgeschrittene kapitalistische Gesellschaft ist nicht homogen. Der Widerspruch, daß die Frauen in den rückständigsten und fortgeschrittensten Bereichen in der kapitalistischen Gesellschaft ihren Platz zugewiesen bekommen haben (einschließlich der Widersprüche innerhalb dieser Bereiche), ist durch die allgemeine Entwicklung in den sechziger Jahren aufgebrochen. Darin liegt sicherlich einer der Gründe, warum die Frauenbewegung genau zu diesem Zeitpunkt entstanden ist.

Kapitel VII: Die Lage der Frauen III

Allgemeine Schlußfolgerungen

1. Produktion

Heute wird durch die Automation die *technische* Möglichkeit, den physischen Unterschied zwischen Mann und Frau in der Produktion vollständig aufzuheben, in Aussicht gestellt. Aber unter kapitalistischen Produktionsverhältnissen wird die *gesellschaftliche* Möglichkeit dieser Aufhebung ständig bedroht und kann sehr leicht in ihr Gegenteil verkehrt werden, nämlich eine tatsächliche Verringerung des Anteils der Frauen in der Produktion, da immer weniger Arbeitskräfte gebraucht werden.

Dies bezieht sich allerdings auf die Zukunft; im Augenblick ist als wichtigste Tatsache zu verzeichnen, daß der Anteil der Frauen in der Produktion seit geraumer Zeit praktisch stagniert. In England stellten die Frauen 1911 etwa 30 Prozent der Arbeitskräfte; 1970 waren es 37 Prozent. Auch haben sich die Berufe der Frauen nicht entscheidend geändert. Es sind nur selten Karriereberufe; wenn es nicht die unteren Berufsstellungen (z. B. in der Fabrik) sind, dann handelt es sich meist um Angestelltenberufe im Büro (z. B. Sekretärin), deren Funktion die Unterstützung von Männerarbeit ist. Diese Berufe haben oft einen sehr expressiven Inhalt, wie z. B. die Dienstleistungen. Soziologen drücken das ganz klar aus: »Innerhalb der Arbeitsorganisation sind sie der Frau-Mutter-Rolle in der Familie analog.«[100] Das Erziehungssystem fördert diese Rollenstruktur. 75 Prozent der achtzehnjährigen Mädchen in England erhalten heute keinerlei Fortbildung oder Berufsausbildung. Das Muster des instrumentellen Vaters und der expressiven Mutter ändert sich nicht wesentlich, wenn die Frau mitverdient, da ihre Beschäftigung im allgemeinen der des Mannes untergeordnet ist, was die Situation in der Familie widerspiegelt. Somit hat sich die Arbeit in allen wesentlichen Punkten – in der heute praktisch verfügbaren Quantität und Qualität – nicht als Befreiung für die Frauen erwiesen – ganz im Gegenteil.

2. Reproduktion

Der wissenschaftliche Fortschritt in der Herstellung von Verhütungsmitteln könnte, wie wir gesehen haben, die ungewollte Schwangerschaft – die für weitaus die meisten Geburten in der Welt heute und auch für den größeren Teil der Geburten im Westen verantwortlich ist – zu einem Phänomen der Vergangenheit machen. Allerdings steckt die orale Empfängnisverhütung, die bisher in einer Form entwickelt wurde, die die sexuelle Ungleichheit der westlichen Gesellschaft widerspiegelt, erst in den Anfängen. Sie ist auf die verschiedenen Klassen und Länder inadäquat verteilt und muß noch weiter verbessert werden. Die zu Anfang wohl wichtigste Auswirkung der Empfängnisverhütung dürfte – in den fortgeschrittenen Ländern – wahrscheinlich psychologischer Natur sein; sicherlich wird sie die sexuelle Erfahrung der Frauen von vielen Ängsten und Hemmungen befreien.[101] Sie wird die Sexualität und die Empfängnis, die bisher notwendig miteinander verknüpft waren, endgültig voneinander trennen.

Die demographische Struktur der Reproduktion im Westen wird wohl weitgehend von der oralen Empfängnisverhütung betroffen werden. Eines der erstaunlichsten Phänomene der letzten Jahre in den USA war das plötzliche Ansteigen der Geburtenrate gewesen. Im letzten Jahrzehnt ist sie höher gewesen als in unterentwickelten Ländern wie Indien, Pakistan und Burma. Hier spiegelt sich einfach die Tatsache wider, daß eine große Familie im reichsten Land der Welt finanziell nicht so belastet ist wie Familien in anderen Ländern. Aber es deutet auch hin auf die ideologische Verherrlichung der Familie als einer gesellschaftlichen Kraft.

3. Sozialisation

Veränderungen in der Zusammensetzung der Arbeitskräfte, der Größe der Familie und des Erziehungssystems und anderer Faktoren – so beschränkt dies auch von einem idealen Standpunkt erscheinen mag – haben zweifellos die gesellschaftliche Funktion und Bedeutung der Familie vermindert. Organisatorisch gesehen ist die Familie keine bedeutende Einheit im politischen Machtsystem, spielt keine große Rolle in der Produktion und ist nur selten die einzige Vermittlungsinstanz bei der Integration in den größeren Gesellschaftsrahmen; auf makroskopischer Ebene ist sie daher nur von geringem Nutzen.

Die Folge davon war eine einschneidende Gewichtsverlagerung auf die psychosoziale Funktion der Familie, in bezug auf das Kind wie auch auf den Ehepartner.[102] Ich habe bereits dargelegt, wie wichtig die Sozialisation des Kindes ist. Es ist von entscheidender Bedeutung, daß dies erkannt wird und in jedes Programm für die Befreiung der Frau integriert wird. Mit der Sozialisation hat sich die Frauenbewegung von Anfang an beschäftigt. Jedenfalls besteht kein Zweifel, daß das Bedürfnis und die Notwendigkeit einer dauernden, vernünftigen Fürsorge für die Kinder in den ersten drei oder vier Lebensjahren ideologisch dazu benutzt werden kann (und tatsächlich auch benutzt worden ist), die Familie als totale Einheit zu erhalten, zu einer Zeit, in der die anderen Funktionen der Familie sichtbar dahingeschwunden sind. Tatsächlich ist der Versuch, die Existenz der Frauen ausschließlich auf die Kindererziehung zu konzentrieren, erwiesenermaßen schädlich, auch für die Kinder. Die Sozialisation ist ein außerordentlich schwieriger Prozeß und verlangt einen gelassenen und reifen Vermittler – einen Charakter, den die Frustration einer *nur* auf die Familie beschränkten Rolle gewöhnlich nicht hervorbringen. In diesem Sinn ist ausschließliche Mutterschaft oft antiproduktive. Die Mutter überträgt ihre eigenen Frustrationen und Ängste in eine Fixierung auf das Kind. Statt die klassischen Mutterrollen wiederherzustellen, sollte ein größeres Bewußtsein von der entscheidenden Bedeutung der Sozialisation im Gegenteil dazu führen, diese Rollen neu zu überdenken und sich die Frage zu stellen, welche Fähigkeiten ein guter Sozialisationsvermittler, der dem Kind Sicherheit und Stabilität geben kann, haben muß.

Die gleichen Argumente treffen noch stärker auf die psychosoziale Rolle der Familie für die Ehepartner zu. Der Glaube, daß die Familie eine uneinnehmbare Festung der Intimität und Sicherheit in einer atomisierten und chaotischen Umwelt darstelle, erfordert die absurde Voraussetzung, daß die Familie von der Gemeinschaft isolierbar sei und daß ihre internen Beziehungen nicht auf ihre Weise die externen Beziehungen, von denen die Gesellschaft bestimmt wird, reproduzieren. Die Familie als Refugium und Zufluchtsort in der Gesellschaft wird in Wirklichkeit ein Spiegelbild dieser Gesellschaft werden.

4. Sexualität

Der Bereich der Sexualität verändert sich heutzutage am stärksten. Produktion, Reproduktion und Sozialisation sind im Westen mehr oder weniger stagnierende Strukturen, d. h. sie haben sich seit drei oder vier Jahrzehnten nicht wesentlich verändert. Sexuelle Repression kann im Gegenteil spontanes Verhalten immer weniger steuern. Die fortschreitende Liberalisierung vor- und außerehelicher Beziehungen, die heute alle Klassen erfassen, bedroht die Ehe in ihrer klassischen Form. Unter diesem Gesichtspunkt ist die Ehe offensichtlich das schwache Glied in der Kette – nämlich die Struktur mit den meisten Widersprüchen. Den progressiven Gehalt dieser Widersprüche habe ich bereits dargelegt. Unter der Voraussetzung rechtlicher Gleichstellung könnte die Befreiung der Sexualität, losgelöst von Nachkommenschaft oder Eigentum, zu einer echten sexuellen Freiheit beider Partner führen. Aber sie könnte auch einfach zu neuen Formen neokapitalistischer Ideologie und Praxis führen. Denn die Wandlung des Kapitalismus von einem Produktion-und-Arbeit-Ethos zu einem Konsum-und-Vergnügen-Ethos ist sicherlich verantwortlich für die gegenwärtige Beschleunigung der sexuellen Befreiung. Das wurde bereits in den fünfziger Jahren kommentiert:

> ... dieses Stadium bringt nicht nur eine Verkürzung der Arbeitszeit und Verlängerungen der Freizeit mit sich, sondern auch veränderte Arbeitsbedingungen. Die Arbeit wird uninteressanter und stellt geringe Anforderungen an den einzelnen ... Wenn sich Berufserfüllung und Lebenserfüllung nicht mehr decken, dringt in Dienst- und Freizeit die Sexualität in die Bewußtseinssphäre und wird zu einem Konsumgut nicht nur für die der Muße frönenden Klassen, sondern auch für die neuen, nach Entspannung und Zerstreuung jagenden Massen ...[103]

Der Kern der Riesmanschen Argumentation ist, daß in einer vom Arbeitsprozeß gelangweilten Gesellschaft Sex die einzige Tätigkeit darstellt, die einzige Bestätigung eigener Energie und Kraft, die einzige Form des Konkurrenzkampfes, das letzte Bollwerk gegen die vis inertiae. Dieselbe Einsicht, theoretisch besser fundiert, kann in Marcuses Begriff der repressiven Entsublimierung gefunden werden – die Befreiung der Sexualität zum Zwecke ihrer eigenen Frustration im Dienst einer total koordinierten und betäubten Gesellschaftsmaschine.[104] Die heutige Gesellschaft kann sich einen Freiraum für voreheliche, nicht auf Nachkommenschaft zielende Sexualität leisten. Sogar die Ehe kann sich durch wachsende Scheidungs- und Wiederheiratsraten retten, um so die Bedeutung der Institution selbst zu signalisieren. Diese Überlegungen machen klar, daß die Sexualität, obwohl sie im Augenblick das größte emanzipatorische Potential darstellt, ebensogut gegen jede Erweiterung ihrer menschlichen Möglichkeiten organisiert werden kann. Neue Formen der Verdinglichung und die Kommerzialisierung der Sexualität könnten der sexuellen

Freiheit jegliche Bedeutung rauben. Dies stellt klar, daß eine Struktur das schwache Glied in einer Einheit wie beispielsweise die der gesamten Stellung der Frau sein kann, aber eine Lösung erfolgt nie über diese Struktur allein.

Wie könnte eine revolutionäre Konzeption nun aussehen? Sowohl unmittelbare wie auch grundsätzliche Forderungen müßten eingehen in eine einheitliche Kritik der *gesamten* Situation der Frau, ohne dabei irgendeine Dimension zu fetischisieren. Wie bereits gesagt wurde, führt die moderne industrielle Entwicklung dazu, die ursprünglich einheitliche Funktion der Familie zu trennen – Nachkommenschaft, Sozialisation, Lebensunterhalt usw. –, auch wenn diese strukturelle Differenzierung durch die Aufrechterhaltung einer mächtigen Familienideologie verhindert und verschleiert worden ist.

Für die Praxis bedeutet dies ein einheitliches System von Forderungen. Die vier Bereiche der Situation der Frau dürfen nicht vereinzelt betrachtet werden; sie hängen auf spezifische Weise eng zusammen. Die heutige Familie kann als ein Triptychon sexueller, reproduktiver und sozialisierender Funktionen gesehen werden (die Welt der Frauen), die umgeben ist von der Produktion (die Männerwelt) –, und auch als eine Struktur, die letztlich von der Ökonomie bestimmt wird. Die Wurzel für die gegenwärtig geltende *gesellschaftliche* Definition der Frauen als natürliche Wesen liegt im Ausschluß der Frauen von der Produktion, einer gesellschaftlichen, menschlichen Tätigkeit, und in ihrer Beschränkung auf eine monolithische Konzentration von Funktionen in der Familie, die ihre Einheit eben aus dem *natürlichen Teil* jeder dieser Funktionen bezieht. Jede Emanzipationsbewegung muß immer noch auf dem ökonomischen Element beharren – dem Eintritt der Frauen in die Industrie und *dem Recht, sich den Lebensunterhalt zu verdienen.* Der Irrtum der Sozialisten bestand in der Annahme, die anderen Elemente ließen sich auf das Ökonomische zurückführen; daher begleitete den Ruf nach Eintritt der Frauen in die Produktion der völlig abstrakte Slogan von der Abschaffung der Familie. Ökonomische Forderungen müssen von zusammenhängenden Strategien für die anderen drei Elemente begleitet werden; und diese Strategien können an bestimmten Knotenpunkten die primäre Rolle bei der unmittelbaren Aktion übernehmen.

Die elementarste Forderung im ökonomischen Bereich ist nicht das Recht auf Arbeit oder das Recht auf gleiche Bezahlung – die beiden traditionellen Forderungen –, sondern *das Recht auf gleiche Arbeit überhaupt*. Im Augenblick verrichten die Frauen ungelernte, phantasielose, unkreative und dienende Arbeiten, die als Verlängerung ihrer expressiven familiären Rolle gelten können. Sie sind meistens Kellnerinnen, Putzfrauen, Friseusen, Kontoristinnen und Sekretärinnen. In der Arbeiterklasse ist daher die Mobilität für Frauen oft leichter als für Männer. Sie können in den Angestelltensektor auf einer niedrigeren Stufe eintreten. Aber nur zwei von hundert Frauen sind in der Verwaltung oder im Management beschäftigt und weniger als fünf von tausend in den akademischen Berufen. Frauen sind gewerkschaftlich nur sehr schwach organisiert und bekommen für manuelle Arbeit weniger Lohn als die Männer; und dies stellt unter anderem eine massive Zunahme der Ausbeutung durch die Arbeitgeber dar.

Bildung und Erziehung

Die ganze Pyramide der ökonomischen Diskriminierung beruht auf einem soliden außerökonomischen Fundament – dem Bildungssystem. Die Forderung nach gleicher Arbeit müßte in Großbritannien vor allem die Forderung nach einem gleichen Bildungssystem sein. Vor allem in der Berufsausbildung ist keinerlei Fortschritt zu verzeichnen. Der Anteil an weiblichen Studierenden an den Universitäten ist der gleiche wie im Jahre 1920. Bevor diese Ungerechtigkeiten nicht beseitigt sind, gibt es für die Frauen keine Aussicht auf gleichwertige oder gleiche Arbeit. Es versteht sich von selbst, daß die Inhalte des Bildungssystems, die den Mädchen Beschränkungen ihrer Ansprüche geradezu suggerieren, ebenso geändert werden müssen wie die Methoden der Selektion. Nur wenn es im Produktionssektor Gleichberechtigung gibt, kann er von der Reproduktion und der Familie tatsächlich getrennt werden. Aber dies erfordert zusätzlich ein ganzes Bündel nichtökonomischer Forderungen. Reproduktion, Sexualität und Sozialisation müssen von Repression und der Vorstellung befreit werden, sie seien unlösbar miteinander verbunden. Die traditionelle Forderung der sozialistischen Bewegung war die Abschaffung der bürgerlichen Familie. Diese Forderung muß heute als unrichtig erkannt und abgelehnt werden. Sie ist maximalistisch im schlechten Sinne, denn sie ist lediglich eine Negation ohne konstruktiven Alternativvorschlag. Ihre Schwäche wird auch, historisch gesehen, dadurch deutlich, daß die Familie als Struktur nie analysiert worden ist, und zwar in bezug auf ihre verschiedenen Funktionen. Sie war eine hypostasierte Einheit – wie die Familienideologie in der heutigen Gesellschaft. Die Konzeption der Familie ist abstrakt und eben auch die Forderung nach ihrer Abschaffung. Das strategische Ziel sollte die Befreiung der Frauen und die Gleichheit der Geschlechter sein und nicht die Abschaffung der Familie. Die Konsequenzen aus dieser Forderung sind nicht weniger radikal, sie sind konkret und positiv und können in den realen Lauf der Geschichte integriert werden. Tatsächlich ist die Familie, wie sie heute existiert, mit der Befreiung der Frauen und der Gleichheit der Geschlechter nicht vereinbar. Aber diese Gleichheit wird nicht aus einer administrativen Abschaffung der Familie entstehen, sondern aus der historischen Trennung ihrer Funktionen. Die revolutionäre Forderung müßte die Befreiung dieser Funktionen aus einer monolithischen Fusion, die jeden ihrer Bestandteile unterdrückt, zum Inhalt haben. Die Trennung von Reproduktion und Sexualität befreit die Sexualität von Entfremdung (Angst vor ungewollter Schwangerschaft), und sie befreit die Reproduktion aus der Abhängigkeit von Zufall und unkontrollierbarer Kausalität. Daher die grundlegende Forderung nach freier staatlicher Versorgung mit Verhütungsmitteln. Die Abschaffung des Begriffes Illegitimität in der Rechtsprechung (wie in Schweden und Rußland) hat ähnliche Implikationen; sie würde im bürgerlich-rechtlichen Sinne die Ehe von der Elternschaft trennen.

Das Problem der Sozialisation stellt uns, wie wir gesehen haben, vor viele schwierige Fragen. Aber die Notwendigkeit intensiver mütterlicher Fürsorge in den ersten Lebensjahren eines Kindes bedeutet nicht, daß die heute einzig sanktionierte Form der Sozialisation – Ehe und Familie – unvermeidbar ist. Außerdem ist nicht nur die Mutter verantwortlich für die Kindererziehung. Ganz im Gegenteil. Kennzeichnend für das bestehende System der Ehe und Familie in unserer Gesellschaft ist ihr *monolithischer* Charakter; es gibt nur eine Form der institutionalisierten Form der Beziehungen zwischen den Geschlechtern und zwischen den Generationen. Entweder diese oder keine. Daher ist es dem Wesen nach lebensfeindlich. Denn die gesamte menschliche Erfahrung zeigt, daß die Beziehungen zwischen den Geschlechtern und Generationen unendlich vielfältig sind – ein Gutteil unserer schöpferischen Literatur ist ein Loblied auf diese Tatsache – während die Institution, in die diese Beziehungen gepreßt werden, in unserer kapitalistischen Gesellschaft absolut simpel und starr ist. Die Dürftigkeit und Einfältigkeit dieser Institution ist besonders unterdrückerisch. Jede Gesellschaft wird persönliche Beziehungen institutionalisieren und gesellschaftlich anerkennen wollen. Aber es ist absolut nicht einzusehen, weshalb es nur eine legitime Form geben sollte – und eine Menge nichtlegitimer Erfahrungen. Wir sollten nicht auf die Abschaffung der Familie hinarbeiten, sondern auf eine Bereicherung und Veränderung der gesellschaftlich anerkannten Beziehungen und Verhältnisse, die in die Familie gepreßt werden. Dies bedeutet eine Vielfalt von Institutionen, unter denen die Familie nur eine sein wird – ihre Abschaffung aber impliziert gar keine. Paare unterschiedlichen oder gleichen Geschlechts, die zusammen wohnen oder nicht, langfristige Bindungen mit oder ohne Kinder, einzelne Eltern – Frauen oder Männer –, die Kinder aufziehen, Kinder, die nicht notwendigerweise mit ihren biologischen Eltern zusammenleben, ausgedehnte Verwandtschaftsgruppen usw. –, alle diese Formen des Zusammenlebens könnten in Institutionen ausprobiert werden, die den Bedürfnissen der Frauen, Männer und Kinder eher entsprechen.

Dafür können wir kämpfen. Heute sind Frauen immer noch auf die Familie beschränkt als einer segmentären, monolithischen Einheit, die weitgehend von der Produktion isoliert ist und folglich auch von gesellschaftlicher menschlicher Tätigkeit. Der Grund, warum diese Beschränkung möglich war und immer noch aufrechterhalten wird, ist die Forderung, daß Frauen drei Rollen ausfüllen sollen: sie sollen ihrem Partner sexuelle Befriedigung verschaffen, Kinder gebären und sie erziehen. Aber die Familie beschäftigt nicht nur die Frauen, mehr noch, sie produziert sie geradezu. In der Familie wird der Grundstein gelegt für die Psychologie der Frauen und Männer. Hier ist auch die Quelle der Definition ihrer Identität. Wie sieht diese Definition aus und welche Rolle spielt die Familie in der Ideologie von der Familie als der grundlegenden Einheit der heutigen Gesellschaft?

Kapitel VIII: Die Ideologie der Familie

Die Familie als die erste Form sozialer Organisation hat sich mit der fortschreitenden ökonomischen Produktionsweise, die immer kompliziertere gesellschaftliche Gebilde benötigte, stark gewandelt. Peggy Morton schreibt in ihrem Artikel »A Woman's Work is Never Done«[105], daß im Frühkapitalismus die Hauptaufgabe der Familie darin bestand, möglichst viele Kinder zu produzieren für die neuen Arbeitsplätze der Industrie, die enorm viele Arbeitskräfte brauchte; im fortgeschrittenen Stadium des Kapitalismus allerdings löst die kapitalintensive Industrie die arbeitsintensive Industrie ab, und es wird von den Arbeitern eher Qualität als Quantität gefordert, d. h. immer mehr qualifizierte Arbeitskräfte. Entsprechend paßt sich die Familie der Situation an:

> Der Profit hängt in immer stärkerem Maße von der effizienten Arbeitsorganisation ab und von der Selbstdisziplin der Arbeiter, und nicht einfach nur von einer Erhöhung der Bandgeschwindigkeit an Maschinen beispielsweise und anderen direkten Formen stärkerer Ausbeutung der Arbeiter. Daher ist es wichtig, daß die Familie die Kosten der Ausbildung auf sich nimmt und außerdem eine repressive Kindererziehung durchführt. Die Familie muß Kinder aufziehen, die hierarchische soziale Beziehungen internalisiert und eine große Selbstdisziplin haben und die ohne ständige Überwachung effizient arbeiten können. ... Frauen sind für einen großen Teil dieser Erziehung verantwortlich.[106]

Ich stimme mit Peggy Morton darin überein, daß die Art und Weise, wie die Familie sich wandelt, immer mehr Widersprüche für die Frauen innerhalb der Familie mit sich bringt, schon allein im sexuellen Bereich. Zudem gibt es noch einen weiteren entscheidenden Widerspruch nicht nur innerhalb der Familie, sondern zwischen der Familie und den gesellschaftlichen Institutionen um sie herum. Denn obwohl sich die Familie seit ihrem ersten Erscheinen tatsächlich *verändert hat*, ist sie gleichzeitig bestehen geblieben – nicht nur als idealistischer Begriff, sondern als eine entscheidende ideologische und ökonomische Einheit mit gewissen starren Formen und auch einer gewissen Autonomie, trotz aller Anpassungsversuche an die jeweils wechselnden Realitäten.

Die frühkapitalistische Gesellschaft basiert auf dem Privateigentum – der Bauer hat sein Stück Land, der Handwerker seine Geräte und Werkzeuge. Bei der kapitalistischen Produktionsweise werden dem Individuum sein Privateigentum und alle anderen Teile seines Besitzes weggenommen, in einen Topf geworfen, und das auf diese Weise neu akkumulierte Kapital wird zum Privateigentum einiger weniger – der Kapitalisten. Die Aneignung des individuellen Privateigentums erfordert eine bestimmte Form gesellschaftlicher Organisation des Eigentums (die Menschen müssen sich zusammentun, um dieses Eigentum zu bearbeiten), die dann aber gleichzeitig geleugnet wird: die Menschen finden sich zwar zusammen, um gemeinsam daran zu arbeiten, aber was sie produzieren und wie sie es produzieren, wird ihnen von den wenigen weggenommen und zu deren Privateigentum erklärt. Gleichzeitig mit diesem Prozeß geht einher, daß die meisten Menschen wiederum Privateigentum haben, und zwar innerhalb der Familie. Engels führte den Ursprung der Unterdrückung der Frauen auf die Forderung nach Privateigentum zurück: Frauen mußten »in Besitz genommen« werden und sie mußten in der Ehe treu bleiben, um einen Nachkommen zu sichern, der dann das Privateigentum erben würde. Warum nun diese Unterdrückung perpetuiert wird, sollte sicherlich mindestens genauso gründlich untersucht werden wie die Entstehung dieser Unterdrückung selbst, wie auch Marx' und Engels' Analysen anderer Phänomene gezeigt haben. In jeder Revolution (vom Stammeswesen zum Feudalismus, vom Feudalismus zum Kapitalismus, vom Kapitalismus zum Sozialismus) muß die neue herrschende Klasse, wenn sie die alte herrschende Klasse stürzen will, als neuer Repräsentant der Mehrheit des Volkes in einer Gesellschaft auftreten (wobei dies nur beim letztgenannten Beispiel tatsächlich der Fall ist); deshalb tritt sie nicht auf als eine bestimmte Klasse, sondern als die gesamte Gesellschaft:

> Jede neue Klasse nämlich, die sich an die Stelle einer vor ihr herrschenden setzt, ist genötigt, schon um ihren Zweck durchzuführen, ihr Interesse als das gemeinschaftliche Interesse aller Mitglieder der Gesellschaft darzustellen, d. h. ideell ausgedrückt: ihren Gedanken die Form der Allgemeinheit zu geben, sie als die einzig vernünftigen, allgemeingültigen darzustellen. Die revolutionierende Klasse tritt von vorneherein, schon weil sie einer *Klasse* gegenübersteht, nicht als Klasse, sondern als Vertreterin der ganzen Gesellschaft auf, sie erscheint als die ganze Masse der Gesell-

schaft gegenüber der einzigen herrschenden Klasse. ... Jede neue Klasse bringt daher nur auf einer breiteren Basis als die der bisher herrschenden ihre Herrschaft zustande ...[107]

Eben weil diese begrenzten Klasseninteressen als allgemeine und allgemeingültige Interessen dargestellt werden, spielen Ideen eine so wichtige Rolle. Wenn die neu entstehende kapitalistische Gesellschaft sich mit der feudalen Gesellschaft konfrontiert und diese stürzen will, so muß sie gleichzeitig scheinbar das bieten, was die Mehrheit will – und das ist natürlich eine Idealisierung dessen, was das vorangegangene sozioökonomische System, und zwar notwendigerweise auf eine absolut unidealistische Weise, als Grundlage geboten hat. Die Ideen und Bedürfnisse aller Menschen sind bedingt durch das, was sie bereits haben: sie wollen alles einfach nur größer und besser. Um das konkret zu machen – die Bauern in der Feudalgesellschaft hatten alle ihr Privateigentum; ihr Ideal war einfach nur, mehr zu haben. Die kapitalistische Gesellschaft schien mehr zu bieten, weil sie die *Vorstellung* von Privateigentum für das Individuum in einem neuen Kontext (oder in einem Kontext neuer Ideen) betonte. Somit bot das System Individualismus (eine alte Wertvorstellung) und zusätzlich die offenbar neuen Mittel und Wege zur größeren Erfüllung dieses Anspruches – Freiheit und Gleichheit (Werte, die es im Feudalismus überhaupt nicht gab). Nun war jedoch der Ort, an dem dieses Ideal am besten verwirklicht werden konnte, die Aufrechterhaltung einer alten Institution, nämlich der Familie. Somit war die Familie im Feudalismus die ökonomische Basis des Privateigentums und wurde dann der Brennpunkt für die *Vorstellung* von Privateigentum in dem kapitalistischen System, das eine solche ökonomische Form aus seiner zentralen Produktionsweise verwies. Diese Idee ist dann verwirklicht, wenn die bürgerliche Familie tatsächlich Dinge privat und individuell besitzt. Ansonsten bleibt es aber ein Ideal, ein Wunsch, dessen mögliche Realisierung einen Antrieb zur Arbeit darstellt, ständig aber im Widerstreit mit dem Wunsch steht. Die Arbeiter produzieren auf gesellschaftlicher Ebene für das Privateigentum einiger weniger Kapitalisten *in der Hoffnung*, irgendwann Privateigentum für sich selbst und ihre Familien zu bekommen.

Es ist allerdings klar, daß die Interessen der herrschenden Klasse, die zunächst als allgemeine Interessen hingestellt werden, in zunehmendem Maße zu »bloßen idealisierenden Phrasen, bewußten Illusionen und absichtlicher Betrügerei verkommen. ... Aber je stärker sie als falsch verurteilt werden und je weniger sie den Verstand befriedigen, desto dogmatischer werden sie vertreten und desto betrügerischer, moralisierender und religiöser wird die Sprache der herrschenden Gesellschaftsordnung«[108]. Damit wird ganz deutlich das Privateigentum und seine Verkörperung, die Familie gegen Ende des neunzehnten Jahrhunderts in England, beschrieben. Im Laufe des zwanzigsten Jahrhunderts, als feudale Verhältnisse abgeschafft waren und sich der Kapitalismus fest eingewurzelt hatte, ist die grundlegende Ideologie geblieben. Sie ist vielleicht etwas flexibler geworden, damit die Zügel der Macht fest in der Hand behalten werden können.

Damit will ich nicht die Meinung wiederholen, die Familie habe im Feudalismus eine ökonomische Funktion gehabt und besäße heute im Kapitalismus nur noch eine ideologische Funktion. Eine solche Ansicht wird hier dem spezifischen Verhältnis zwischen dem ökonomischen und dem ideologischen Bereich nicht gerecht und könnte zudem fälschlicherweise so interpretiert werden, daß die Familie nicht notwendig und ein Teil irgendeines Schwindels sei. Das obige Zitat, in dem Ideologie von einem moralischen Standpunkt aus gesehen wird, kann diese Haltung hervorrufen. Es ist nichts weniger real, richtig oder wichtig im ideologischen als im ökonomischen Bereich. Beides bestimmt unser Leben. Jedenfalls ist die Funktion der Familie nicht einfach nur das eine oder das andere, sondern beides: die Familie spielt im Kapitalismus ökonomisch *und* ideologisch gesehen eine Rolle. Grob gesagt, besteht die ökonomische Rolle darin, eine bestimmte Art produktiver Arbeitskräfte zur Verfügung zu stellen, gleichzeitig aber auch ein Heer von Konsumenten. Das ist spezifisch kapitalistisch. Diese ökonomische Funktion geht einher mit der Ideologie, die notwendig ist, um die fehlenden Ideale der bäuerlichen, feudalen Gesellschaft zu produzieren; ein Ort, an dem Freiheit und Gleichheit herrscht, und wo man das Privateigentum genießen kann. Diese Ideologie bezieht ihr Grundprinzip aus der Vergangenheit und ist trotzdem entscheidend für die Gegenwart: ohne diese könnten sich die Menschen ja nach der Vergangenheit als einem goldenen Zeitalter sehnen; wenn Utopismus in irgendeiner Form auftaucht, so führt er oft dazu, nach einem Rückblick in die Vergangenheit nach vorne zu schauen und somit die konservativsten Faktoren überhaupt: sie zementiert vergangene Ideale und präsentiert sie als gegenwärtige Freuden. Durch die bloße Tatsache, daß die Familie existiert, verhindert sie Zukunft. Kein Wunder, daß die Revolutionäre in Verzweiflung verfallen: schafft die Familie ab – sie ist *das* Hindernis für Fortschritt schlechthin, in ihr wird eine Rückständigkeit bewahrt, die selbst im Kapitalismus theoretisch abgelehnt wird, obwohl das System natürlich wesentlich darauf beruht.

Die Funktion der Ideologie, nämlich die Ideale, die aus einer vergangenen Realität entstanden sind, an sich zu nehmen und zu bewahren, erklärt, zumindest in diesem Zusammenhang, wie sehr der ideologische Überbau und die ökonomische Basis auseinanderfallen. Das ideologische Gebäude erscheint weniger variabel, um sich im Zuge revolutionärer Veränderungen in der Produktionsweise behaupten zu können. Die Wertvorstellungen der heutigen Familie passen eigentlich eher zur landwirtschaftlichen Produktion. Die Funktion von Ideologie besteht genau darin, den Anschein von Kontinuität und Fortschritt zu geben. Die herrschende Ideologie ist nicht zu trennen von den herrschenden ökonomischen Verhältnissen, hat aber trotzdem eine gewisse Autonomie und ihre eigenen Gesetze. Somit kann die Ideologie der Familie bestehen bleiben: Individualismus, Freiheit und Gleichheit (zu Hause bist du du selbst), während die soziale und ökonomische Realität mit einer solchen Konzeption ziemlich in Widerstreit stehen kann. Die Widersprüche zwischen den ideologischen Intentionen der Familie und deren sozioökonomischer Basis bedeuten nicht, daß erstere als falsch angesehen werden müssen. Ganz im Gegenteil, wenn die Maschen ihres Netzes enger werden, protestieren wir zugunsten der Ideologie: »Ich kann überhaupt nichts sagen, ohne daß du gleich wütend wirst... Ich darf nicht einmal meine eigenen Gedanken haben... Ich habe nichts, was nur mir gehört...«

Der ideologische Begriff der Familie impliziert ein Paradox, das den Widerspruch reflektiert zwischen der Familie und der herrschenden kapitalistischen Produktionsweise. Wie ich schon erwähnt habe, beinhaltet diese Produktionsweise gesellschaftliche Produktion (eine Masse oder ein Team von Arbeitern), und die Familie schafft den Ausgleich zu der Aneignung dieser gesellschaftlichen Produktion, indem sie Privateigentum für jedes Individuum anbietet oder zur Verfügung stellt. Derselbe Widerspruch besteht heute auch innerhalb der Familie. Die Familie ist die grundlegendste (die früheste und ursprünglichste) Form gesellschaftlicher Organisation. Als sie im Kapitalismus das als Ideal verkörpern sollte, was man im Feudalismus als ihre ökonomische Funktion ansah, kam es zu einem chronischen Widerspruch. Was bisher eine *geschlossene* Einheit innerhalb der komplexen gesellschaftlichen Struktur war, zerfällt aufgrund von veränderten gesellschaftlichen Bedingungen. Die Bauernfamilie arbeitet gemeinsam für sich selbst, sie *ist* eine Familie. Die Familie und die Produktion sind homogen. Aber die Mitglieder einer Arbeiterfamilie arbeiten getrennt voneinander, für verschiedene Arbeitgeber, an verschiedenen Orten; und, obwohl die Familieninteressen sie verbinden, zerfällt diese Einheit notgedrungen aufgrund der unterschiedlichen Arbeitsplätze und der Arbeitsbedingungen. Teilweise besteht die Funktion der Familienideologie im Kapitalismus darin, diese Einheit zu erhalten, obwohl sie im wesentlichen bereits aufgelöst ist. Dabei verstrickt sie sich allerdings selbst in unentwirrbare Knoten. Die Arbeit im Kapitalismus ist gesellschaftlicher Natur und von daher spaltet sie die Einheit der Familie, verschafft ihr aber auch Geltung als gesellschaftliches Phänomen.

Die Bauernfamilie hat ihr Privateigentum als Familieneigentum in Besitz gehabt; aber der theoretische Individualismus im Kapitalismus kann sich nicht auf eine soziale Gruppe beziehen (auch nicht auf die moderne Kleinfamilie); er muß sich auf das Individuum beziehen, weil er dies der gesellschaftlichen Arbeit entgegensetzt. Es sieht fast so aus, als wenn die Familie immer kleiner geworden wäre, um als Einheit bestehen zu können, in einem verzweifelten Kampf dagegen, daß sämtliche Familienmitglieder in alle Winde zerstreut werden. Im Kapitalismus wird nicht die Einheit der Familie individualisiert, sondern jedes Familienmitglied soll ein Individuum sein. Kein Wunder, daß es da Spannungen gibt. Theoretisch soll jeder für den anderen da sein, aber bei jeder Begegnung – Schule, College, Universität, Arbeit – steht jeder für sich allein da, werden wir alle vereinzelt. Dieser Widerspruch zwischen einer Ideologie, die Privatsphäre, Individuum und Familie auf ihre Fahnen schreibt, und dem grundlegenden gesellschaftlichen Charakter der Familie, der durch den Kapitalismus und die damit verbundene gesellschaftliche Arbeit ins Spiel gebracht worden ist, ist die Basis für die vielen psychischen Probleme, die (in England) in den Arbeiten der Psychiater Laing, Esterson und Cooper zum Ausdruck kommen. Jedes Familienmitglied will ein Individuum sein – jedoch wird die gesamte Familie dem Anspruch nach als individuell hingestellt . . . »Mary ist nicht wie meine anderen Kinder, sie ist schon immer anders gewesen . . . sie denkt und tut, was sie will, sie hat so einen Dickkopf, deswegen ist so viel schief gelaufen, und deswegen habe ich sie zu Ihnen gebracht, Herr Doktor.« Die Aufgabe der Frau besteht darin, die Familie zusammenzuhalten, während sich die Familie in ihre Einzelteile auflöst, und alle verschiedene Wege gehen.

Vielleicht liegt in diesem doppelten Widerspruch die Möglichkeit, die Familie aufzulösen, was bereits unter kapitalistischen Bedingungen Zukunft hätte. Die gesellschaftliche Produktion gibt der Familie ihre gesellschaftliche Form zurück, nämlich eine soziale Gruppe von Individuen; macht sie tatsächlich zu etwas wie früher, als die Familie kaum mehr war als eine Familie im biologischen Sinne. Aber eben nur so ähnlich wie damals; endgültige Formen ähneln fälschlicherweise postulierten ursprünglichen Formen – der Unterschied besteht darin, daß die gesamte gesellschaftliche Entwicklung zum Tragen kommt, und der Unterschied zwischen den gesellschaftlichen Gruppen, die der Familie mit Privatinteressen vorausgingen, und den gesellschaftlichen Gruppen im Anschluß daran ist der Unterschied zwischen dem goldenen Zeitalter des primitiven Kommunismus und dem revolutionären Kommunismus. Für ersteren ist es zu spät und für letzteren höchste Zeit. Und inzwischen wird die Entwicklung gleichzeitig verzögert und beschleunigt durch eine in sich widersprüchliche Familienideologie, die den Individualismus der Einheit nur über den die Familie auseinanderreißenden Individualismus der einzelnen Mitglieder bewahren kann.

Kapitel IX: Psychoanalyse und Familie

Die Frauenbewegung muß sich verstärkt mit der Kleinfamilie auseinandersetzen. Dabei müssen insbesondere die Strukturen, d. h. die verschiedenen Rollen der Frau, untersucht werden, die sich als Unterdrückung innerhalb der Familie manifestieren. Die Einheit der Kleinfamilie muß in ihre Einzelteile zerlegt werden.

Im Verlauf dieser Analyse müssen wir die konkrete Rolle und das Wesen der heutigen Kleinfamilie auch von innen heraus untersuchen. Wir müssen die Funktion der Familie auf allen Ebenen bestimmen können. Gleichzeitig jedoch müssen wir sie als *relativ* konstante Einheit im Vergleich mit dem gesamten Verlauf der Sozialgeschichte sehen. Die Familie als solche ist bis zu einem gewissen Grad autonom und auch unflexibel, unabhängig von dem Stadium der ökonomischen Entwicklung der Gesamtgesellschaft. Das kommt daher, daß die Familie zum Teil ganz eindeutig im ideologischen Überbau angesiedelt ist – auch dann, wenn dies mit ihrer ökonomischen Situation zusammenfiel, wie im Falle der kleinbäuerlichen Familie: »(Zum Tempel) kamen Leute und ließen Weihrauch abbrennen und beteten für Glück, gute Ernten *und viele Kinder*.«[109] (Hervorhebung von J. M.)

Und ...

> (... im vorrevolutionären China) war die Größe der Familie besonders bedeutsam und interessant. Die Landbesitzer und die reichen Bauern hatten durchschnittlich mehr als fünf Personen pro Haushalt, die mittleren Bauern weniger als fünf, die armen Bauern zwischen drei und dreieinhalb, die Lohnarbeiter etwa drei ... Diejenigen, die überhaupt kein Land besaßen oder nur ganz kleine Pachtgüter, waren oft gar nicht in der Lage, überhaupt zu heiraten. Wenn sie trotzdem heirateten, konnten sie ihre Familien nicht zusammenhalten, viele Kinder starben an Seuchen und Hungersnot, viele mußten ihre Kinder, oder sogar ihre Frauen, verkaufen, und somit war deren Haushalt nur halb so groß. Wenn der Landbesitz in der vorrevolutionären Phase auf der Grundlage der Anzahl der Familien anstatt pro Kopf berechnet worden wäre, wäre die Konzentration von Vermögen in den Händen der Landbesitzer und reichen Bauern deutlicher zum Ausdruck gekommen. Auf

dieser Grundlage – einer sehr realistischen für China, wo schon immer eher die Familie als das Individuum im Vordergrund stand, hatten die Landbesitzer und die reichen Bauern, die nur 5 Prozent der Familien ausmachten, 31 Prozent des Landes unter Kontrolle ...[110]

Heute muß die ideologische Funktion immer noch ganz klar im Zusammenhang mit der ökonomischen Funktion gesehen werden, obwohl beide sich unterschiedlich verändert haben und eine wesentliche Verlagerung stattgefunden hat.

Wenn wir uns nur auf die erste Analyse beschränken, d. h. auf die Bedeutung der Familie oder der verschiedenen Rollen der Frau, dann wird dabei Soziologie herauskommen, und zwar die Art von Wissenschaft, die in den letzten zehn Jahren die akademischen Buchläden in der angelsächsischen Welt förmlich überschwemmt hat. Wenn wir nur die Stellung der Familie innerhalb der kapitalistischen Gesellschaft untersuchen, werden wir zu einem bloßen Idealismus gelangen, weil wir dann Gefahr laufen, die Familie als abstraktes Gebilde zu sehen:

> ... Diese Familie, die im Anfang das einzige soziale Verhältnis ist, wird späterhin, wo die vermehrten Bedürfnisse neue gesellschaftliche Verhältnisse und die vermehrte Menschenzahl neue Bedürfnisse erzeugen, zu einem untergeordneten ... und muß alsdann nach den existierenden empirischen Daten, nicht nach dem Begriff der Familie ... behandelt und entwickelt werden.[111]

Ja und nein. Eine politische Analyse der Familie, die ja auch ganz entscheidend ist für die Frauenbewegung, impliziert eine zweifache Vorgehensweise: sowohl die Untersuchung der empirischen Daten als auch die Bedeutung der ideologischen Konzeption: die Familie selbst und die Familie als Begriff, d. h. als vorausgesetztes einheitliches Gebilde.

Die Familie macht die Frau

Hier sollen vor allem die Auswirkungen der kapitalistischen Kleinfamilie auf die in ihr verstrickten Frauen diskutiert werden. Auf einer bestimmten Ebene sind die Frauen in den Familien heute die wichtigsten Bewahrerinnen für das, was die Gesellschaft uns als tolle Illusionen vor die Füße wirft: Freiheit, Gleichheit, Individualität. »Meine Frau und ich sind gleichberechtigt« – das wäre das Gegenstück zu den beiden Industriepartnern. Gleichberechtigung und Partner impliziert eine feine Linie, die zur *Mitte* hin gezogen wird. In beiden Fällen gibt es eine Ober- und eine Unterseite, milde ausgedrückt eine ungleiche Arbeitsteilung und eine ungleiche Verteilung der Profite.

Die Familie ist eine Festung für das, was im Kapitalismus erhalten werden muß, in Wirklichkeit aber zerstört wird, nämlich Privateigentum und Individualismus. Die Hausfrau und Mutter hütet und repräsentiert diese Werte. Damit wird sie zur rückständigen und konservativen Kraft, und genau das bedeutet ihre Unterdrückung. Sie wird dazu gezwungen, der Stein im Strom zu sein. Ihre Arbeit verrichtet sie im privaten Bereich, und diese Arbeit wird, eben weil sie privat ist, nicht überwacht. Daher kommen dann auch diese selbstgefälligen, mystifizierenden Aussagen, wie z. B. »du kannst über deine Zeit verfügen, du bist dein eigener Boss«, die an die Hausfrauen gerichtet werden. Jeder Produktionsprozeß, der vereinte gesellschaftliche Kräfte und Kooperation (erzwungen oder freiwillig) beinhaltet, erfordert auch Überwachung oder Leitung; nur isolierte Arbeit ist frei von diesem Erfordernis. Die Freiheit der Hausfrau ist gleichbedeutend mit ihrer Isolation.

Die Auswirkungen der Unterdrückung

Die Frauen in der Familie, die alleine arbeiten und mit dem bißchen Eigentum zurechtkommen müssen, sind daran gewöhnt, dem Gang und den Implikationen gesellschaftlicher Arbeit fern zu sein. Aufgrund der immer stärker zutage tretenden Widersprüche ihrer Stellung wird auch das Bewußtsein über ihre Unterdrückung immer stärker. Hier läge ein Ansatzpunkt für eine revolutionäre Veränderung. Gleichzeitig dürfen wir aber nicht die Narben vergessen, die diese Unterdrückung hinterlassen hat.

Genauso wie es einerseits von entscheidender Bedeutung ist, daß wir uns niemals vorwerfen lassen dürfen, die Stärke der Frauen zu unterschätzen, so müssen wir uns immer bewußt sein über die Schwierigkeiten unserer Situation. In einem anderen Kontext (bewaffneter Kampf) sprach Mao von linkem Sektierertum (Kämpfe im Alleingang und Überschätzen der Schwierigkeiten) und von rechtem Opportunismus (Unterschätzung der eigenen Stärke und Angst vor dem Kampf). Auf der einen Seite müssen wir es wagen zu kämpfen und müssen wir uns auch zutrauen, zu gewinnen; auf der anderen Seite müssen wir den Kampf ernst nehmen. In der Frauenbewegung haben wir (zumindest in den USA) den ersten Schritt möglich gemacht und auch getan, aber wenn wir die Schwierigkeiten nicht richtig einschätzen, werden wir uns linkes Sektierertum vorwerfen lassen müssen – ein Voluntarismus, der schließlich vorübergehend zum Totengeläut würde.

Die Schwierigkeiten, mit denen wir konfrontiert sind, liegen nicht nur in der Opposition und dem Widerstand gegen das System, dem wir uns gegenüberstellen, sondern auch bei dessen Einflußnahme. Meiner Meinung nach laufen wir Gefahr, letzteres zu übersehen. Unsere Unterdrückungssituation wirkt sich ganz klar auf uns selbst aus. Wir müssen die Schwäche der Frauen als politische Kraft einschätzen, damit wir gerade *nicht* unter ihr zusammenbrechen. Die Frauenbewegung richtet sich an alle Frauen – wir müssen wissen, was wir wollen und was wir fordern.

Welche Auswirkungen hat nun die Unterdrückung in der Familie auf uns Frauen? Tendenziell werden die Frauen dort geistig beschränkt, wegen geringfügiger Anlässe eifersüchtig, irrational emotional, ab und zu gewalttätig, abhängig, selbstsüchtig, besitzergreifend, passiv, unflexibel und konservativ. Diese Eigenschaften sind nicht einfach das Ergebnis von männlichem Chauvinismus, noch werden sie fälschlicherweise den Frauen zugeordnet von einer sexistischen Gesellschaft, die alte Frau als Schimpfwort im Sprachschatz hat. *Diese Eigenschaften sind das Ergebnis der objektiven Bedingungen der Frau in der Familie* – die selbst wiederum in einer sexistischen Gesellschaft eingewurzelt ist. Niemand kann zurückgezogen in einer kleinen Welt leben, ohne daß das Auswirkungen psychischer und physischer Natur hätte. Bei den Bauern, die potentiell eine revolutionäre Kraft darstellen, gibt es vergleichbare Probleme. Ihr ganzes Leben lang haben sie um ein bißchen Land gekämpft, und auf dem Markt versucht jeder, den anderen mit seinen Produkten zu unterbieten; dabei wird natürlich revolutionäre Solidarität recht schwer für sie, und es ist dann auch sehr schwierig, Tendenzen zu bekämpfen, die auf selbstsüchtigen, privaten Profit abzielen. Ähnlich wetteiferten die Frauen schon immer um den besten Mann oder um die schönste Wohnung, die erfolgreichsten Kinder. Es ist schwer für Frauen, gesellschaftspolitische Kraft zu erlangen, wenn ihre Lebensbedingungen diese Möglichkeit per se ausschließen. Die Arbeiterklasse ist im

Kapitalismus die revolutionäre Klasse, weil sie gesellschaftliche Arbeit leistet, in dieser Gesellschaft allerdings auf eine antagonistische Art und Weise, was für die Arbeiterklasse bedeuten würde, diese Form abzuschaffen, um ein gesellschaftliches Potential freizusetzen und eine sozialistische Gesellschaft aufzubauen. Das heißt natürlich nicht, daß unterdrückte Völker kein revolutionäres Potential sind – ihre Unterdrückung gewährleistet das von vornherein. Aber wie die Unterdrückung im einzelnen aussieht, weist bereits auf die Probleme und Schwierigkeiten der verschiedenen Kämpfe hin.

»Women are wonderful« und »Black ist beautiful« – das sind zwar entscheidende Elemente in der Phase, in der wir uns zutrauen müssen, zu kämpfen und zu gewinnen, aber gleichzeitig müssen wir auch wissen, was die Unterdrückung bei uns bewirkt bzw. verhindert hat. Mir scheint, daß die Theorie des radikalen Feminismus an diesem Punkt versagt. Wenn gesagt wird, *die* Männer seien alle die Unterdrücker, statt, sagen wir, Männer in bestimmten Rollen (wie Vater und Ehemann), die als Vermittler der objektiv vorhandenen Unterdrückung agieren, dann brauchten wir nur noch die oben beschriebenen Eigenschaften abzulegen, und wir wären alle befreit. Der Kampf wäre viel leichter – weil er unmöglich ist. Wenn gesagt wird, daß Frauen keine der oben aufgezählten weiblichen Eigenschaften haben (oder nicht zu haben brauchen), so ist das moralisch und nicht politisch. Und dann würde der Kampf auch auf der moralischen Ebene weitergeführt: Es hat nie große Künstlerinnen gegeben... Doch, natürlich gab es sie. Ihr habt sie bloß nicht zur Kenntnis genommen, oder ihr laßt uns eben nicht so sein... Ich widme dieses Buch meiner Frau, ohne deren unendliche Geduld und entsagungsvolle Unterstützung... blablabla. Polemik und Wut sind gut und wichtig und haben auch ihren Platz – allerdings *innerhalb* der politischen Strategie und nicht an Stelle von Kampf.

Psychologie, Psychoanalyse und Empirismus

Wir müssen demnach die Auswirkungen der Familiensituation auf die Psyche der Frauen und der anderen Familienmitglieder untersuchen. Der radikale Feminismus geht davon aus, daß die ursprüngliche Unterdrückung der Frauen aus dem primären psychologischen Machtanspruch der Männer resultiert. Meiner Meinung nach wird damit ein schwerwiegender Fehler unserer Bewegung bestätigt, nämlich daß wir die Psychologie simplifizieren und bereitwilligst die Psychoanalyse wegen deren unbeliebter Theorie verwerfen. Wenn insbesondere die amerikanische Frauenbewegung Freud ablehnt, so wird damit wieder einmal die moralische Haltung gegenüber den oben erwähnten negativen weiblichen Eigenschaften bestätigt.[112]

Der Fehler liegt zum großen Teil bei den Analytikern nach Freud selbst und resultiert auch aus der verwirrenden Tatsache, daß Psychoanalyse, Psychologie und Psychiatrie miteinander verwechselt werden. In allen drei Disziplinen wurde Freuds Entdeckung einer neuen Wissenschaft auf einen fast schon vulgären Empirismus reduziert. Und auch die meisten Frauengruppen in der Frauenbewegung haben auf diese Weise reagiert.

Es besteht kein Zweifel daran, daß die Theorie, die die Freudianer von Freud übernommen und zu ihrer eigenen Theorie gemacht haben, sehr gefährlich und schädlich für Frauen ist und ganz entschieden bekämpft werden sollte. Sie ist auch gefährlich für die Psychoanalyse. Beispielhaft dafür ist der Beitrag der Princess Marie Bonaparte in ihrem Buch »Weibliche Sexualität«:

> ... Auf der anderen Seite scheint es im allgemeinen so zu sein, daß ein Mädchen, wenn sie keine richtige Frau werden will, ihre bis zur Zeit des Kastrationskomplexes normale phallische Masturbation noch in viel stärkerem Maße dem biologischen Kastrationskomplex unterwerfen muß, als das die erzieherischen Tabus könnten, und daß die weibliche Vagina, die zur Zeit der Pubertät erotisiert wird, passiv bereit sein muß, den männlichen Penis aufzunehmen, der sie erwecken wird. Denn die Rolle alles Weiblichen, von der Eizelle bis zur Geliebten, ist eine passive, wartende Rolle. Die Vagina muß die Ankunft des Penis ebenso passiv, verborgen und schlummernd erwarten wie die Eizelle das Spermium. Tatsächlich ist der ewig weibliche Mythos von der Sleeping Beauty ein Ausdruck dieser ersten biologischen Beziehung.[113]

Jede Seite dieses Buches ist noch schlimmer als die vorhergehende, irgendwann wird es sogar ganz lustig zu lesen; bis sie eine Operation beschreibt, bei der sie die Klitoris frigider Frauen transplantiert hat. Erstaunlicherweise hat es nicht funktioniert. Man könnte sich entsprechend einen auf den Bauch aufgepfropften Penis eines impotenten Mannes vorstellen. Wenn Bonaparte und ihresgleichen uns in den Empirismussumpf gezogen haben, ist es wohl sinnlos, sich auf ein

Gefecht auf gleicher Ebene einzulassen. Die Freudianer wollen uns ja glauben machen, wir Frauen hätten einen vaginalen Orgasmus – daher war es für uns von einigem Nutzen, daß Masters und Johnson uns recht gaben. Aber mehr als nützlich ist es eben auch nicht. Schließlich können wir schon einen Orgasmus haben, wenn wir nur daran denken. Man könnte Jahrhunderte damit zubringen, jedes Forschungsergebnis, das in der experimentellen Psychologie erbracht wurde, zu verifizieren oder zu falsifizieren. Auch die Versuche über Haltung und Einstellung Frauen gegenüber haben eigentlich nur einen gewissen Sammlerwert – aber auch nicht mehr als das. So beschreibt Naomi Weisstein in ihrem Artikel »Psychology Constructs the Female«[114], wie die Einstellung der Wissenschaftler die Antworten und Reaktionen der Forschungsobjekte bedingen (auch wenn es sich um Ratten handelt). Wenn sie also Untersuchungen anstellen über das Verhalten von Frauen, dann entdecken sie weibliches Verhalten von Frauen, dann entdecken sie weibliches Verhalten. Wir sollten aber nicht empört sein über die Dummheit dieser Untersuchungen (obwohl es sicherlich gerechtfertigt wäre), sondern uns dabei die Bedeutung und das Ausmaß von Ideologie vor Augen führen. Es kann ganz amüsant sein, wenn man Leuten sagt, dieses Buch oder jene Untersuchung sei von einem Mann geschrieben worden – schon glauben sie, es sei ausgezeichnet. Sagt man aber, es sei von einer Frau geschrieben, dann ist es mittelmäßig bis schlecht. Aber wissen wir das nicht schon längst? Ist eine solche Einschätzung oder Haltung nicht wesentlicher Bestandteil unserer Unterdrückung? Wenn wir davon überzeugt sind, daß wir unterdrückt werden, brauchen wir dann überhaupt solche Details, außer um diejenigen zu überzeugen, die nicht der Meinung sind, daß Frauen unterdrückt werden ... Diese Details sind Illustrationen unserer Theorie, nicht deren Wesensgehalt.

Naomi Weisstein befürwortet vor allem ein Verständnis für die individuelle Persönlichkeit im Zusammenhang mit ihrer oder seiner sozialen Umwelt. Das ist ganz besonders wichtig[115] und ist auch das Ziel der Familienanalysen, die die Psychotherapeuten Laing, Cooper und Esterson durchgeführt haben. Bei der Untersuchung zwischenmenschlicher Beziehungen haben sie auch den Generationenkonflikt psychologisch dokumentiert und analysiert. Diese Arbeiten sind symptomatisch für eine Zeit, in der die bestehende Jugend- und Studentenbewegung theoretisch analysiert wurde. In der Frauenbewegung wurden diese Analysen teilweise übernommen und verarbeitet, zusammen mit den dazugehörigen Wertvorstellungen. Aber dabei wurde möglicherweise übersehen, daß in diesen Arbeiten zwar die Konflikte zwischen den Generationen sehr gut und sehr verständlich dargestellt wurden, daß die sexuellen Konflikte und Spannungen aber fast unberücksichtigt blieben.

Bis jetzt haben weder die Familienpsychiater noch die Theoretiker der sexuellen Revolution (Reich und andere) noch die Freudianer in der angelsächsischen Welt sich besonders mit den Frauen auseinandergesetzt. Im Gegensatz dazu stehen Freud selbst und auch die Ansätze der Wissenschaft, die er begründet hat.

Freud und die Psychoanalyse

Zunächst einmal ist es für uns sehr wichtig, den Stellenwert der Psychoanalyse als einer Wissenschaft zu verstehen.

> In dem Aufsatz »Zur sexuellen Aufklärung der Kinder«, dem klassischen Dokument, in dem die Existenz eines Kastrationskomplexes und dessen Verbindung zu Phobien empirisch belegt werden soll, gründete Freud seine Analyse des kleinen Jungen auf die Berichte des Vaters, der selbst in einer Therapie und zudem ein eifriger Anhänger der Freudschen Theorie war. Bei dieser Art von verfälschter Beweisführung erübrigt sich ja jeder Kommentar... Intensive klinische Erfahrung über Jahre hinaus ist nicht zu vergleichen mit empirischen Belegen.[116]

Nein, das ist wirklich nicht dasselbe und sollte es auch nie sein. Damit würde vorausgesetzt, daß alle wissenschaftlichen Disziplinen nur mit Hilfe von naturwissenschaftlichen Methoden erprobt werden könnten. Im Gegenteil, eine neue Wissenschaft eröffnet immer neue Gebiete und bringt entsprechende neue Beweismethoden mit sich. Freud sagte dazu:

> Die Psychoanalyse wird als Wissenschaft nicht durch den Stoff, den sie behandelt, sondern durch die Technik, mit der sie arbeitet, charakterisiert. ... Sie beabsichtigt und leistet nichts anders als die Aufdeckung des Unbewußten im Seelenleben.[117]

Dieselbe Tendenz in Richtung auf empirische Gültigkeit, die man bei Naomi Weissteins Behauptung feststellen kann, ist auch in den Interpretationen der Therapie bei den Nach-Freudianern vorhanden. Freud meinte damit sicherlich am allerwenigsten den Anpassungsprozeß, der heute im allgemeinen vorherrscht.[118] Für ihn war die Psychoanalyse revolutionär, schockierend, subversiv – wie eine Seuche, die die gesamte Gesellschaft befallen würde. Mit dieser Überzeugung (die wohl mit jeder Entdeckung einer neuen Wissenschaft einhergeht) glich Freud der anderen großen wissenschaftlichen Entdeckung des neunzehnten Jahrhunderts, nämlich der marxistischen politischen Ökonomie und dem dialektischen und historischen Materialismus.

Die Psychoanalyse, die das Unbewußte und die gesamte Psyche eines Menschen erforscht, arbeitet damit auf einem Gebiet, in dem die Familie als bestimmendes Phänomen in Erscheinung tritt. Wenn wir uns mit Frauen beschäftigen, dürfen wir die Methoden einer Wissenschaft des Seelenlebens nicht vernachlässigen, einer Theorie, die zu erklären versucht, wie Frauen zu Frauen werden und Männer zu Männern. Die Grenze zwischen dem biologischen und dem sozialen Faktor, der in der Familie seinen Ausdruck findet, ist das Gebiet, auf dem die Psychoanalyse ansetzt und wo der Unterschied zwischen den Geschlechtern seinen Ursprung hat. Daß Freud persönlich eine reaktionäre Einstellung Frauen gegenüber hatte, beeinträchtigt seine gesamte Wissenschaft in keinster Weise – es wäre keine Wissenschaft, wenn dies zuträfe. Daß er natürlich beeinflußt war von den gesellschaftlichen Normen und Moralvorstellungen seiner Zeit, die durch seine Wissenschaft hätten über Bord geworfen werden können, ist weder ein Widerspruch noch eine Begrenzung seiner Arbeit. Er selbst sagte dazu: »Mein Leben ist nur wichtig in bezug auf die Psychoanalyse.«[119]

Eben diese Empirimusbegeisterung der Nach-Freudianer hat Freuds provisorische Analysen sexueller Unterschiede auf grobe, starre, fast beleidigende Begriffe reduziert. Unter den altbekannten Begriffen wie z. B. Penisneid verstehen die meisten einen Wunsch, das Objekt selbst in Besitz zu nehmen. Aber was dieser Theorie nun tatsächlich zugrunde liegt, ist Freuds viel umfassenderer Begriff von der Macht des Phallussymbols in der menschlichen Gesellschaft. Im Phallus selbst, in dem Objekt, ist seine soziale, ideologische und psychische Macht verkörpert. Diese grundlegende Unterscheidung und die Beziehung zwischen dem Bild und dem Gegenstand, seinem Objekt (nicht im platonischen Sinne), sind wesentlich für die psychoanalytische Theorie und führen, wenn sie außer acht gelassen werden, zu den Unsinnigkeiten empirischer Widerlegungen. So führte Freud beispielsweise das allgemeine Schuldgefühl auf das Vaterbild (in einer Person oder in der Gesellschaft) zurück. Ein Ausdruck dessen wäre das Onanieverbot in der Kindheit – die Tatsache, daß heute progressiver erzogene Kinder onanieren dürfen, ändert oder mildert in keinster Weise das allgemein vorhandene Schuldgefühl und beeinträchtigt auch nicht die *symbolische* Bedeutung von Onanie. Daß manche Kinder ihre Mutter heute oft nackt sehen, ändert nichts an den Vermutungen, daß sie irgendwann mal einen Penis hatte und jetzt kastriert ist – was dabei zählt, ist eigentlich nur die Bedeutung (die determiniert wird *nicht* durch den begrenzten sozialen Kontext, sondern auf dem Hintergrund, daß alle Menschen Gesellschaften bilden), die alle kleinen Kinder und in diesem Falle wohl alle Leute der Abwesenheit, dem Fehlen als solchem beimessen.

Was die Empiriker bearbeitet oder widerlegt haben, hat sich ziemlich katastrophal auf die ersten, ansatzweisen Schritte ausgewirkt, die Freud in Richtung auf ein Verständnis der Geschlechtsunterschiede unternommen hatte. Sie haben nicht nur seine Annahmen für endgültige Lösungen gehalten, sondern sie forderten von der Freudschen Psychoanalyse auch etwas, was gar nicht im Rahmen der Möglichkeiten dieser Wissenschaft steht. Das ist, wie wenn man Newton fragen würde, welche Auswirkungen der Luftdruck auf den Apfel habe, der gerade vom Baum fällt. Newton erforschte die Schwerkraft und nicht die Zersetzung von reifen Früchten. Wenn uns letzteres Aufschluß über ersteres gibt, schön und gut, aber es ist jedenfalls nicht seine Aufgabe.
Freud schrieb:

> ...Der Eigenart der Psychoanalyse entspricht es dann, daß sie nicht beschreiben will, was das Weib ist – das wäre eine für sie kaum lösbare Aufgabe, – sondern untersucht, wie es wird, wie sich das Weib aus dem bisexuell veranlagten Kind entwickelt.[120]

Wenn wir nicht wissen wollen, wie eine Frau eigentlich entsteht, dann lassen wir eben den Freud beiseite – aber zumindest sollten wir ihn nicht gebrauchen oder mißbrauchen, um uns zu sagen, was eine Frau ist, wenn die Wissenschaft, ihre Methode und ihr Begründer ein solches Vorgehen explizit untersagen.

Freud zu ignorieren wäre allerdings so, wie wenn man Marx nicht zur Kenntnis nähme – es deutet darauf hin, daß man vorwissenschaftlichen Theorien den Vorzug gibt vor wissenschaftlichen Entdeckungen. Ptolemäus hat noch immer die poetische Wahrheit auf seiner Seite –

die Sonne, die im Osten aufgeht, *scheint* quer über unseren Himmel zu wandern. Die Frauenbewegung kann es sich nicht leisten, nachsichtig zu sein gegen die schlechte Poesie über Frauen, wenn wir eine Wissenschaft zur Verfügung haben, mit der wir arbeiten, die wir kritisieren und ergänzen können. Die Psychoanalyse ist wie alle anderen Wissenschaften offen, nicht geschlossen und endgültig. Freud ist an Krebs gestorben, als er seine bekanntesten Analysen über die Frauen veröffentlicht hat. Er ist damit nicht weitergekommen, aber dieses ganze Gebiet können wir jetzt in Angriff nehmen.

Freud entdeckte die entscheidende Bedeutung der sozialen Umwelt für das Lebewesen Mensch; und die Tatsache, daß diese biosexuelle Auslegung des Anatomisch-Biologischen die Person zu einer Person macht und die Seele, das Bewußte und Unbewußte bildet. Diese soziale Interpretation ist sowohl individuell als auch gleichzeitig allgemein; das menschliche Wesen wird nicht erst mit seiner Geburt ein Mensch – es ist bereits Hunderttausende von Jahren zuvor ein Mensch geworden. Die persönliche Lebensgeschichte, das gesamte kulturelle Erbe des Menschen (allgemein und spezifisch) und das biologische Schicksal der Anatomie wirken da zusammen und sind miteinander verflochten. Der Ort für ihre Interaktion ist das Netz von Primärbeziehungen, die normalerweise, aber nicht notwendigerweise in der Familie ihren Ausdruck finden. Diese Beziehungsstruktur und ihre Implikationen für die menschliche Kultur, soweit wir sie bisher erfahren haben, nannte Freud die ödipale Situation, in der zwei Elternteile beiderlei Geschlechts, deren Beziehungen untereinander, und die zu ihrem Kind und umgekehrt eine Rolle spielen. Für die Empiriker ist es unwesentlich, ob das Kind bei der Geburt adoptiert wird: dies gehört bereits zu unserer Kultur wie zu unserer Biologie. Freud analysierte die Auswirkungen dieser Struktur. Daß er in einer patriarchalischen Kultur arbeitete, bestimmte natürlich seine Forschungsergebnisse, aber damals wie heute wachsen alle Menschen in patriarchalischen Kulturen auf. Nicht nur Freud, sondern wir alle werden dadurch bestimmt. Die Existenz matrilinearer oder matriarchalischer Gesellschaften widerspricht dem nicht; sie sind Randerscheinungen, psychoanalytisch noch nicht erfaßt, und wir wissen noch nicht viel über die Bedeutung, die der Existenz eines Vaters beigemessen wird. Abstrahiert von der gesetzlichen – oder gewohnheitsrechtlichen – Situation könnte die Vorstellung eines Vaters nach wie vor sehr bestimmend sein, und wir müssen im Auge behalten, daß es immer einen Vater *gibt*, und daß die *Idee* eines Vaters oder der Begriff Vater von Freud untersucht worden ist.

In der klassischen ödipalen Situation liebt der Junge seine Mutter, unterdrückt und verdrängt aber diese Liebe, haßt seinen Vater als Rivalen um seine Mutter und verdrängt seinen Haß, indem er sich mit dem Objekt seines Hasses identifiziert. Eines Tages wird er selbst Vater sein und eine eigene Frau haben (Frau-Mutter). Das Mädchen liebt den Vater und haßt ihre Mutter als Rivalin, aber sie muß diesen Haß nicht so stark verdrängen wie der Junge. Sie kann ihre Mutter imitieren (wie auch der Junge seinen Vater) und weiterhin mit ihrem Vater flirten (was der Junge mit seiner Mutter *nicht* kann). Der Junge darf seine Mutter nicht mehr begehren, weil er sich bewußt wird, daß sein Penis mit dem seines Vaters nicht konkurrieren kann. Er hat Angst vor Kastration. Das Mädchen entdeckt dann aber, daß sie gar nicht kastriert werden kann, da sie ja keinen Penis hat. Ihre Mutter allerdings auch nicht. Das Mädchen wird also wie ihre Mutter aufwachsen, und der Junge wird ein *anderer* Vater werden. Das Mädchen wird wohl kaum die Notwendigkeit sehen, die ödipale Szene zu verlassen. Dies setzt allerdings zwei Dinge voraus (die beide mit Freud etwas zu tun haben): 1. einen grundsätzlichen heterosexuellen Trieb, der die beiden Geschlechter gegenseitig anzieht, 2. die Tatsache, daß das Phallussymbol wohl das mächtigste Symbol in der gesamten Gesellschaft ist. Jedenfalls beginnt für das anatomisch weibliche Wesen in der ödipalen Situation der Weg in Richtung auf ihr soziales Schicksal als Frau und für das männliche Wesen das Mannsein. Ja nachdem, wie sich der Junge und das Mädchen auf diesem Weg bewegen, werden bestimmte Charakteristika ausgebildet. Bei den Frauen sind diese dann noch verbunden mit den oben beschriebenen negativen Eigenschaften und Verhaltensweisen, die aus ihrer Unterdrückungssituation resultieren.

Sehr viel später entschloß Freud sich zu der Annahme, daß die ödipale Situation nicht zu einem bestimmten Zeitpunkt einsetzt (etwa mit zwei Jahren), sondern daß sie sich auf die Eintrittsphase eines jeden Fötus und jeden Kindes in die menschliche Gesellschaft erstreckt. Diese Phase des Übergangs und der Verschmelzung der biologischen Konstitution mit der sozialen Umwelt ist der Gegenstand der Psychoanalyse. Hier wird das Kind mit seinen spezifisch männlichen oder weiblichen Geschlechtsorganen (obwohl es eine bisexuelle Disposition behält, die sich mit den sozial-sexuellen Charakteristika der beiden Geschlechter entwickeln könnte) trotz alledem in einer bestimmten Art und Weise erzogen (oder zivilisiert), nämlich entsprechend seinen oder ihren anatomischen Voraussetzungen.

Auf diesem Gebiet muß jede Analyse der Stellung und Bedeutung der Frauen ansetzen. Die reaktionäre Ideologie verweist uns immer auf unser biologisches Schicksal (kleiner ist gleich schwächer, gebären ist tierisch usw.). Wir können nicht einfach sagen: »Aber eben die Bedeutung, die diesen Tatsachen von der Gesellschaft beigemessen wird, ist problematisch – und genau das werden wir in Frage stellen und verändern.« Diese Bedeutung ist bereits seit unserem Eintritt in die Gesellschaft vorhanden; sie fällt in Wirklichkeit mit der Gesellschaft zusammen.

Die Psychoanalyse erforscht die primären Wechselbeziehungen zwischen den menschlichen Individuen. Gemäß ihrer Definition ist dies eine Analyse der grundlegendsten sozialen Formation, die ihren Ausdruck findet in den verschiedenen Familienformen:

> Aus der Natur der Dinge, welche das Material der Psychoanalyse bilden, folgt, daß wir in unseren Krankengeschichten den rein menschlichen und sozialen Verhältnissen der Kranken ebensoviel Aufmerksamkeit schuldig sind wie den somatischen Daten und den Krankheitssymptomen. Vor allem anderen wird sich unser Interesse den Familienverhältnissen der Kranken zuwenden und zwar, wie sich ergeben wird, auch anderer Beziehungen wegen als nur mit Rücksicht auf die zu erforschende Heredität.[121]

Schlußfolgerungen und Kommentare zu den Kapiteln VI, VIII und IX

Die Analyse der Familie muß an drei Punkten ansetzen. Der Keim der Familie ist verantwortlich für das psychische Entstehen von Individuen; dieser Keim hat bestimmte allgemeine Charakteristika – heterosexuelle Eltern und Kinder (Nachkommen) (siehe Kapitel IX). Die herrschende Familienideologie ordnet den verschiedenen Formen und Funktionen der Familie eine bestimmte Atemporalität und Beständigkeit zu, d. h. durch die Ideologie entsteht eine Kontinuität, die durch ein ständiges Zurückschauen in die Vergangenheit gesichert wird, und gleichzeitig verkörpert die Familie bestimmte Werte, die die Ideale vorangegangener Systeme waren (siehe Kapitel VIII). Die ökonomische Funktion der Familie gibt ihr eine spezifische zeitliche

Form: die Tatsache, daß dieser Funktion der Erfolg gesichert ist durch die Rolle, die diese Ideologie innerhalb der Familie spielt – der Gehorsam der Kinder, die Abhängigkeit und Unterwürfigkeit der Ehefrau usw. – sollte nicht mit der ideologischen Konzeption der Familie als solcher und mit der oben erwähnten herrschenden Ideologie verwechselt werden (siehe Kapitel VI). Die biologisch-sozialen, ideologischen und ökonomischen Faktoren hängen alle auf komplexe Weise miteinander zusammen; die Wechselbeziehungen zwischen diesen Elementen erfordern ein Verständnis für jedes Element. Die Psychoanalyse, die sich vor allem mit dem biologisch-sozialen Faktor beschäftigt, darf als wissenschaftliche Methode genausowenig vernachlässigt werden wie der wissenschaftliche Sozialismus, der sich mit letzterem, dem ökonomischen Faktor auseinandersetzt; und beide sind notwendig, um ein Verständnis für den ideologischen Überbau zu entwickeln.

Kapitel X: Aufbruch aus der Unterdrückung...

Kommentare und Schlußfolgerungen

Die Frauenbewegung entstand in der zweiten Hälfte der sechziger Jahre unter dem Einfluß von zwei verschiedenen Strömungen. Zum einen sind das die Widersprüche, die bezüglich der Stellung der Frauen in der spätkapitalistischen Gesellschaft zutage traten.

Die gesellschaftliche Position der Frauen ist zum einen durch ihre Position im Haus und in der Familie und außerhalb des Hauses im Produktionsbereich definiert. Die Lage der Frauen am Arbeitsplatz steckt voller Widersprüche. Die Frauen arbeiten in den hochtechnisierten und auch in den rückständigsten Wirtschaftsbereichen. Männer arbeiten *überall*, entsprechend ihrer Klassensituation. Frauen sind entscheidend für die Expansion des Verbraucherbewußtseins (z. B. als Sexualobjekte in der Werbung), zugleich sind sie aber auch ständig das *billigste* Arbeitskräftereservoir, das in den konventionellen Industriesektoren aus der Zeit des Frühkapitalismus eingesetzt wird (siehe beispielsweise die Arbeitsbedingungen in der englischen Wollindustrie). Ein großer Widerspruch besteht zwischen der Stellung der Frau im Produktionsbereich und einer Ideologie, die die Frauen praktisch aus der öffentlichen Produktion ausschließt (die meisten Leute sind sich überhaupt nicht im klaren darüber, wie viele Frauen tatsächlich arbeiten gehen). Und das ist der Widerspruch zwischen der Rolle der Frau in der Familie und ihrer Rolle im Produktionsbereich und am Arbeitsplatz: eines leugnet das andere. Zudem liegen in der Familie selbst die Widersprüche aufgrund der Familienideologie (die sie stabilisiert) und ihrer ökonomischen Funktion (die sie verändert). Innerhalb der Familie sollen Reproduktion und Kindererziehung einander ausgleichen, das wird jedoch immer bedenklicher: Empfängnisverhütung und Bevölkerungsexplosion zeigen die Möglichkeiten und die Notwendigkeit, weniger Kinder in die Welt zu setzen; in der Psychologie wurde der frühkindlichen Phase entscheidende Bedeutung beigemessen; die Frauen sollen jetzt, wo sie weniger Kinder zur Welt bringen, mehr Zeit für die Kindererziehung verwenden. Wie lange wird aber eine »Nur-Mutter« wirklich gebraucht, wenn allgemeine Schulpflicht besteht und die Kinder immer früher die Volljährigkeit erlangen? Wahrscheinlich so lange, wie ihr soziale Möglichkeiten und Einrichtungen (Ganztagskindergärten, ökonomische Unabhängigkeit usw.) vorenthalten werden, die ihr freie Wahl- und Entscheidungsmöglichkeiten offenließen. In der Sexualität gibt es ebenfalls Widersprüche: einerseits können Frauen sexuelle Freiheit genießen (die Moral hat sich gewandelt, und es gibt zuverlässige Verhütungsmittel), aber gleichzeitig werden sie im stärkerem Maße als Sexualobjekte ausgebeutet. Sexuelle Freiheit und eine freizügigere Einstellung der Ehe gegenüber, was beides theoretisch die Ehe unterminieren *könnte*, sehen in der Praxis jedoch ganz anders aus, zumindest für die Frau, die dann sehr häufig mit dem Kind allein sitzengelassen wird. Da es immer einen Widerspruch gibt zwischen der Art und Weise, wie Frauen versorgt werden (auch in den niedrigsten Lohn- und Einkommensgruppen), und ihrer persönlichen Armut, führt die neue, rein abstrakte Befreiung der Sexualität und die lässige Handhabung der Ehen die Frauen sehr häufig in viel größere Unsicherheit – ökonomisch wie emotional gesehen. Es kann nicht genügend betont werden, in welchem Maße das Fehlen möglicher ökonomischer Unabhängigkeit auch bei den erwerbstätigen Frauen die Familie trotz aller Widrigkeiten stabilisiert. Die Ehe ist eine lebenslange Verbindung. Aber in der Zeit vor diesem Jahrhundert, als die Menschen später heirateten und früher starben, konnte diese Verbindung eigentlich nicht länger als zwanzig Jahre bestehen, von denen fünfzehn Jahre mit Geburten und Kindererziehung verbracht wurden. Heute jedoch verlassen die Kinder bereits das Haus, bevor die Hälfte der Zeit der Ehe um ist. Der Mann muß weiterhin hart arbeiten, um seine Frau zu unterstützen, auch wenn die früher abhängigen Kinder nicht mehr zu Hause sind. In dieser mißlichen Lage kommen sexuelle Spannungen in viel stärkerem Maße zum Vorschein als die ökonomischen Absurditäten: in der viktorianischen Zeit erwartete die Ehefrau überhaupt keine Befriedigung, sie war meistens schwanger, und die sexuelle Erlebnisfähigkeit brach jäh mit dem Alter ab. Heute ermöglichen Ernährung und Psychologie sexuelle Potenz, und beide, Mann und Frau, können sich begehren »bis daß der Tod sie scheidet«. Die steigende Scheidungsrate ist sicherlich weniger auf unstabilere Ehen als vielmehr auf die höhere Lebenserwartung zurückzuführen.

Dies sind also einige Widersprüche in der Stellung der Frau innerhalb ihrer Welt – der Familie – und innerhalb der Wirtschaft – einer Männerwelt. All diese Faktoren haben zweifellos ein Wiederaufleben des Feminismus verursacht. Aber auch ein zweiter Faktor, nämlich die vorangegangenen und gleichzeitigen politischen Bewegungen der sechziger Jahre, war verantwortlich für den Zeitpunkt des Entstehens der neuen Frauenbewegung und für viele Charakteristika (und auch für ihr revolutionäres Potential).

Black Power, Jugend-, Studenten- und Friedensbewegungen verkörperten Werte, die alle irgendwie in dem Begriff Frauenbefreiung ihren Ausdruck fanden. In den Vereinigten Staaten waren die schwarzen Frauen sowohl innerhalb wie auch außerhalb ihrer Rasse am stärksten unterdrückt: mit einer politischen Bewegung würden sie selbst dieser ihrer Stellung gerecht werden. Der wohl wichtigste Faktor für die Frauenbewegung war die Tatsache, daß die Black-Power-Bewegung sich auf die allgemeine Unterdrückung konzentrierte und nicht nur auf die ökonomische Ausbeutung; außerdem begründete diese Bewegung eine autonome Politik und Strategie. Alle diese Bewegungen haben die Subjektivität, die Bedeutung der Emotionalität und die Notwendigkeit persönlicher Freiheit und die Achtung vor der persönlichen Freiheit anderer wiederentdeckt und zu neuen Werten erklärt. Subjektivität, Emotionalität und ein Sich-Sorgen um die anderen wurden früher sehr häufig zu femininen Eigenschaften erklärt. Ironischerweise hat die Gegenkultur Werten den Vorrang gegeben, die bislang als weibisch abgewertet wurden. »Make love not war« – das Persönliche hat Priorität – was für Frauen früher ein Muß war. Zusammengehörigkeitsgefühl und eigene Sachen machen – wozu Frauen schon immer in der sie erstickenden Familie und in der Isolation zu Hause verurteilt waren – wurden jetzt andere Inhalte gegeben. Daß sich die Männer in den politischen Bewegungen zu Anfang diese weiblichen Werte aneigneten, eröffnete den Frauen zunächst hoffnungsvolle Perspektiven in den neuen Gruppen und Organisationen. Als sie dann allerdings feststellen mußten, daß sie auch da, wo ihre aus der Unterdrückung resultierenden Eigenschaften an der Tagesordnung schienen, eine (milde ausgedrückt) zweite Rolle spielten, griffen sie mit Zorn und Wut um sich.

Die Situation, in der der sogenannte Generationenkonflikt (in den frühen sechziger Jahren) entstand, und die darauffolgenden Jugendbewegungen haben viele Widersprüche gemeinsam, aufgrund derer auch die Frauenbewegung entstanden ist. Der Jugendkult und die Verehrung ihrer Wonnen ging einher mit tatsächlicher ökonomischer Entbehrung. Junge Leute, die mit fünfzehn die Schule verlassen, erwartet eine hohe Arbeitslosigkeit (in Großbritannien und in Nordamerika), und die Löhne sind extrem niedrig. Wir honorieren die frühe körperliche Reife bei den Jugendlichen, indem wir das Volljährigkeitsalter von 21 auf 18 heruntersetzen, gleichzeitig aber zwingen wir diese reifen Menschen, aufgrund der prekären Wirtschaftslage und der herrschenden Ideologie, in höchst unreifen Institutionen zu bleiben, solange es nur irgend möglich ist, d. h. in den Schulen, Colleges und Universitäten. Wenn sie sich weigern, geben wir ihnen keinen Lebensunterhalt, und somit werden sie gezwungen, weiterhin bei ihren Eltern wohnen zu bleiben, obwohl ihre emotionale und sexuelle Erfahrung schon längst die Grenzen normaler familiärer Repressionen übersprungen hat. Die Jugendlichen werden in den Institutionen der Kindheit – Familie und/oder Schule – festgehalten, es wird ihnen gesagt, daß Jugendzeit gleich Freiheit und Macht ist, gleichzeitig aber können sie dies alles noch nicht einmal in Ansätzen realisieren, denn dazu fehlt ihnen erst einmal eine angemessen bezahlte Arbeit; und somit sind sie in einem vergleichbaren Dilemma wie die Frauen: der Widerspruch zwischen ihrer theoretischen Freiheit und der tatsächlichen ökonomischen Entbehrung macht die Theorie zu einer Farce. Hierbei ist aber nicht relevant, ob die Studenten die neuen Armen sind oder ob die Jugendlichen im allgemeinen arm sind, sondern der Widerspruch zwischen den Voraussetzungen, mit denen man sie konfrontiert, und den ökonomischen Bedingungen, die diese zum Gespött machen, hat einen großen Teil ihres politisch radikalen Bewußtseins hervorgebracht.

Ein großer Teil des radikalen Protests wurde zur Forderung nach Verwirklichung der Dinge, die wir eigentlich ohnehin haben sollten. Die Forderung nach persönlicher Freiheit findet ihren Ausdruck in der Drogenkultur, dem Drop-out-Syndrom und den neuen Lebensformen usw. Die Forderung der Studenten beispielsweise, die Rechte, die Privilegien und die Reife zu genießen, die ihnen die Ideologie scheinbar längst zugesteht, liegt auch dem Wunsch der Studenten nach mehr Beteiligung und Mitbestimmung in der Universität zugrunde. Wenn die Gesellschaft sagt, wir seien ja so glücklich, so reif usw., dann wollen wir das auch spüren – wir wollen versuchen, all das zu bekommen, was wir anscheinend schon haben. Wenn wir uns schließlich das nehmen, was uns dem Anspruch nach gehört, zeigt das bereits eine ziemlich radikale Aktivität. Der Polizeibeamte kommt herein und sagt uns, daß wir schließlich nur nach dem Glauben leben sollten.

Die Befreiung der Frauen ist in dieser allgemeinen Struktur keine

Ausnahme. In unserer Gesellschaft sind Frauen dem Anspruch nach gleichberechtigt. O. k., wo ist denn diese Gleichberechtigung? Ähnlich wie die Jugendlichen mit ihrer vielgerühmten Freiheit stellen die Frauen fest, daß, je größer die Gleichberechtigung in der Theorie ist, desto größer auch ihre Ungleichheit ist.

Freiheit, Gleichheit und die Rechte des Individuums gehören natürlich zur Ideologie der freien Wirtschaft, des freien Unternehmertums. In einem System, in dem keiner dieser Werte realisiert ist, sind dann auch alle Begriffe synonym. Interessant ist auch, daß alle das Gegenstück zu dem sind, was in der Realität vorherrscht. Diese drei Werte, an die wir glauben, sind auch ganz explizit aus der kapitalistischen Gesellschaft verbannt, deren Wirtschaft auf der *ungleichen* Verteilung von Vermögen und Besitz gegründet ist, und in der das Fehlen von Freiheit und von Möglichkeiten, die Individualität zu realisieren, so sicher ist wie das Amen in der Kirche.

Die neue Politik der späten sechziger und der siebziger Jahre setzt genau auf dieser ideologischen Ebene an. Wir wollen die Verwirklichung der Mythen sehen, die uns die Gesellschaft anbietet. Viel zu oft sind wir in der absurden Situation steckengeblieben, die wir doch in Frage stellen; viel zu oft haben wir uns vorgemacht, diese Werte gefunden zu haben. Und dies ist auch die Gefahr bei diesen ideologischen Kämpfen, die die ökonomische Realität, mit der sie ja zunächst einmal nichts zu tun haben, verschleiern. In einer Hippie-Kommune glaubt man, Freiheit, Gleichheit und Individualismus gefunden zu haben – aber daran sind die Kommunen auch gescheitert, nicht an Drogen und Gewalt. Sie waren zum Tode verurteilt in dem Augenblick, in dem sie an das glaubten, was sie taten; die Droge, die sie schluckten, sollte sie glauben machen, daß die theoretischen Versprechungen der kapitalistischen Gesellschaft begründet seien, wenn sie nur realisiert werden könnten. Sie vergaßen dabei, daß der Kampf für diese Werte den Kampf gegen ein System beinhaltet, das schon von seiner Definition her die Verwirklichung dieser Werte verhindert.

Die Frauen sind im Mittelpunkt dieses ideologischen Widerspruchs. Die Frauenbewegung hat zusammen mit der Jugendbewegung eine Gültigkeitserklärung bestimmter Qualitäten gefordert, aber gleichzeitig wurden diese Qualitäten bekämpft, gerade weil ihre früheren Inhalte unterdrückt worden sind. Somit bauen wir einerseits weibliche Tugenden auf, um einen Status in einer männlich-chauvinistischen Gesellschaft zu haben – wir sind lieb, freundlich, nach innen gekehrt –, und glauben, daß dies ein Beitrag der Frauen zur menschlichen Gesellschaft sei; aber wenn eben diese Werte mißbraucht werden, müssen wir sie bekämpfen bzw. Selbstverteidigung und Aggression lernen, was in dem Falle durchaus berechtigt ist. Ähnlich ist es, wenn wir uns aufgrund unserer eigenen Werte zu organisieren versuchen. Wir werden keinesfalls den Stil und die Struktur der von Männern beherrschten politischen Gruppen imitieren. An unserer Weigerung, keine Führerstrukturen aufkommen zu lassen, wird das ganz besonders deutlich. Dieser Weg scheint mir richtig zu sein, allerdings auch problematisch. Es ist eher eine moralische als eine politische Entscheidung und entstand aus dem Wunsch heraus, eher moralische Werte zu bewahren als eine revolutionäre Organisation aufzubauen. Das ist gefährlich, weil wir noch keine wissenschaftlich-theoretische Basis haben, von der aus wir die Unterdrückung der Frauen verstehen könnten, und weil wir anfällig bleiben für das Wiederaufkommen unserer eigenen verdrängten, aus der Unterdrückung resultierenden Eigenschaften. Viele der in der amerikanischen Frauenbewegung aktiven und engagierten Frauen sind sich dessen nicht mehr bewußt – aus Angst vor Vorwürfen bezüglich Führerstrukturen ziehen sich viele zurück und distanzieren sich von ihren eigenen Fähigkeiten. Was da sehr häufig ins Spiel kommt, ist nicht eine demokratische Politik, sondern die Psychologie des Neids. Leute, die gern da sein wollen, wo andere sind, tun alles, damit der Platz frei bleibt. Führer werden meist von denjenigen vertrieben, die selbst gerne Führer sein wollen. Wenn wir uns nicht wie Männer verhalten wollen, brauchen wir uns auch nicht wie typische Frauen zu verhalten. Der Aufstand der Unterdrückten sollte nicht zu einer Verherrlichung der Unterdrückungssituation und der entsprechenden Verhaltensweisen werden – damit würden wir uns ganz bewußt in einen Teufelskreis begeben.

Hier liegt meiner Meinung nach die Gefahr für die Frauenbewegung. Mit der Gefahr, moralische und nicht politische Fortschritte zu erzielen, werden wir von allen Seiten konfrontiert. Selbsterfahrung in der kleinen Gruppe *könnte* sich nur um sich selbst drehen und zu einer inzestuösen Gruppensitzung werden, wo immer wieder dieselben persönlichen Probleme diskutiert werden: Männlicher Chauvinismus als Begriff könnte auch einfach dazu benutzt werden, Beziehungen zwischen Männern und Frauen in unserer Gesellschaft zu vermeiden und eine Ich-bin-stärker-als-du-Kampagne einzuleiten.[122] Der Feminismus, der den Vorrang der sexuellen Unterdrückung vor allen anderen Unterdrückungsformen postuliert, hat für diese Behauptung noch keine wissenschaftliche Theorie entwickelt: nichts erklärt wirklich, warum diese Unterdrückung zustande kam, wie sie weiterging, und daher gibt es auch keine Vorstellungen darüber, wie diese sexuelle Unterdrückung abgeschafft werden kann. Wenn der psychologische Machtdrang der Männer dafür verantwortlich war, wie kam dann jener zustande – und wie kann dieser Drang beseitigt werden, außer durch den psychologischen Machtdrang der Frauen? Eine psychomoralische Lösung nach dem Motto: »Wie du mir, so ich dir«.

Grundlegende Widersprüche in der Stellung der Frau haben die Entstehung einer Frauenbewegung verursacht. Diese Widersprüche müssen untersucht werden, wenn wir eine politische Strategie ausarbeiten wollen. Engels glaubte, daß die Vorbedingungen für die Befreiung der Frauen ihre Wiedereinführung in die öffentliche Industrie sei – als bezahlte Arbeitskräfte. Mit den Frauen, die 42 Prozent aller Erwerbstätigen in den Vereinigten Staaten ausmachen, wurde diese Vorbedingung bei weitem nicht erfüllt; allerdings zu einem Zeitpunkt, da die Zusammensetzung der Arbeitskräfte und die Anforderungen der kapitalistischen Wirtschaft doch etwas anders sind als in der Mitte des neunzehnten Jahrhunderts. Durch den Imperialismus war der Übergang von arbeitsintensiver zu kapitalintensiver Industrie im Mutterland in den profitträchtigsten Industriezweigen möglich geworden. Die Frauen arbeiten allerdings in den arbeitsintensiven Wirtschaftszweigen, wie die Arbeiter in den Kolonien (oder Exkolonien) in der Dritten Welt oder wie die Arbeiter im Frühkapitalismus. Die Löhne müssen niedrig gehalten werden, weil sie einen beträchtlichen Posten in den Gesamtausgaben darstellen. Die erwerbstätigen Frauen werden daher wohl am stärksten ausgebeutet. Diese Ausbeutung wird allerdings verschleiert durch die Identifikation der Frauen mit einem anderen Aspekt ihrer Existenz – ihre Unterdrückung als Frauen innerhalb der Familie. Vom ökonomischen Standpunkt aus betrachtet arbeiten hier alle Frauen aus allen Schichten unter vorkapitalistischen Produktionsbedingungen. Hier ähneln sie am meisten den Bauern im Feudalismus. Wie es beispielsweise im vorrevolutionären China reiche, mittlere und arme Bauern gab, so gibt es auch reiche, mittlere und arme Hausfrauen. Diese Kategorien implizieren einen unterschiedlichen ökonomischen und sozialen Status innerhalb der Gruppe (Frauen oder Bauern). Da die Beziehung dieser Gruppe zu dem gesamten System von Unterdrückung gekennzeichnet ist (ungeachtet der Subgruppen), ist die Gruppe als ganze potentiell revolutionär – obwohl sich die Reichen wohl kaum mit der Gruppe identifizieren werden und obwohl die Mittleren weit weniger zu gewinnen haben als die Armen, so gibt es doch etwas Gemeinsames – nämlich die Abschaffung der Unterdrückung.[123]

Diese Analogie stimmt natürlich keineswegs in allen Punkten.[124] Wenn man jede Analogie gelten lassen würde, bestünde für uns keine Notwendigkeit, ein Verständnis für die Stellung der Frau auszuarbeiten. Ich habe sie deswegen angewendet, weil ich glaube, daß wir damit der Klassenlage der Frauen besser auf den Grund kommen. Bezüglich der Erwerbstätigkeit werden Frauen meist zur Arbeiterklasse gerechnet. Aus zwei Gründen kann das selten zu einem Klassenbewußtsein führen: 1. Es bedeutet nicht ökonomische Unabhängigkeit, 2. Frauen identifizieren sich zunächst einmal nur mit ihrer Stellung als *versorgte* Person innerhalb der Familie. Ohne die Überzeugung, daß sie sich einen unabhängigen Lebensunterhalt verdienen sollten, wird es für die Frauen sehr schwierig sein, überhaupt ein gewerkschaftliches Bewußtsein zu entwickeln und ein Gefühl für das Recht zu bekommen, dafür zu kämpfen. Alles was darüber hinausgeht, ist völlig unmöglich: Frauen, die unter den gegebenen ökonomischen Bedingungen (und den entsprechenden ideologischen Mystifikationen) arbeiten, können eigentlich nur in eine klassenbewußte Position hinter ihren Männern rücken. *Und das ist keine klassenbewußte Position.* Das bedeutet auch, daß die Erwerbstätigkeit aller Frauen noch lange nicht genug ist: *sie müssen aus eigenem Recht und mit ihrem eigenen unabhängigen ökonomischen Interesse erwerbstätig werden.*

Und das ist nicht möglich, weil sie einerseits von der Wirtschaft als billige Arbeitskräfte eingesetzt werden und sie andererseits eine soziale, ökonomische und ideologische Rolle in der Familie spielen müssen. Obwohl Frauen in den spätkapitalistischen Ländern einen großen Teil der Arbeitskräfte darstellen, sind sie immer noch nicht die *Hälfte* dieser Arbeitskräfte. Wenn wir uns überlegen, welche Frauen eigentlich von der Erwerbstätigkeit ausgeschlossen sind, so sieht dieses Problem nämlich ganz anders aus. Es sind einerseits die wohlhabenden Frauen aus der Mittelschicht und auf der anderen Seite sämtliche Frauen mit kleinen Kindern; diese jungen Mütter sind meist nicht älter als 25 Jahre. Ersteres sind Frauen aus der herrschenden Klasse (den oberen Zehntausend) in der kapitalistischen Gesellschaft; die Tatsache, daß sie nicht erwerbstätig sind, ist von entscheidender

Bedeutung für die Stellung der Frauen. Sie und ihre Klasse produzieren nämlich vorrangig all die Ideologien und Theorien über Frauen. Die andere Gruppe von Frauen ist nicht weniger bedeutsam, nur eben ziemlich anders. Die meisten jungen Mütter werden nämlich – vom Standpunkt der Entwicklung eines Klassenbewußtseins aus gesehen – in der entscheidenden Lebensphase von der Erwerbstätigkeit ausgeschlossen. Berufstätige Frauen haben schon immer feststellen müssen, daß die Tatsache, daß sie zu diesem Zeitpunkt nicht berufstätig waren, ihre Berufe (oder Karrieren) zunichte gemacht hat (sie verlieren den Anschluß, vor allem auf wissenschaftlichem Gebiet; sie verpassen die Jahre der Beförderung usw.). Daß Arbeiterfrauen um die Zwanzig eine Zeitlang nicht berufstätig sind, wird nicht als besonders schwerwiegend angesehen: sie sind ja froh, nicht arbeiten gehen zu müssen. Das ist tatsächlich recht problematisch: sie verpassen ja nicht unbedingt eine weitere Ausbildung ihrer Fähigkeiten usw., sondern in dieser Altersgruppe bildet sich ein Engagement für gewerkschaftliche Tätigkeit heraus. In dieser Zeit entwickelt sich auch das Erwachsenen-Ich auf psychischem wie auf politischem Gebiet. Ungeachtet ihrer Vergangenheit und Zukunft steht die Arbeiterfrau zu diesem Zeitpunkt außerhalb des Berufslebens; außerhalb einer Situation, in der potentiell Klassenbewußtsein ausgebildet werden könnte. Und diese Phase ihres Lebens verbringt die Frau zu Hause. In dieser Hinsicht ist die Situation der Frauen einzigartig. In den entscheidenden Jahren ist weder die herrschende Klasse (die Bourgeoisie im Kapitalismus) ständig außerhalb der gesellschaftlichen Produktion, noch sind die Arbeiter – die größte und revolutionäre Klasse – von der Produktion ausgeschlossen (eine Bedingung, die sie zur revolutionären Klasse macht). Weder im Sozialismus noch im Kapitalismus kann die Erwerbstätigkeit sämtlicher Frauen diese Situation wesentlich verändern. Den Frauen wird die Möglichkeit ökonomischer Unabhängigkeit vorenthalten, ebenso die Möglichkeit, dadurch ein eigenes Klassenbewußtsein zu entwickeln, weil sie eben in den Entwicklungsjahren nicht berufstätig sind. Und deswegen bleibt auch die Beteiligung der Frauen als einem großen Teil des Arbeitskräftepotentials bloß eine schmerzhafte und mühsame Formalität. Die Abwesenheit der herrschenden Klasse, der bourgeoisen Frauen, verbindet die sozioökonomischen Implikationen dieser Tatsache mit einer Ideologie, die sie bestätigt. In dem Augenblick, da praktisch alle Frauen aus sozialen Gründen (das Fehlen alternativer Einrichtungen für Kinder) zu

Hause bleiben *müssen*, sagt ihnen die Ideologie der der Muße frönenden Klassen, daß sie dort eigentlich ohnehin zu sein hätten. Das Netz der Spinne ist dicht und verwickelt . . . komm in meine Gemächer und sei eine wahre Frau.

Zu Hause finden wir die gesellschaftliche Funktion und die psychische Identität der Frauen als einer Gruppe vor. Klassenunterschiede bei der Arbeit (die ohnehin kein Klassenbewußtsein produzieren) werden hier ausgelöscht zugunsten von Statusunterschieden: wohlhabend, mittelmäßig, arm. Diese Statusunterschiede will ich damit nicht unterschätzen. Aber die Stellung der Frauen hat Vorrang: sie werden ungeachtet ihrer jeweiligen Lebensbedingungen unterdrückt. Daher die Wichtigkeit eines feministischen Bewußtseins in jeder Revolution . . . Daher Frauenbefreiung und Emanzipation.

Anmerkungen

ZU DEN SEITEN 9–14

1 Es gibt auch aktive Frauengruppen in Japan, Südafrika, Australien, der Türkei und Afghanistan; diese Gruppen sind hier nicht mit einbezogen.
2 Anmerkung der Übersetzerin: Juliet Mitchell verwendet in ihrem Buch den Begriff »Women's Liberation«, also wörtlich Frauenbefreiung. Die Bezeichnung Frauenbewegung ist in der BRD geläufiger.
3 Die frühen Feministinnen in Großbritannien und den USA hatten viele Verbindungen mit anderen Ländern und beeinflußten sich gegenseitig. Es gab auch in anderen Ländern, wie Schweden und Norwegen, wichtige Auseinandersetzungen. Dies allein machte die Frauenbewegung allerdings noch nicht zu einer internationalen Bewegung. Die Frauenbewegung hat Parallelen zur internationalen Studentenbewegung.
4 Die »National Organization of Women« (NOW), die größte aller amerikanischen Gruppen, ist reformistisch und wird heute weder von anderen Gruppen noch von der NOW selbst als Teil der Frauenbewegung angesehen. Siehe auch S. 68 ff., wo ich auf die Bedeutung der nichtrevolutionären und reformistischen Gruppen eingehen werde.
5 Der Begriff »Phänomenologie der Erfahrung« wird heute verschiedentlich gebraucht, um eine Gesellschaftsanalyse aus der eigenen subjektiven Perspektive heraus zu beschreiben. Die Erfahrung unserer eigenen Entfremdung läßt Schlüsse zu auf die allumfassende gesellschaftliche Entfremdung, die das Produkt unserer im Zerfall begriffenen kapitalistischen Gesellschaft ist. Zu diesem Begriff siehe insbesondere: R. D. Laing, The Politics of Experience and The Bird of Paradise (dto.: Phänomenologie der Erfahrung, Frankfurt/M. 1969): »Jedermann muß heute bei seinem Denken, Fühlen oder Handeln ausgehen von seiner (oder ihrer) eigenen Entfremdung ... Die Humanitas ist ihren Möglichkeiten entfremdet ... Wir sind hineingeboren in eine Welt, in der uns Entfremdung erwartet ... Entfremdung als unsere gegenwärtige Bestimmung ist nur möglich durch Gewaltanwendung von Menschen gegenüber Menschen« (S. 9/10). Die Politik der Erfahrung verbindet das Persönliche und das Politische.
6 Zum Begriff »whole people« siehe: Sheila Rowbotham, Women's Liberation and the New Politics, hrsg. von der Bertrand Russell Foundation und The May Day Manifesto, 1970.
7 Vgl. Shulamith Firestones Analyse des Rassismus in: Frauenbefreiung und sexuelle Revolution, Frankfurt/M. 1975. Ich werde im folgenden noch darauf eingehen.
8 Anmerkung der Übersetzerin:
1893 »National Union of Women's Suffrage« Vorsitz: Mrs. Fawcett (Suffragists)
1903 Familie Pankhurst, Emmeline und Töchter Sylvia und Christabel,

gründeten »Women's Social and Political Union«. Steuerten einen weitaus radikaleren Kurs als Mrs. Fawcetts NUWS.

9 William Hinton, Fanshen, Vintage Books, 1966, S. 67–68 (dto.: Fanshen. Dokumentation über die Revolution in einem chinesischen Dorf, Frankfurt/M. 1972).

10 W. I. Lenin, Was Tun? Berlin 1970, S. 106

11 Vgl. dazu: Tom Nairn, The Beginning of the End, Panther Books, 1968. Ich fand Nairns Thesen und Analysen sehr nützlich.

12 Karl Marx, Grundrisse der Kritik der politischen Ökonomie, 1857–1858, Heft VII, Frankfurt/M. o. J., S. 592

13 Es könnte fast als Bestätigung dieses Arguments angesehen werden, daß in den Medien, der Werbung und in der Computerindustrie gleiche Berufschancen für Frauen mindestens angestrebt werden. Offene Diskriminierung herrscht weiterhin in den traditionelleren Berufen.

14 Oder sind sie wirklich schockierend? Die Kämpfe der unterdrückten Völker in der spätkapitalistischen Welt gegen die Verbrechen, die ständig an ihnen begangen werden, tragen möglicherweise zur Erhaltung eines Gleichgewichts bei. Ungleichheit und Ungerechtigkeit im kapitalistischen System werden weniger sichtbar gemacht durch den Anspruch, daß es sie nicht geben sollte. Könnten diese dann genauso erfolgreich durch revolutionäre Forderungen verborgen werden wie durch Reformismus?

15 Anmerkung der Übersetzerin: In den letzten Jahren sind diese Konferenzen zu einem festen Bestandteil der Organisation der Frauenbewegung geworden.

16 Siehe auch Margaret Walters Beschreibung in »SHREW« (englische Frauenzeitung) vom Nov./Dez. 1971. Ich bin ihr für diesen Artikel, den ich hier fast wörtlich wiedergebe, zu großem Dank verpflichtet.

17 Anmerkung der Übersetzerin: Im Englischen steht für Arbeitskräfte »man-power«!

18 »New York Radical Feminist Manifesto«, in: Cellestine Ware, Woman Power, Tower Public Affairs Books 1970, S. 58 ff.

19 Betty Friedan, Der Weiblichkeitswahn oder die Selbstbefreiung der Frau, Reinbek bei Hamburg 1966.

20 Pamela Allen, The Small Group Process, San Francisco Women's Liberation, in: The Small Group, Three Articles by Lynn O'Connor, Pam Allen, Liz Bunding, Women's Liberation Basement Press, Berkeley, S. 15

21 Anmerkung der Übersetzerin: Consciousness-Raising, eigentlich wörtlich Bewußtwerdungs-/Selbsterfahrungsgruppe, ist etwas zu eng und erinnert an eine therapeutische Gruppe. In der kleinen Frauengruppe geht es um mehr, d. h. um eine Selbstdarstellung, um Erfahrungen teilen, analysieren und abstrahieren. Wenn dies im Auge behalten wird, kann der wörtliche, aber ungeläufige Begriff ersetzt werden.

22 Pamela Allen, a.a.O., S. 12

23 »New York Radical Feminist Manifesto«, a.a.O., S. 58–59
24 Kate Millett, Sexual Politics, Doubleday Inc. 1970; dto.: Sexus und Herrschaft. Die Tyrannei des Mannes in unserer Gesellschaft, München 1971. Siehe insbesondere S. 31 ff.
25 Kate Millett, a.a.O., S. 73 (deutsche Ausgabe)
26 Simone de Beauvoir, Der Lauf der Dinge, Reinbek bei Hamburg 1966 und 1970, S. 189.
Anmerkung der Übersetzerin: In der französischen Originalausgabe steht Feminismus, der Übersetzer machte daraus Frauenrechtlerei. Kein Kommentar.
27 Siehe z. B. Germaine Greer, Der weibliche Eunuch, 1970. Dieses Buch ist von der anarchistisch-individualistischen Warte aus geschrieben, dem hippiehaften »mein Leben ist die Wahrheit deines Lebens«. Es stellt sich gern abseits, wenn sich Leute in einer gesellschaftspolitischen Bewegung zusammenfinden, so daß das Buch trotz seiner vielen sachlich richtigen Einsichten bei seinem Erscheinen eigentlich schon überholt ist – trotz seines überwältigenden Erfolges ist es weder Vorreiter noch Nachzügler, es liegt schlichtweg daneben, außerhalb.
28 W. I. Lenin, Was Tun? a.a.O., S. 98
29 Dieser Teil und die Seiten 97–119 und 145–153 entsprechen bis auf wenige Veränderungen und Kürzungen meinem Artikel »Women: The Longest Revolution«, New Left Review, No. 40, Dezember 1966.
30 Peter Townsend, A Society for People, in: Norman Mackenzie (Hrsg.), Conviction, 1958, S. 119–120
31 August Bebel, Die Frau und der Sozialismus, übersetzt von H. B. Adams Walther, Woman in the Past, Present and Future, 1885, S. 113
32 Charles Fourier, Theorie des Quatre Mouvements, Zitat in: Karl Marx/ Friedrich Engels, Die Heilige Familie, MEW Bd. 2, Berlin 1972, S. 208.
33 Karl Marx, Privateigentum und Kommunismus, in: Texte zu Methode und Praxis (II), hrsg. von G. Hillmann, Hamburg 1966, S. 75
34 Marx/Engels, Das Kapital, MEW Bd. 23, Berlin 1972, S. 514
35 Friedrich Engels, Der Ursprung der Familie, des Privateigentums und des Staates, Berlin 1973, S. 76
36 Friedrich Engels, MEW Bd. 21, S. 157 ff.
37 Friedrich Engels, Der Ursprung der Familie . . ., a.a.O., S. 85
38 August Bebel, Die Frau und der Sozialismus, Berlin 1964, S. 35 ff.
39 W. I. Lenin, Die Aufgaben des Proletariats in unserer Revolution, in: Lenin Werke, Bd. 24, Berlin 1972, S. 55
40 Simone de Bauvoir, a.a.O., S. 189
41 US, New York, Oktober 1969, S. 99 und S. 113 ff.; ebenfalls zitiert in: Cellestine Ware, a.a.O., S. 35–37.
42 Abgedruckt in: Black Dwarf, Vol. XIV, Nr. 37, 5. 9. 1970, S. 15
43 Die Erfahrungen der Frauen in sozialistischen Ländern können kaum als

ermutigend bezeichnet werden.
Vgl. Kate Millett, a.a.O., über die Sowjetunion, und Chris Camarano, Leviathan, Vol. II, Nr. 1, über Kuba, als Beispiele der Kritik von der Frauenbewegung.

44 Shulamith Firestone, a.a.O., S. 13

45 Shulamith Firestone, a.a.O., S. 10

46 Shulamith Firestone, a.a.O., S. 18

47 Shulamith Firestone, a.a.O., S. 189

48 Shulamith Firestone, a.a.O., S. 178

49 W. I. Lenin, Die neueste Revolution in der Naturwissenschaft und der philosophische Idealismus, in: Lenin Werke, Bd. 14, Berlin 1973, S. 250

50 Shulamith Firestones Kritik trifft hier genau zu: »Die politischen Frauen sind gar nicht in der Lage, eine überzeugende Politik zu entwickeln, weil sie sich ihrer spezifischen Unterdrückung *als Frauen* niemals ernsthaft gestellt haben. Ihre Unfähigkeit, eine eigene feministische, linke Analyse zu bringen, ihre Sucht, die eigenen Ziele ständig an irgendeinem Hauptkampf zu orientieren, statt sie als eigenständig revolutionär, als den Ausgangspunkt der Revolution zu begreifen, ist der direkte Ausfluß des immer noch vorhandenen Gefühls der eigenen Minderwertigkeit als Frauen. Die Unfähigkeit, eigene Bedürfnisse als vorrangig zu akzeptieren, die Abhängigkeit von männlicher Zustimmung, die den eigenen politischen Anspruch legitimieren soll, macht es ihnen unmöglich, sich von diesen Organisationen notfalls zu trennen. Die Folge ist eine Verpflichtung auf einen schalen linken Reformkurs, Einfallslosigkeit und letzten Endes politische Unfruchtbarkeit.« (Shulamith Firestone, a.a.O., S. 38–39).

51 W. I. Lenin, Was Tun? a.a.O., S. 72 ff.

52 Karl Marx, Grundrisse der Kritik der Politischen Ökonomie, Epochen ökonomischer Gesellschaftsformation, Berlin 1974, S. 387 f.

53 Siehe Louis Althusser, Contradiction et Surdétermination, in: Althusser, Pour Marx, 1965. Um diese Komplexität zu beschreiben, gebraucht Althusser den Freudschen Ausdruck »Überdeterminiertheit«. Der Ausdruck unité de rupture (nachfolgend erwähnt) bezieht sich auf den Zeitpunkt, in dem sich die Widersprüche derart verstärken, daß sie zu Bedingungen für eine revolutionäre Veränderung werden.

54 Apologeten der Hausarbeit, die diese für leicht und relativ vergnüglich, wenn auch zeitraubend halten, lassen die ermüdende und entwürdigende Routine, die diese Arbeit mit sich bringt, geflissentlich außer acht. Lenin kommentiert das bissig und treffend: »Sie alle wissen, daß diese faktische Unterdrückung der Frau auch bei völliger Gleichberechtigung bestehen bleibt, weil die gesamte Hauswirtschaft ihr aufgebürdet wird. Die Hauswirtschaft ist in den meisten Fällen die unproduktivste, die barbarischste und schwerste Arbeit, die die Frau verrichtet. Es ist eine sich im

allerengsten Rahmen bewegende Arbeit, die nichts enthält, was die Entwicklung der Frau irgendwie fördern könnte.« (Lenin, Über die Aufgaben der proletarischen Frauenbewegung, in: Lenin, Werke, Bd. 30, Berlin 1972, S. 26).

55 Marx/Engels, Das Kapital, MEW Bd. 23, a.a.O., S. 416
56 René Dumont, L'Afrique Noire est Mal Partie, 1962, S. 210
57 Karl Marx, Epochen ökonomischer Gesellschaftsformation, in Marx, Grundrisse . . ., a.a.O., S. 389
58 F. Engels, Der Ursprung der Familie . . ., a.a.O., S. 158
59 Marx/Engels, Das Kapital, a.a.O., S. 416
60 Viola Klein, Working Wives, Institute of Personnel Management Occasional Papers, Nr. 15, 1960, S. 13
61 Philippe Ariés zeigt in »Jahrhunderte der Kindheit« (1962), daß die Familie, obwohl sie möglicherweise in irgendeiner Form immer existiert hat, oft unter mächtigeren Strukturen verdeckt war. Tatsächlich hat sie – nach Ariés – ihre heutige Bedeutung erst seit dem Beginn der Industrialisierung.
62 J. A. Froude, Nemesis of Faith, 1849, S. 103
63 Karl Marx, Chapitre de Mariage, in: Marx, Oeuvres Philosophiques, I, S. 25
64 Karl Wittfogel, Oriental Despotism, 1957, S. 116
65 F. Engels, Der Ursprung der Familie . . ., a.a.O., S. 75
66 Lawrence Stone, The Crisis of the Aristocracy, 1965, S. 663
67 Simone de Beauvoir, La Marche Longue, 1957, S. 141
68 Keith Thomas, Women and the Civil War Sects. Past and Present, no. 13, 1958, S. 43.
69 Albert Ellis, The Folklore of Sex, in M. Schur (ed.), The Family and the Sexual Revolution, 1966, S. 35
70 Claude Lévi-Strauss, The Family, in: H. L. Shapiro (ed.), Man, Culture and Society, 1956, S. 274
71 Margaret Mead, Sex and Temperament, in M. Schur (ed.), The Family and the Sexual Revolution, a.a.O., S. 207 f.
72 Talcott Parsons/Robert F. Bales, Family, Socialization and Interaction Process, 1956, S. 47: »Der Bereich der instrumentellen Funktion betrifft Relationen des Systems zu seiner Lage außerhalb des Systems . . . zur instrumentellen Entwicklung der gewünschten Beziehungen zu externen Zielobjekten. Der expressive Bereich betrifft die internen Angelegenheiten des Systems, die Aufrechterhaltung der integrativen Beziehungen zwischen den Mitgliedern und die Regulierung der Strukturen und Spannungsebenen seiner Elemente.«
73 Eine der wichtigsten theoretischen Neuerungen Parsons' besteht in der These, daß das, was das Kind zu internalisieren strebt, mit dem Inhalt des reziproken Rollenverhältnisses, an dem es teilhat, variiert.

R. D. Laing behauptet in Family and Individual Structure (1966), daß das Kind ein ganzes System internalisieren kann – nämlich die Familie.

74 Talcott Parsons, The Social System, 1952, S. 227.
Es besteht kein Zweifel darüber, daß die Frauenbewegung, die sich praktisch und theoretisch in besonderem Maße mit der Kindererziehung beschäftigt, diesem Problem dadurch entsprechend gerecht wird. Vgl. dazu Women's Liberation: Notes on Child-Care, produced by the Women's Centre, 36 West 22nd St., New York.

75 John Bowlby, zit. in: Bruno Bettelheim, Does Communal Education Work? The Case of the Kibbutz, in: M. Schur (ed.), The Family and the Sexual Revolution, a.a.O., S. 295.
Diese evakuierten Kriegskinder haben doch sicherlich unter mehr als nur dem Verlust der Mutter gelitten, beispielsweise unter Bomben und Luftangriffen!?

76 Betty Ann, Countrywoman, Redbrook, Juni 1960, zit. in: Betty Friedan, Der Weiblichkeitswahn, a.a.O., S. 51

77 Jean Baby, Un Monde Meilleur, Maspero, 1964, S. 99

78 Siehe dazu insbesondere Kate Millett, Sexus und Herrschaft, a.a.O., Kapitel 4

79 Sotsialisticheskaya Zakonnost, Nr. 2, 1939, zit. in: N. Timasheff, The Attempt to Abolish the Family in Russia, in: N. W. Bell/E. F. Vogel (ed.), The Family, 1960, S. 59.

80 Daily Telegraph, 16. 12. 1963

81 Guardian, 8. 9. 1966

82 Daily Herald, 23. 7. 1964

83 New Society, 17. 9. 1964

84 ebd.

85 Lionel Tyger, Men in Groups, Random House, 1969.

86 Advisory Officer in the Youth Employment Service, London County Council (dto.: Berufsberater für Jugendliche in einem Arbeitsamt in London).

87 Normal und außergewöhnlich existieren überall als mystifizierte Begriffe, insbesondere aber in Bildungsplänen, die maßgebend sind für Kinder mit guten oder schlechten Chancen und Möglichkeiten. Man könnte annehmen, daß sie in der Regel der Arbeiterklasse und der mittleren bis gehobenen Schicht entsprechen. Die Ausnahmen wären die sechs Prozent Arbeiterkinder – in einem Land, in dem 69 Prozent der Bevölkerung zur Arbeiterklasse gerechnet werden –, die es schaffen, auf die Universität zu gehen (siehe dazu auch: R. Titmuss, Commitment to Welfare, 1968, S. 32).

88 Anmerkung der Übersetzerin: Secondary Modern (etwa Hauptschule), Grammar Schools (Gymnasium) oder Comprehensive Schools (Gesamtschulen).

89 Anmerkung der Übersetzerin: Post-graduates sind Studierende, die ein Studium an der Universität mit einem Examen abgeschlossen haben, vergleichbar mit dem ersten Staatsexamen an bundesdeutschen Universitäten, die sich anschließend noch weiter qualifizieren wollen.
90 Half Our Future, HMSO, 1963, S. 142. Dieser Bericht ist unter dem Namen Newsom Report bekannt.
Statistische Angaben über akademische Ausbildung sind dem Robbins Report entnommen, HMSO, 1963.
91 ebd., S. 36
92 ebd., S. 37
93 ebd., S. 116
94 Kathleen Ollerenshaw, Education for Girls, 1961, S. 186.
95 Half Our Future, a.a.O., S. 135.
96 K. Ollerenshaw, Education for Girls, a.a.O., S. 24.
97 Ein ausführlicher Bericht zu Männerwahl-Gewohnheiten findet sich in: Rosser und Harris, The Family and Social Change, 1965. Dieser Bericht bezieht sich auf Swansea, deutet aber sicherlich auf nationale Trends hin.
98 Employment and Productivity Gazette, Mai 1969.
99 Konservative Gegner der Frauenbewegung behaupten, alle Frauen in der Frauenbewegung seien häßlich und bekämen keinen Mann, mit anderen Worten neidische Weiber. Sozialistische Gegner mit ihren puritanischen Wertvorstellungen behaupten, wir seien alle jung, hübsch, aus der Mittelschicht, mit anderen Worten nicht ernst zu nehmen. Wie auch immer, mir scheinen die oben beschriebenen Konflikte zutreffend zu sein und der Protest und Widerstand dagegen gerechtfertigt.
100 Parsons und Bales, a.a.O.
101 Jean Baby, a.a.O., S. 82 f. berichtet von den Ergebnissen einer Untersuchung über die Einstellung zu Ehe, Empfängnisverhütung und Abtreibung bei 3191 tschechoslowakischen Frauen im Jahre 1959: bei 80 Prozent der Frauen wurde eine eingeschränkte sexuelle Erlebnisfähigkeit aus Angst vor Empfängnis festgestellt.
102 Siehe dazu Berger und Kellner, Marriage and the Construction of Reality, Diogenes, Sommer 1964. Hier finden sich Analysen der normbildenden Struktur von Ehe und Elternschaft.
103 David Riesman, The Lonely Crowd, 1950. Deutsche Ausgabe: Die einsame Masse. Eine Untersuchung der Wandlungen des amerikanischen Charakters, Hamburg 1958.
104 Siehe dazu Herbert Marcuse, Eros und Kultur. Ein philosophischer Beitrag zu S. Freud, Stuttgart 1957, und Reimut Reiche, Sexualität und Klassenkampf. Zur Abwehr repressiver Entsublimierung, Frankfurt 1968.
105 Peggy Morton, A Woman's Work is Never Done, Leviathan, Vol. II, Nr. 1
106 ebd., S. 34
107 Marx/Engels, Die deutsche Ideologie, MEW Bd. 3, Berlin 1969, S. 47 f.

108 ebd., S. 27. Diese Sprache bleibt allerdings in dem Bereich, den sie angreift – sie ist theoretisch, moralisch und deskriptiv und nicht analytisch. Hier paßt sie allerdings hervorragend.
109 William Hinton, a.a.O., S. 20
110 ebd., S. 28. Dies trifft zwei meiner Argumente gleichzeitig – das Zusammentreffen von ökonomischen Anforderungen und ideologischer Haltung und die Bedeutsamkeit der *individuellen Familie* im Feudalismus – im Gegensatz zur Vorrangigkeit der einzelnen Person im Kapitalismus.
111 Marx/Engels, Die deutsche Ideologie, a.a.O., S. 29 ff.
112 Diese Behauptung ist sicherlich nicht ganz fair Shulamith Firestone gegenüber, die sich in ihrem Buch »Frauenbefreiung und sexuelle Revolution« (a.a.O.) gründlich mit Freud auseinandersetzt. Es ist auch unfair in Anbetracht der Tatsache, daß sie eine der Begründerinnen des radikalen Feminismus ist. Ohne meine Behauptung zurückzunehmen, kann ich vielleicht ergänzend dazu sagen, daß die radikalen Feministinnen sowohl Unterdrückung wie Psychologie im Wert herabsetzen, indem sie die Unterdrückung der Frau auf psychologische Kriegführung reduzieren. Allerdings nehmen sie auch beides, Unterdrückung und Psychologie, sehr ernst. Ich sollte hier vielleicht hinzusetzen, daß sowohl Sh. Firestone wie auch ich selbst Freud sehr hoch schätzen, allerdings von entgegengesetzten Positionen aus. Für mich besteht der Wert der Psychoanalyse in ihrer Eigenschaft als Wissenschaft; für Firestone war »sein Genie eher poetischer als wissenschaftlicher Natur; und seine Gedanken sind wertvoller, wenn man sie als Metaphern und nicht als Wahrheit versteht« (Firestone, a.a.O., S. 47).
113 Marie Bonaparte, Female Sexuality, Evergreen, 1965, S. 57
114 Dr. Naomi Weisstein, »Kinder, Küche, Kirche« as Scientific Law: Psychology Constructs the Female, nachgedruckt in: Sisterhood is powerful, hrsg. von Robin Morgan, Random House, 1970 (eine sehr wertvolle Anthologie)
115 Hier wäre anzumerken, daß Freuds Fallstudien Modellanalysen der Umwelt der Patienten sind. Siehe beispielsweise »Dora: Bruchstück einer Hysterie-Analyse«, 1905, Gesammelte Werke, Fünfter Band (Werke aus den Jahren 1904–1905; frühe Untersuchung der Geschichte einer weiblichen Patientin).
116 Weisstein, a.a.O., S. 209 f.
117 Sigmund Freud, Vorlesungen zur Einführung in die Psychoanalyse: XXIV. Die gemeine Nervosität, in: Gesammelte Werke, 11. Band, S. 403 f.
118 Siehe auch Octave Mannonni, Freud, Pantheon Books 1970 (englisch), oder eine deutsche Zusammenfassung: G. Bally, Einführung in die Psychoanalyse Sigmund Freuds – mit Originaltexten Freuds, Hamburg 1961.

119 S. Freud, zit. bei: Mannonni, a.a.O., S. 8

120 S. Freud, Neue Folge der Vorlesungen zur Einführung in die Psychoanalyse. »Die Weiblichkeit«, Gesammelte Werke, 15. Band, S. 124

121 S. Freud, Dora, a.a.O., S. 176

122 Dasselbe moralisierende Konkurrenzdenken findet sich oft in den Argumenten linker Gegner der Frauenbewegung: den Arbeitern geht es doch wesentlich schlechter als den Frauen aus der Mittelschicht. Ich fragte eine Freundin, Mutter von sechs Kindern, die über ein Einkommen von 18 Pfund pro Woche verfügte, ob sie die finanziellen oder die sexuellen Ungleichheiten für größer hielte. Nach einigem Nachdenken sagte sie, eine Frau zu sein, sei die größte Ungerechtigkeit. Die Frage ist wirklich schwer zu beantworten. Und irgendwo ist sie auch unwichtig. Ausbeutung muß ja nicht gerade mit Unterdrückung wetteifern; ein revolutionäres Potential entsteht nicht automatisch aufgrund von Entbehrung und Armut.

123 Die reichen Frauen oder Bauern werden sich wohl kaum mit den Mitgliedern ihrer allgemeinen Gattung identifizieren. Viel eher werden sie sich mit der herrschenden Klasse identifizieren, d. h. mit den Landbesitzern oder mit der Oberschicht, und werden von daher jedem revolutionären Handeln der Gruppe unter ihnen Widerstand leisten.

124 Vgl. auch eine andere Analogie zwischen Frauen und Bauern in Margaret Benston, The Political Economy of Women's Liberation, Monthly Review, Vol. XXI, S. 13–28.

H. D. (Hilda Doolittle)

Huldigung an Freud

Rückblick auf
eine Analyse

Mit einer Einleitung
von Michael Schröter

Ullstein Buch 3217

Ullstein Materialien

»Das Buch [...] ist die entzückendste und kostbarste Würdigung von Freuds Persönlichkeit, die je geschrieben werden dürfte. Nur eine hochbegabte Künstlerin konnte es schreiben. Ich kann nur sagen, daß ich jeden beneide, der es noch nicht gelesen hat, und als ein zauberhaftes Ornament der Biographischen Freud-Literatur unübertroffen bleiben wird.«
Ernest Jones

»[...] ein sehr bewegendes und poetisches Buch [...]«
Max Schur

Dörte von Drigalski

Blumen auf Granit

Eine Irr- und Lehrfahrt durch die deutsche Psychoanalyse

Ullstein Buch 35036

Ullstein Materialien

Wird die Psychoanalyse zu einer Gefahr für die seelische Gesundheit werden?
Die Autorin – Ärztin und Psychotherapeutin – gibt hier einen Bericht über ihre Psychoanalyse, die von Lehranalytikern der Deutschen Psychoanalytischen Vereinigung durchgeführt wurde, und wirft die provokante Frage nach Therapieschäden auf.